하용조 강해서 전집 4

창세기 4

다시는 야곱이라 부르지 말라

(25:19-35:15)

하용조 강해서 전집 4

창세기 4
다시는 야곱이라 부르지 말라(25:19-35:15)

지은이 | 하용조
초판 발행 | 2000. 5. 8
개정판 발행 | 2021. 7. 21
등록번호 | 제1988-000080호
등록된 곳 | 서울특별시 용산구 서빙고로 65길 38
발행처 | 사단법인 두란노서원
영업부 | 2078-3352   FAX | 080-749-3705
출판부 | 2078-3331

책값은 뒤표지에 있습니다.
ISBN 978-89-531-3505-5 04230

독자의 의견을 기다립니다.
tpress@duranno.com   www.duranno.com

하용조 강해서 전집 4

창세기 4
다시는 야곱이라 부르지 말라

(25:19-35:15)

두란노

하나님은 우리의 절망을 은혜로 바꾸십니다

아브라함과 이삭과 야곱의 모습에서 우리는 하나님의 모습을 볼 수 있습니다. 믿음의 조상 아브라함 속에서 열방의 자손들을 품에 안으시는 성부 하나님을 봅니다. 모리아산에서 제물로 바쳐질 뻔했던 이삭의 모습 속에서는 철저히 순종하시는 성자 예수님의 모습을 봅니다.

이 강해서에서 초점을 맞추는 야곱에게서는 옛 사람이 바뀌어 새사람이 되게 하시는 성령 하나님의 놀라운 역사를 보게 됩니다. 야곱의 삶을 자세히 관찰해 보면, 그는 도저히 하나님의 택함을 받을 이유가 없는 사람이었습니다. 그는 항상 자기중심적으로 생각하고 행동했던 사람이었습니다. 남자다운 성격을 가진 형 에서에 비해 야곱은 교활했고, 꾀가 많았으며, 상황에 따라 카멜레온처럼 자기 색깔을 바꾸는 사람이었습니다. 그런 야곱을 버리지 않으시고 축복하시는 하나님을 바라보면서 우리는 완전한 은혜가 무엇인지를 배우게 됩니다.

하나님께서 작정하시면 어떤 절망적인 사람도 변화될 수 있습니다. 아브라함 같은 아버지에게서 이삭 같은 아들이 나왔다는 것이 기적이고, 이삭 같은 아버지에게서 야곱 같은 아들이 나왔다는 것 또한 기적입니다. 성령 하나님은 기적의 하나님, 조용한 인간 혁명을 일으키시는 분입니다. 벧엘에서 야곱을 만나 주신 하나님은 또한 당신의 인생 가장 힘든 곳에서 당신을 찾아오시고 품어 주십니다. 당신 모습 그대로 품으십니다. 그 하나님을 함께 경험하게 되길 바랍니다.

차례

3부
다시는 야곱이라 부르지 말라
창세기 32:1-35:15

1부

발꿈치를 붙잡은 자, 야곱

창세기 25:19-28:22

아브라함의 생애는 마감되었지만
그를 향한 하나님의 약속과 복은 계속되었습니다.
우리도 언젠가는 죽겠지만
우리가 하나님께 받은 약속은 이후에도 계속 이어질 것입니다.

1

구원의 복이
다음 세대에 전해지게 하소서

창세기 25:19 - 23

하나님의 복은 가정이라는 제도를 통해 계승된다

아브라함은 그의 나이 175세를 일기로 이 세상을 떠났습니다. 아브라함의 생애는 마감되었지만 그를 향한 하나님의 약속과 복은 계속되었습니다. 우리도 언젠가는 죽겠지만 우리가 하나님께 받은 약속은 이후에도 계속 이어질 것입니다.

"우리의 연수가 칠십이요 강건하면 팔십"이라는 시편 90편 10절 말씀처럼, 우리는 보통 70세, 건강하면 80세까지 삽니다. 히브리서 9장 27절은 "한 번 죽는 것은 사람에게 정해진 것이요 그 후에는 심판이 있으리니"라며 죽음에 대해 말하고 있습니다. 인간의 육체는 70-80년 동안 이 세상에서 살다가 죽지만 하나님이 주신 믿음과 약속과 복은 우리 육체와 함께 사라지지 않고 한 시대와 한 사람에게서 끝나지 않고 계승됩니다. 우리 믿음이 자녀에게 계승되기를 바라고, 우리 교회가 받은 복이 다음 세대와 다른 교회에도 이어지기를 바랍니다.

아브라함의 아들 이삭의 족보는 이러하니라 아브라함이 이삭을 낳았고 이삭은 사십 세에 리브가를 맞이하여 아내를 삼았으니 리브가는 밧단 아람 사람의 아람 족속 중 브두엘의 딸이요 아람 족속 중 라반의 누이였더라(창 25:19-20).

아브라함은 사라와 사라의 몸종 하갈과 후처 그두라로부터 여러 아들을 얻었습니다. 그러나 하나님이 주신 아브라함의 복과 언약은 오직 약속의 자녀인 이삭에게만 계승되었습니다. 우리는 여기서 중요한 사실을 묵상하게 되는데, 계승은 내 마음대로 할 수 있는 것이 아니라 하나님의 섭리와 복이 있어야만 가능하다는 것입니다. 그리고 가정이 하나님의 복의 통로라는 사실입니다. 가정이 계속되지 않으면 하나님의 복과 약속은 사라져 버립니다.

이삭은 40세가 될 때까지 혼자 살다가 리브가를 만나 결혼했습니다. '아람 족속 중 브두엘의 딸이요 라반의 누이'라는 표현을 통해, 리브가는 세속적인 가나안의 여인이 아니라 하나님의 약속과 복을 받은 집안의 딸로 태어났음을 알게 됩니다. 만약에 이삭이 결혼하지 않았다거나 세상적인 딸과 결혼했다면 아브라함의 복은 거기서 끝났을 것입니다. 가정이 하나님의 복과 약속의 도구라는 것을 다시 한번 확인하게 됩니다.

이런 관점에서 보면, 오늘날 우리 사회의 최대 비극은 가정의 붕괴에 있습니다. 이것은 한 개인의 문제가 아니라 한 시대와 역사의 문제입니다. 곳곳에서 이혼이 일반화되고 있습니다. 이제는 남자와 여자가 결혼하는 것이 아니라, 동성과 사랑을 나누고 결혼하는 동성애자들이 판을 치며 떳떳하게 정치 세력을 만들어 가고 있습니다. 바로 이러한 사회 변혁의 물결 가운데 우리가 살아가고 있습니다. 그러나 동성애자들이 만나서 살면 하나님의 복이 끊어지고 저주가 온다는 사실을 알아야 합니다.

사탄은 영리하게도 하나님의 복을 끊는 방법으로서 모든 인류를 이혼과 가정 붕괴로 유도해 가고 있습니다. 많은 사람이 자기도 모르는 사이에 이 술수에 쉽게 넘어가 버리고 맙니다. 교회가 분열하고 파괴되는 것 또한 무서운 일입니다. 우리는 어떤 경우라도 교회의 분열을 막아야 합니다. 교회는 분열시켜서 2개로 만들어야 하는 대상이 아닙니다. 그렇게 하면 깊은 상처가 남습니다.

대부분의 사람들은 쉽게 결혼하기 때문에 쉽게 이혼합니다. 우리는 결혼의 소중함을 제대로 배우지 않았고 자녀들에게 결혼과 가정의 절대성을 잘 가르쳐 주지도 않았습니다. 그래서 많은 경우, 철이 없을 때 심각하지도 않은 상황으로 쉽게 이혼하고 맙니다. 그러면 본인들만이 아니라 자녀들과 당사자들의 부모님에게도 상처를 주게 됩니다.

가정 붕괴의 또 다른 면은 사람들이 귀찮거나 자신의 인생을 망가뜨린다는 이유로 아기를 낳지 않으려 한다는 것입니다. 그러나 자녀가 있어야 복이 이어집니다. 자녀를 낳지 않고 사는 것은 자기의 쾌락과 행복을 추구하는 것일지는 모르겠지만 그로 인해 하나님의 복이 끝나는 것입니다.

사회의 회복은 가정의 회복에 있고, 행복한 가정은 결혼에서 출발합니다. 그래서 우리는 자녀들에게 결혼은 함부로 해서는 안 된 다는 것과 결혼은 실험해 보는 것이 아니라는 것을 꼭 가르쳐야 합 니다. 살다 보면 이혼할 만한 이유가 너무나도 많겠지만, 복의 통 로인 가정의 소중함을 생각할 때 아무리 어렵고 힘들어도 끝까지 애쓰며 기다려야 합니다.

온누리교회 프로그램 중에서 제가 가장 좋아하고 자랑스럽게 생각하는 것 중 하나가 '가정 사역' 프로그램입니다. 그 안에 '아버 지 학교' 사역이 있습니다. 우리는 결혼해서 아기를 낳기만 하면 저절로 부모가 된다고 착각합니다. 그러나 자격 미달인 엉터리 어 머니와 아버지가 부모 노릇을 제대로 못하기 때문에 가정에 위기 가 오는 경우가 얼마나 많은지 모릅니다. 그러므로 우리는 부모 공 부도 하면서 다시 한번 가정의 소중함을 알고 가꿔 나가야 합니다.

이상적인 가정은 기도하는 가정이요, 기도는 응답된다

21절을 보면 하나님이 택하신 여자와 결혼한 이삭의 복된 가정 안 에도 심각한 문제가 있었다는 흥미로운 사실을 알게 됩니다. 그 문 제는 아기가 없다는 것이었습니다.

이삭이 그의 아내가 임신하지 못하므로 그를 위하여 여호와께 간구 하매 여호와께서 그의 간구를 들으셨으므로 그의 아내 리브가가 임신하였더니(창 25:21).

아무리 하나님이 택하시고, 약속하시고, 복을 주신 결혼이라도 문제는 있다는 사실을 알 수 있습니다. 행복하고 이상적인 결혼 같아도 실제로 살아 보면 어려움이 많습니다. 어느 순간에는 부부가 함께 사는 것이 기적처럼 보이기까지 합니다.

우리는 눈물을 흘리며 애를 썼지만 어쩔 수 없이 헤어지는 부부를 이해합니다. 저는 매 맞는 아내들을 많이 보아 왔습니다. 그분들을 보면 당장 이혼하라는 말을 하고 싶을 때도 있습니다. 정말 이혼할 수밖에 없는 심각한 일들이 우리 주변에는 많습니다. 그러나 기억해야만 하는 것은 문제가 전혀 없는 가정은 없다는 것입니다. 아무리 행복한 가정이라도 이삭과 리브가처럼 아기를 낳지 못한다거나, 아이는 잘 태어나는데 경제적 능력이 없다거나, 부부가 몸이 약해서 늘 고통받는 등 가정마다 문제가 꼭 있습니다.

그러나 이삭은 문제에 부딪혔을 때 기도했습니다. 여기서 아주 중요한 결론을 하나 얻게 됩니다. 즉 행복한 가정, 복된 가정의 비밀은 문제가 없다는 데 있는 것이 아니라, 가정의 소중함을 생각하고 기도하며 문제를 극복하고 뛰어넘는 데 있다는 사실입니다. 보통의 경우, 아이를 갖지 못하면 부부가 서로를 비판하거나 하나님을 원망하기 쉽습니다. 그러나 이삭은 그렇게 하지 않았습니다.

후에 나온 아우는 손으로 에서의 발꿈치를 잡았으므로 그 이름을 야곱이라 하였으며 리브가가 그들을 낳을 때에 이삭이 육십 세였더라(창 25:26).

리브가가 야곱과 에서를 낳았을 때 이삭의 나이가 60세였다는 기록을 보니 분명히 그들은 20년 동안 아이 없이 살았다는 것을 알 수 있습니다. 우리가 잘 알다시피, 이삭뿐만 아니라 아브라함도 25년 동안 자식을 기다리며 방황했고 믿음이 없어서 이스마엘이라는 서자까지 낳았습니다.

아기가 없는 문제처럼 가정 가운데 부족한 것이 있거나 안되는 일이 생길 때 불평하거나 원망하지 마십시오. 여기에 하나님의 비밀과 섭리가 있다는 사실을 우리는 배워야 합니다. 20년 동안 아이가 없어서 기도하고 기다려 온 이삭과 리브가를 통해 '끝까지 기다리고, 포기하지 말고, 하나님을 신뢰하며 기도해야 한다'는 사실을 깨닫게 됩니다.

오늘날 가정의 위기는 돈이 없는 것, 건강을 잃은 것, 자녀가 없는 것이 아니라 기도가 없는 것입니다. 기도하는 부부와 자녀가 있는 가정은 아무리 홍수가 나고 태풍이 불어도 흩어지거나 망하지 않습니다. 가장 큰 위기의 순간은 기도를 잃어버리고 기도를 포기할 때입니다. 시편 기자는 이렇게 노래했습니다.

여호와는 나의 목자시니 내게 부족함이 없으리로다(시 23:1).

그렇습니다. 우리가 마음이 곤고하고, 외롭고, 힘을 잃어버린 이유는 하나님과의 관계를 잃어버렸기 때문입니다. 우리가 기도하기 시작해서 하나님과의 관계를 회복하면 지나온 과거의 모든 상처가 치유될 것이며, 저주가 축복으로 바뀔 것이고, 하나님의 은혜가 흘러넘칠 것입니다.

21절에서 한 가지 더 배울 수 있는 사실이 있습니다. 기도란 응답이라는 것입니다. 우리는 기도는 즉각적으로 응답되지 않는다는 사실을 배워야 합니다. 나의 시간과 하나님의 시간이 다르다는 사실도 겸손히 배워야 합니다. 우리는 하나님께 지금 당장 문제를 해결해 달라고 기도합니다. 그때 하나님은 꿈쩍도 안 하시는 것처럼 보이지만 실은 가만히 계시는 것이 아닙니다. 하나님은 하나님의 시간을 보고 계시는 것입니다. 때로는 '이제 모든 것이 끝났다' 하며 좌절할 때도 있지만 이삭을 보십시오. 20년 후에 그의 기도는 응답되었습니다.

우리가 드린 기도도 절대로 땅에 떨어지지 않고 어딘가에 저축되어 있습니다. 단지 지금은 하나님의 시간이 아니기 때문에 하나님의 때와 하나님의 뜻을 기다리느라 아직 이루어지지 않은 것뿐입니다. 우리 생애에 이루어지는 것이 아무것도 없다 할지라도 실망하지 마십시오. 아브라함과 사라를 보십시오. 그들에게는 "하늘의 별처럼 바다의 모래알처럼 너의 자녀를 내가 충만하게 해 주리라"라는 하나님의 약속이 있었습니다. 하지만 그들은 자신들의 생애에서는 그 약속이 성취되는 모습을 보지 못하고 죽었습니다. 아브라함이 소유한 땅이라고는 '막벨라'라는 굴밖에는 없었습니다. 그러나 약속은 계속되었습니다.

이삭의 입장에서 보면 20년을 기다리기란 무척 힘든 일이라는 생각이 듭니다. 1, 2년이나 5, 6년까지는 기다릴 수 있지만 20년은 믿음이 아니고서는 불가능한 일입니다. 믿는 자만이 기다립니다. 부디 포기하지 말고 끝까지 기다리며, 최후의 순간 혹은 죽는 순간에라도 하나님을 향한 신뢰를 잃지 않기를 간절히 바랍니다.

우리가 기도한 것은 백일몽이 아닙니다. 하나님이 꿈을 주셨기 때문에 그 기도를 하게 된 것입니다. 우리는 자신이 기도해 놓고도 '내가 지금 말도 안 되는 기도를 하고 있다'면서 스스로 놀랄 때가 있습니다.

언젠가 마태복음 28장을 강해할 때입니다. 그때 하나님이 '2,000명의 선교사와 1만 명의 사역자'라는 꿈을 제게 심어 주셨습니다. 그 비전을 온누리교회 교인들 앞에서 선포했을 때 저를 비롯해 모든 사람이 웃었습니다. 어떻게 한 교회가 2,000명의 선교사를 보낸다는 말입니까. 어떤 사람은 1만 명의 사역자를 세우려면 10만 명의 교인들이 있어야 한다고 말했습니다. 또 2,000명의 선교사를 보내는 것은 막대한 비용이 드는 어려운 일입니다. 저는 그때는 그 사실을 생각하지 못했습니다. 그렇지만 온누리교회는 벌써 수백 명이 넘는 선교사를 파송했습니다. 그 꿈이 이루어져 가고 있는 것입니다.

온누리교회를 창립할 때는 하나님이 제게 이런 기도를 하게 하셨습니다. "하나님, 제게 청년 2,000명을 주십시오. 세계를 하나님께 드리겠습니다." 당시 겨우 12가정이 지하실에서 모일 때였는데, 제가 왜 그런 기도를 드렸는지 모르겠습니다. 그런데 어느 날보니, 하나님이 교회에 청년들을 메뚜기 떼처럼 많이 보내 주셨습니다. 기도는 기다림을 통해 반드시 응답됩니다. 자기중심적인 생각을 빼 버리고 하나님 중심으로 보면 불가능은 없는 것입니다.

> 여호와와 그의 능력을 구할지어다 항상 그의 얼굴을 찾을지어다
> (대상 16:11).

> 구하라 그리하면 너희에게 주실 것이요 찾으라 그리하면 찾아낼 것
> 이요 문을 두드리라 그리하면 너희에게 열릴 것이니(마 7:7).

가정이 위기에 부딪혔을 때 죽을힘을 다해서 기도해 가정을 지키십시오. 가정을 지키는 비결은 기도뿐입니다. 이삭은 40세에 기도했고, 드디어 리브가가 임신을 하게 되었습니다.

누구든지 예수님을 믿고 그 이름을 부르는 자는 구원을 얻는다

그 아들들이 그의 태 속에서 서로 싸우는지라 그가 이르되 이럴 경우에는 내가 어찌할꼬 하고 가서 여호와께 묻자온대 여호와께서 그에게 이르시되 두 국민이 네 태중에 있구나 두 민족이 네 복중에서부터 나누이리라 이 족속이 저 족속보다 강하겠고 큰 자가 어린 자를 섬기리라 하셨더라(창 25:22-23).

이 말씀을 읽으면 '왜 하나님은 아랍 민족과 이스라엘 민족이 싸우게 하셨을까?'라는 고민을 하게 됩니다. 우리는 이 점을 조금 더 깊이 생각해 볼 필요가 있습니다.

리브가는 쌍둥이를 잉태했습니다. 그런데 쌍둥이가 배 속에서부터 서로 싸웠습니다. 어떤 식으로 싸웠는지는 모르겠지만 서로 싸웠습니다. 그래서 리브가는 하나님께 질문했고, 하나님은 이에 대해 "두 국민이 역사 속에서 갈등을 할 것이며, 큰 자가 작은 자를 섬기게 될 것이다"라는 이해하기 어려운 말씀을 하셨습니다.

그런데 사실 잘 살펴보면 이 일은 이미 아브라함 때에도 있었다는 것을 알 수 있습니다. 아브라함이 실수로 이스마엘을 낳는 바람에 두 민족이 탄생했습니다. 즉 한 민족은 이스마엘 자손이고, 또 다른 민족은 이삭의 자손입니다. 또 이때도 큰아들인 이스마엘이 주인공이 아니라 둘째 아들인 이삭이 주인공이었습니다. 마찬가지로 지금도 다시 에서가 야곱을 섬기게 될 것이라고, 즉 "큰 자가 어린 자를 섬기리라"라는 예언이 재연되었습니다. 하나님의 구원 역사는 약속의 자녀를 통해 그 많은 시련과 역경과 갈등 속에서도 계속 이어졌고 메시아가 이 땅에 태어나시게 되었습니다.

두 민족이 갈등하며 형이 동생을 섬겨야 하는 상황에 대해서 하나님이 말씀하신 내용을 성경 다른 곳에서도 볼 수 있습니다. 구약성경 제일 끝 책인 말라기 1장 2-3절입니다. 하나님은 여기서 명확하게 말씀하셨습니다.

> 여호와께서 이르시되 내가 너희를 사랑하였노라 하나 너희는 이르기를 주께서 어떻게 우리를 사랑하셨나이까 하는도다 나 여호와가 말하노라 에서는 야곱의 형이 아니냐 그러나 내가 야곱을 사랑하였고 에서는 미워하였으며 그의 산들을 황폐하게 하였고 그의 산업을 광야의 이리들에게 넘겼느니라(말 1:2-3).

하나님은 "내가 너희들을 정말 사랑했다"라고 말씀하셨습니다. 그러나 사람들은 갈등했습니다. "하나님이 우리를 사랑하신다고 하지만 우리 삶의 현실은 갈등과 고민이 아닙니까? 하나님이 우리를 어떻게 사랑하셨다는 말씀입니까?" 그러자 하나님이 에서와 야곱의 이야기를 하셨습니다.

이것은 하나님의 '편애'를 의미하지 않습니다. 하나님의 '선택'

을 뜻합니다. 관심의 초점은 에서가 아니라 야곱입니다. 하나님의 관심은 바로 우리인 것입니다. '야곱을 사랑하였고 에서는 미워하였으며'라는 말은 편애했다는 뜻이 아니라 "내가 너를 그렇게 사랑하며 복을 주겠다"라는 말입니다.

서열상으로 보면 야곱이 축복의 그릇이 아닙니다. 에서여야 합니다. 여기서 우리가 받는 메시지는 복 받을 자격이 없는 사람, 본질상 진노의 자녀였고 구원받을 수 없는 저주의 자식이었는데 우리가 구원받았다는 것입니다.

생각해 보십시오. 우리 민족이 역사적으로나 정치적으로나 그 어떤 면에서 구원받을 만한 자격이 있습니까? 우리는 무당 자손이며, 불교와 유교의 지배를 받았고, 하나님과는 상관없는 민족이었습니다. 그러나 외국의 선교사들이 성령의 불을 받고는 성경책 하나 들고 죽음을 무릅쓰고 이 땅에 들어왔습니다. 그들은 무지하고 하나님도 모르는 우리 백성에게 복음을 전해 주었고, 병원과 학교도 세웠고, 예수님도 알게 해 주었습니다. 그래서 오늘날 우리가 구원받은 것입니다. 곰곰이 생각해 보면 기적 같지 않습니까? 이것이 얼마나 큰 은혜와 사랑입니까!

모든 사람이 다 지옥에 가도록 결정되어 있었습니다. 우리만 아니라 100년 전, 200년 전 조상들이 다 본질상 진노의 자녀들이었고 이미 죽기로 결정된 사람들이었습니다. 그러나 하나님이 그 가운데서 바로 나를 살려 주셨습니다. 하나님이 살려 주신 것뿐입니다. 그래서 눈물이 나는 것이고, "왜 저는 살려 주시고 저 사람은 살려 주시지 않습니까?"라고 말하면 안 되는 것입니다.

"누구든지 예수 그리스도를 믿고 그 이름을 부르는 자는 구원을 얻는다!" 이처럼 놀라운 메시지가 있는데, 사람들이 그 한마디를 부르짖지 않고 죽는다는 사실이 얼마나 큰 비극입니까! 그래서 전도하고 그 좋은 직장을 다 내던지고 선교사가 되어 미전도 종족에게 뛰어가는 것입니다. 휴머니즘 때문이거나 자비심이 있어서가 아닙니다. 구원의 진리를 아는 사람들은 '빨리 가서 전도해야겠다. 빨리 가서 예수 그리스도를 전해야겠다'는 긴급함과 절대성을 갖게 되는 것입니다.

예전에 보았던 영화가 떠오릅니다. 한 선교사가 무지한 종족에게 가서 그들의 말을 배우고, 사전을 만들고, 성경을 번역했습니다. 그리고 번역된 성경을 가지고 가르치기 시작했습니다. 성경 공부를 통해 복음을 알고 구원받게 된 한 노인이 선교사에게 이렇게 말했다고 합니다. "왜 이제 오셨습니까? 조금만 더 일찍 오셨더라면 우리 선조들도 구원을 받았을 텐데요…." 그렇습니다. 하나님은 우리를 사랑하시고 우리를 구원해 주셨습니다. 로마서 3장 24절은 구원의 은혜에 대해 이렇게 말합니다.

그리스도 예수 안에 있는 속량으로 말미암아 하나님의 은혜로 값없이 의롭다 하심을 얻은 자 되었느니라(롬 3:24).

이외에도 성경에는 구원의 은혜와 하나님의 사랑에 관한 많은 말씀이 있습니다.

긍휼이 풍성하신 하나님이 우리를 사랑하신 그 큰 사랑을 인하여 (엡 2:4).

너희는 그 은혜에 의하여 믿음으로 말미암아 구원을 받았으니 이것은 너희에게서 난 것이 아니요 하나님의 선물이라(엡 2:8).

하나님은 우리가 섬기는 교회를 통해서 복이 계승되기를 원하고 계십니다. 하나님은 우리를 통해서도 메시아의 구원의 복이 다음 세대에, 다른 민족에게 전달되기를 바라십니다.

2

물질보다 영적인 복을
더더욱 사모합니다

창세기 25:24-34

한 배에서 나왔으나 너무나 다른 에서와 야곱

이삭의 아내 리브가가 결혼한 지 20년 만에 낳은 아이는 놀랍게도 쌍둥이였습니다. 쌍둥이 중에 먼저 태어난 아이의 이름은 에서이고, 나중에 태어난 아이의 이름은 야곱입니다. 예언처럼 한 태에서 두 국민이 자라난 것입니다.

> 그 해산 기한이 찬즉 태에 쌍둥이가 있었는데 먼저 나온 자는 붉고 전신이 털옷 같아서 이름을 에서라 하였고 후에 나온 아우는 손으로 에서의 발꿈치를 잡았으므로 그 이름을 야곱이라 하였으며 리브가가 그들을 낳을 때에 이삭이 육십 세였더라(창 25:24-26).

리브가가 낳은 쌍둥이의 이름은 그들의 삶과 걸맞은 이름이었습니다. 먼저 태어난 에서의 이름은 '붉다'라는 말과 '털이 많다'라는 말인 '에돔'과 '세일'에서 나온 이름입니다.

에서는 성경에 기록된 대로 몸이 붉고, 털이 아주 많았으며, 성품이 강했습니다. 그런데 야곱은 에서와 정반대의 성품이어서 유약하고 의존적인 유형의 사람이었습니다. 야곱은 형의 발꿈치를 움켜쥐지 않으면 태어날 수 없는 운명을 가진 것처럼 악착같이 세상에 나왔습니다. 그래서 야곱은 '약탈자'라는 의미가 내포된, '발꿈치를 붙잡은 자, 걸려 넘어지게 하는 자'라는 뜻의 이름을 갖게 되었습니다.

야곱의 이름에는 악착같고, 약간 사기성이 있고, 심술궂다는 뜻이 담겨 있습니다. 사실 야곱의 성격이 꼭 그렇다기보다는 그렇게 하지 않으면 안 될 만큼 약하고 겁이 많았던 것입니다. 겉으로 강해 보이는 사람일수록 속은 사실 약하고 겁이 많은 경우가 많습니다. 야곱은 형의 발꿈치를 붙잡지 않으면 불안하고 무의미하게 느낀 존재였습니다.

27절은 아주 짧은 구절이지만 에서와 야곱이 어떻게 자라났는가를 단적으로 보여 줍니다.

그 아이들이 장성하매 에서는 익숙한 사냥꾼이었으므로 들사람이 되고 야곱은 조용한 사람이었으므로 장막에 거주하니(창 25:27).

우리 주변을 보면, 한 가정에서 태어난 아이들이라도 똑같이 자라는 경우는 거의 없는 것을 알 수 있습니다. 한 배에서 나왔는데도 성격과 스타일이 제각각 다릅니다. 어떤 자녀는 태어날 때부터 정서적으로 안정되어 잠도 잘 자고 젖도 잘 먹는 반면, 똑같은 배에서 태어났는데도 신경이 예민하고 항상 불안한 아이도 있습니다. 똑같은 조건에서 태어나고 자랐는데도 어떤 아이는 아주 강인한 체력을 가진 반면, 또 다른 아이는 항상 병원 신세를 져야 하는 경우도 있습니다.

어렸을 때부터 자기중심적이고 쾌락적이어서 항상 모든 것을 움켜쥐는 욕심 많은 아이가 있는 반면, 누가 가르쳐 주지 않았는데도 항상 베풀고 남을 배려하는 아이도 있습니다. 또 어떤 자녀를 보면 말 잘하고 사람을 잘 사귀고 활달한 반면, 말을 잘 안 하고 사람과도 잘 사귀지 않고 조용히 혼자 있기를 좋아하는 소심한 자녀도 있습니다.

우리는 이런 사실을 야곱과 에서에게서도 발견합니다. 성경은 에서가 익숙한 사냥꾼이고 들사람이었다고 표현합니다. 남자답고, 활달하고, 영웅적인 스타일의 사람이 바로 에서입니다. 대개 이런 사람은 전술과 전략이 뛰어납니다. 에서에 대한 설명을 확대 해석해 보면, 그는 아마도 여행을 좋아하고, 사업을 크게 벌이고, 모험심이 강한 성향을 가진 사람으로서, 언제나 불가능에 도전하는 개척 정신이 강했을 것입니다.

반면 야곱은 어떤 사람이었습니까? 야곱은 아주 조용한 사람이었기에 늘 장막 안에 거했습니다. 그는 분명히 내성적이고, 소심했으며, 어디를 가도 혼자서는 못 가는 겁 많고 무서움을 잘 타는 사람이었을 것입니다. 그리고 누군가 도와주지 않으면 아무것도 못 하는 사람이었을 것입니다.

그런 그는 나이가 들어서도 집 안에 머물기를 좋아했습니다. 이런 사람의 특징 가운데 하나는 약하기 때문에 고자질을 잘하고, 무슨 일이 생겨도 책임을 지지 않고, 편하고 쉬운 일만 골라서 하고, 어려운 일은 다른 사람에게 맡기는 것입니다. 뿐만 아니라 이처럼 소심하고 유약한 사람은 대범하지 못하기 때문에 작은 일에도 오해를 잘하고 의심합니다.

이처럼 전혀 다른 성격을 가진 두 사람 중에서 객관적이고 인간적인 측면으로 본다면 남자답고, 멋있고, 그럴듯해 보이는 사람은 누구겠습니까? 에서일 것입니다.

부모의 편애는 자녀에게 깊은 상처를 남긴다

이렇게 전혀 다른 두 스타일을 가진 쌍둥이 에서와 야곱을 대하는 부모의 태도에는 문제가 많았습니다.

> 이삭은 에서가 사냥한 고기를 좋아하므로 그를 사랑하고 리브가는 야곱을 사랑하였더라(창 25:28).

자식에게 문제가 있는 것이 아니라 부모에게 문제가 있었습니다. 아버지 이삭은 병약하고 소심한 야곱을 별로 좋아하지 않았습니다. 반대로 씩씩하고 활달해서 자기가 좋아하는 고기를 늘 사냥해서 대접해 주는 에서를 좋아했습니다. 그러니까 어떤 현상이 생겠습니까? 어머니가 반대로 한 것입니다. 형한테 항상 뒤지고 아 버지한테 별로 사랑을 받지 못하는 나약하고 병약한 야곱을 끼고 돈 것입니다. 리브가는 철저하게 야곱 편이었다고 성경은 말합니 다. 여기서 가정의 불행이 시작됩니다.

한 배에서 나온 자녀가 서로 성격이 달라도 부모는 똑같이 사랑 해야 합니다. 물론 부모도 인간인지라 어쩔 수가 없습니다. 많은 자식 중에 특별히 더 사랑하는 자녀가 있어서 편애를 하기 마련입 니다. 그 때문에 어린 자녀들은 말없이 상처를 받습니다. '나는 이 집에서 쓸모없는 존재야. 아버지는 나를 미워해. 왜 어머니는 나한 테 이렇게 할까?' 비록 부모는 사랑이라는 이름으로 한 행동이지 만 받아들이는 자녀는 그렇지 않습니다.

저희 가족도 그런 면에서는 예외가 아니었습니다. 형님도 목사 님인데 저보다 늦게 목사가 되었습니다. 왜냐하면 상처가 있었기 때문입니다. 형님은 아버님이 큰아들인 자신보다 작은아들인 저 를 더 사랑하신다고 생각했습니다. 그 상처가 회복되지 않은 채 형 님의 나이 40세가 되었을 때 아버님이 쓰러지셨습니다. 그리고 그 후 5년 동안 대소변을 다 받아 내야 했고 말도 못하는 상태로 침대 에 누워 계셔야만 했습니다.

그런데 아버님이 돌아가시기 얼마 전, 마지막으로 형님과 화해 가 시작되었습니다. 말 못하시는 아버님을 항상 피하던 형님이 면 도를 해 드리고, 밥을 먹여 드리고, 입 맞추고, 안아 드리고, 몸을 닦아 드리는 일을 했습니다. 왜 아버님이 5년 동안 침상에서 고생을 하셨나 생각해 보니, 아들과 화해하게 하려고 하나님이 마련하신 시간이라는 생각이 들었습니다. 아버님이 돌아가실 때 형님은 그 상처를 다 치유받았고, 말 못하시는 아버님을 눈물 흘리며 껴안은 채로 보내 드렸습니다. 그 후에 형님은 목사가 되었습니다.

편애라는 것이 이렇게 무섭습니다. 한 사람의 일생에 상처를 주고 꽃피지 못하게 만드는 것이 부모의 잘못된 편애입니다. 이것이 인간의 한계요, 부모가 갖는 한계입니다. 자녀는 편견과 편애 없이 똑같은 사랑을 받고 자라야 합니다. 부모는 자녀에게 편견을 갖지 않고 편애하지 말아야 합니다. 사랑을 하는 사람의 입장에서는 항상 공정하지만 받는 사람의 입장에서는 항상 편애로 느껴지는 것입니다. "왜 아버지는 형님을 더 사랑하시고 나를 미워하실까?" 바로 이것이 에서와 야곱의 관계였습니다.

> 야곱이 죽을 쑤었더니 에서가 들에서 돌아와서 심히 피곤하여 야곱에게 이르되 내가 피곤하니 그 붉은 것을 내가 먹게 하라 한지라 그러므로 에서의 별명은 에돔이더라(창 25:29-30).

어떤 의미에서 에서는 열등감이 없는 사람입니다. 반면에 야곱은 열등감이 굉장히 많은 사람입니다. 그런데 대개는 큰아들에게 상처가 많습니다. 왜냐하면 자녀를 이상적으로 키우려는 아버지의 의욕이 첫아이에게 넘치기 때문입니다. 그에 비해 아이가 아버지의 이상을 따라가 주지 못하는 경우가 허다합니다. 첫아이는 아버지와 항상 싸우고 일대일로 대결을 하려고 듭니다. 그러다가 자녀가 더 태어나면 아버지 쪽에서 너그러운 태도로 자녀들을 대하게 됩니다. 그래서 첫아이가 늘 희생을 당하기 마련입니다. 서로 상처를 한참 주고 나서야 '이것이 잘못되었구나' 하고 후회합니다. 그러나 그때는 이미 서로가 상처를 주고받은 후입니다.

본문을 보면 편애를 받은 형제 사이에는 언제나 사고가 생기기 마련이라는 사실을 발견할 수 있습니다. 이 사고는 언뜻 보기에는 아무것도 아닌 사고였습니다. '팥죽 사건'에 불과했습니다. 그러나 이 팥죽 사건이 후에 아주 큰 사고가 되었습니다. 당시에야 그럴 줄 누가 알았겠습니까?

영적 가치가 물질적 가치보다 우선해야 한다

야곱이 죽을 쑤고 있을 때 마침 에서가 돌아왔습니다. 에서는 사냥에서 아무것도 얻지 못했던지 몹시 피곤하다고 말했습니다. 집에 돌아와 보니 동생이 아주 맛있는 냄새가 나는 팥죽을 끓이고 있었고, 배고픔을 견디지 못한 에서는 아주 조급하게 팥죽을 달라고 말했습니다. 30절 끝부분을 보면 에서의 별명이 '에돔'이라고 되어 있는데, 이는 에서의 거칠고, 물질적이고, 육체적인 면모를 보여 주는 말입니다. 에서는 영적인 데는 관심이 없는 사람이었습니다. 들로, 산으로 다니기를 좋아하고, 사냥을 좋아하고, 무엇보다도 먹는 것을 좋아했습니다.

그러나 야곱은 에서와 달랐습니다. 사실 야곱은 늘 집에 있었기 때문에 겉으로 표현되지 않았을 뿐, 그의 일생을 보면 욕심과 야망이 많은 사람이었음을 알 수 있습니다. 겉으로는 아무 표현도 안 하면서 속으로는 시기와 질투가 많은 사람이었고 겉으로는 항상 웃고 있지만 속으로는 무슨 생각을 하는지 모르는 사람이 야곱이었습니다.

야곱은 자신이 형에게 육체적으로도 이길 수 없고 이미 장자권도 형에게 있다는 것을 잘 알고 있었습니다. 그러나 야곱은 형의 장자권을 넘보고 있었습니다. 순리로는 자신이 받을 수 없음에도 불구하고 그에 대한 야망이 있었던 것입니다. 야곱은 형과 경쟁할 수 없었지만, 그렇다고 포기할 수도 없었습니다.

그런데 드디어 때가 온 것입니다. 형이 기진맥진해서 팥죽을 한 그릇 달라고 한 것입니다. 꾀가 많은 야곱은 이 기회를 절대로 놓치지 않았습니다.

야곱이 이르되 형의 장자의 명분을 오늘 내게 팔라(창 25:31).

야곱의 관심은 팥죽도 아니고 형도 아니었습니다. 야곱은 기회만 되면 어떻게 해서든지 형의 장자권을 가지고 싶어 했습니다. 그러나 그렇게 한다고 장자권을 가질 수 있겠습니까? 하지만 야곱의 생각은 달랐습니다. 그는 장자의 축복권이 무엇이며, 그 정신적 가치가 무엇인지를 아는 사람이었습니다. 에서는 물질적 가치관을 가진 사람이었고, 야곱은 영적인 가치, 정신적 가치가 얼마나 중요한지를 아는 사람이었습니다. 야곱은 자신에게 가당치 않은 야망과 목표일지라도 결코 포기하지 않고 배가 고픈 에서에게 팥죽 한 그릇을 주면서 장자권을 자기한테 팔라고 말했습니다.

여기서 우리가 배워야 할 몇 가지가 있습니다. 비록 야곱은 내성적이고, 병약한 사람이고, 형의 그늘에서 살아온 사람이지만 그는 장자권의 명분이 얼마나 중요한지를 알고 있었다는 것입니다. 우리는 야곱의 이 점을 높이 사야 합니다. 영적 가치와 정신적 가치가 지금 당장 내가 배부르고, 쾌락을 누리고, 많은 것을 소유하는 것보다 얼마나 더 중요한지를 알아야 합니다. 에서는 들에서 짐승을 잡는 사냥꾼이었지만 야곱은 형의 장자권을 사냥한 사냥꾼이었습니다.

이 상황을 통해서 보건대, 야곱은 자기가 원하는 것은 어떤 방법을 써서라도 얻어 내는 사람이었습니다. 그가 얻은 성공은 불법은 아니었지만 교활하게 얻어 낸 성공이었습니다. 어떤 사람이 교활합니까? 상대방의 약점을 이용해서 일을 만드는 사람입니다. 요즘 우리나라의 정치가 그렇습니다. 상대방의 약점을 물고 늘어져서 자기가 원하는 바를 얻어 내고 있습니다. 이렇게 야곱이 얻은 성공, 그가 선택한 방법은 하나님이 원하시는 방법이 아니었다는 데 문제가 있습니다.

> 에서가 이르되 내가 죽게 되었으니 이 장자의 명분이 내게 무엇이 유익하리요(창 25:32).

에서는 무엇이 문제입니까? 장자라는 명분의 중요성을 전혀 모르고, 배가 고프니 팥죽 한 그릇을 먹어야 한다는 현실 때문에 장자의 명분을 버렸다는 것입니다. 놀랍게도, 오늘날 우리는 이런 에서의 논리가 더 설득력 있는 사회 현실 속에서 살고 있습니다. 영적인 것보다 물질적인 것이 더 중요하게 취급되고 있는 현실입니다. 국가의 모든 예산이 여기에 집중되고 있습니다. 경제나 정치 논리가 신앙보다 앞서고 있습니다. 우선 먹고살아야 한다는 것입니다. "나라와 국가와 민족 없이 하나님이 무슨 소용 있느냐!"라고 말하는 것입니다.

> 야곱이 이르되 오늘 내게 맹세하라 에서가 맹세하고 장자의 명분을 야곱에게 판지라(창 25:33).

우리는 여기서 아주 중요한 두 가지 교훈을 얻습니다.

첫째, 영적이고 정신적인 가치를 소홀히 여기지 말라는 것입니다. 경제 지표나 실물 경제나 외환 규모나 실업률, 경제 정의가 중요하지 않다는 뜻이 아닙니다. 중요합니다. 그러나 그런 가치가 도덕이나 윤리, 정신적 가치보다 앞설 때 나라는 붕괴하게 되어 있습니다. 이렇게 결정적으로 망한 사람이 에서입니다. 그보다 더 중요한 것은 장자의 명분이요, 영적 특권이라는 사실을 알아야 합니다.

야곱이 떡과 팥죽을 에서에게 주매 에서가 먹으며 마시고 일어나 갔으니 에서가 장자의 명분을 가볍게 여김이었더라(창 25:34).

에서는 장자의 명분을 가볍게 여겼기 때문에 빼앗겼고, 결국은 야곱에게 그 권한과 복이 넘어가고 말았습니다.

우리나라는 온통 먹자판입니다. 소비와 쾌락적인 문화가 가득차 있습니다. 그저 놀고, 쾌락을 누리고, 먹고 마시는 것으로 가득해 정신적 가치를 찾아볼 수 없는 피폐한 나라가 되어 가고 있습니다. 책을 읽는다든지, 묵상을 한다든지, 고통을 겪는다든지, 정신적이고 도덕적인 가치를 추구하는 면이 없습니다. 이것이 우리가 살고 있는 불행한 사회입니다. 그것이 에서의 사회입니다.

둘째, 아무리 좋은 것이라도 인간적으로나 인위적으로는 얻어지지 않는다는 것입니다. 복은 하나님이 주십니다. 복은 강탈해 오는 것이 아니라 하나님이 주실 때까지 기다려야 합니다. 복은 순리

이어야 합니다. 무리수를 두면 복이 오지 않습니다. 그러나 야곱은 무리수를 두었습니다. 인위적이고 인간적으로 복을 가져오려고 노력했습니다.

국가 경영과 개인의 삶에 있어서도 이러한 원리는 마찬가지로 적용됩니다. 복은 자연스러워야 하고 하나님이 주실 때까지 기다려야 합니다. 인간적인 술수와 방법을 써서 남의 것을 빼앗고 다른 사람을 죽이고 망하게 해서는 안 됩니다. 그래서 인내와 기다림과 양보와 타협이 필요합니다. 끝까지 기다리고 이루어 낼 때 거기에 정신적 가치와 영적 가치가 생겨나는 것입니다.

야곱은 좀 더 기다려야 했고 정직한 마음으로 하나님을 신뢰해야 했습니다. 그러나 그는 자기가 원하는 것을 얻기 위해 하나님의 시간을 기다리지 않았습니다. 야곱은 자기의 꾀와 수단과 방법을 개입시킨 것입니다. 생각해 보십시오. 에서가 들에서 돌아와 심히 피곤해 배고파 죽게 되었을 때 아주 우연히 야곱이 팥죽을 그 자리에서 쑤고 있었겠습니까? 또 에서가 팥죽 한 그릇을 달라고 요청했을 때 야곱이 아무 생각 없이 자신에게 장자권을 팔라고 말했겠습니까?

앞뒤를 고려해 보면, 야곱은 에서가 배고플 때를 기다렸다가 시간을 계산해서 바로 그의 앞에서 아주 맛있는 냄새가 나는 팥죽을 끓였다는 것이 더 설득력 있습니다. 이것이 야곱의 성격과 잘 맞는 해석입니다. 이후에 나오는 야곱의 삶을 보면 야곱은 교활하고, 꾀가 많고, 잔재주를 부리는 사람이라는 것을 알 수 있습니다.

그런데 세상의 기적 중에 기적은 야곱 같은 사람이 복을 받았다는 것입니다. 성경에서 제일 못난 사람이 야곱입니다. 아버지들 중에 실패자요, 상처가 많고, 사랑하기 힘든 사람이 야곱입니다. 그런데 이런 사람이 하나님의 사랑을 받았다는 것입니다. 여기에 우리의 소망이 있습니다. 야곱 같은 사람에게도 하나님이 복을 주셨다면 우리야 오죽하겠습니까.

그러나 우리는 야곱이 자신의 교활함으로 인해 엄청난 대가를 치러야 했다는 사실도 알아야 합니다. 그는 쫓겨나다시피 집을 떠나서 나그네 생활을 했고, 너무나 고독하고 외로운 일생을 보냈습니다. 이는 그의 인위적이고 인간적인 삶의 태도로 얻은 결과였습니다. 영적인 것일수록 하나님이 거저 주시는 은혜임을 알아야 합니다. 복일수록 그것은 약탈물이 아니고 하나님의 선물이라는 사실을 알아야 합니다.

남의 돈을 빼앗고서는 행복해지지 않습니다. 부자는 될 수 있을지언정 진정으로 행복해질 수는 없습니다. 그렇게 해서 얻어진 부는 행복을 약속하지 않습니다. 고난이 올수록 기뻐하고, 환난이 올수록 감사하고, 위기에 처할수록 기도와 인내로 승리할 때 하나님의 승리가 주어지는 것입니다. 그렇게 사신 분이 예수 그리스도이십니다.

3

나는 약속의 자녀요,
믿음의 아들입니다

창세기 | 26:1-22

진정한 믿음은 고난을 이기는 것이다

창세기 26장은 이삭에 관한 장입니다. 하나님의 복은 당대를 넘어서서 시대를 초월해 계속됩니다. 자신이 받은 진정한 하나님의 약속과 복은 반드시 후손들에게 계승됩니다. 이런 의미에서 하나님이 아브라함에게 주셨던 복과 약속은 이삭에게 이어졌습니다.

하나님의 약속과 복이 계승되기 위해서는 두 가지 요소가 필요합니다. 그중 하나는 계승자가 약속의 아들이어야 한다는 것입니다. 아브라함에게 많은 아들이 있었지만 복과 언약이 계승된 사람은 약속의 아들인 이삭 한 사람뿐이었습니다. 또 하나는 약속의 아들일 뿐만 아니라 동시에 믿음의 아들이어야 한다는 것입니다. 아무리 약속의 아들이라 할지라도 믿음이 없으면 하나님의 복은 계승되지 않을 것입니다.

하나님이 주신 복이 당대에 끝나지 않기를 바랍니다. 우리 자녀들에게도 믿음의 유산이 계속 이어지고, 자자손손 몇 대를 지나서까지도 하나님이 우리 가문에 복을 주셔서 위대한 하나님의 종들이 많이 배출되기를 바랍니다.

믿음의 아들이 되는 것은 쉬운 일이 아닙니다. 아브라함도 믿음이 부족해서 25년 동안 많은 잘못을 저지른 실수투성이의 사람이었습니다. 처음 태어날 때부터 믿음의 사람으로 나는 것이 아닙니다. 우리는 다 부족하고, 연약하고, 실수가 많은 인간이지만 하나님이 고난과 역경과 시련을 통해서 믿음의 사람으로 만들어 주십니다.

이런 의미에서 이삭도 예외는 아니었습니다. 그는 믿음의 아버지 아브라함에게서 태어났다고 해서 자동으로 믿음을 갖게 된 것이 아닙니다. 물론 영적인 유산은 많이 받겠지만 본인 자신이 믿음을 가져야 합니다. 이삭도 처음에는 실수가 많았습니다.

> 아브라함 때에 첫 흉년이 들었더니 그 땅에 또 흉년이 들매 이삭이
> 그랄로 가서 블레셋 왕 아비멜렉에게 이르렀더니(창 26:1).

아브라함이 흉년을 맞이했을 때 애굽으로 도피해 낭패를 겪었던 과정을 이삭도 반복하고야 말았습니다. 1절에서 볼 수 있듯이, 이렇게 유약하고 이기적인 사람을 가리켜 어떻게 믿음의 사람이라고 말할 수 있겠습니까? 우리 시대에도 흉년이 있고 고난이 오기도 합니다. 그러나 그때 억울하게 당한다고 생각하지 마십시오. 고난이 피해 가는 사람은 없기 때문입니다. 진정한 믿음은 고난이 없는 것이 아니라 고난을 이기는 것입니다.

환경을 따라 살지 않기를 바랍니다. 그러면 언제나 도피하는 사람이 됩니다. 창조적이고, 개척적이고, 역사를 만들어 가는 사람이

아니라 수동적인 사람이 될 수밖에 없습니다. 어떤 위기와 시련과 고난에 부딪힌다 할지라도 이겨 내는 사람이 되십시오.

이삭은 자신이 살던 땅에 흉년이 들었을 때 고민하지 않을 수 없었습니다. 이삭은 하나님이 주신 약속의 땅을 버릴 것인가, 아니면 기근을 만날 것인가를 놓고 고민했을 것입니다. 그는 가장으로서 선친에게서 받은 많은 재산을 지켜야 할 책임이 있었습니다. 흉년 때 그 자리에 계속 있으면 그 재산을 다 잃어버릴 수도 있었습니다. 그러나 신앙적으로 보면 아무리 기근이 있고 재산을 잃어버린다 할지라도 그 땅에서 도피해서는 안 되었습니다. 우리도 그 자리에 있자니 괴롭고, 떠나자니 더 괴로워서 '무엇을 어떻게 선택할 것인가?'를 놓고 고민할 때가 있습니다.

결국 성숙한 믿음을 갖지 못했던 이삭은 하나님의 약속보다는 흉년을 피해야 한다는 현실에 굴복했습니다. 일단 위기를 피하기 위해 애굽으로 가기로 결정하고 길을 떠났는데, 도중에 블레셋 왕국을 지나야 했습니다. 블레셋 왕은 아비멜렉이었고, 수도는 그랄이었습니다. 이때 하나님이 이삭에게 나타나셨습니다.

여호와께서 이삭에게 나타나 이르시되 애굽으로 내려가지 말고 내가 네게 지시하는 땅에 거주하라(창 26:2).

하나님의 뜻은 이삭의 생각과 달랐습니다. 하나님이 이삭에게 애굽으로 가지 말라고 하셔서 그에게는 더 큰 고민이 시작되었습니다. 하나님의 뜻은 애굽으로 가지 말라는 것이었습니다. 기근과 흉년이 있기는 하지만 하나님이 주신 땅에서 견디고 거하라는 것이 하나님의 뜻이었습니다. 그러나 이삭은 고민했습니다. 여기서 우리는 하나님의 뜻인 줄 알면서도 순종하지 않으면 고민이 시작된다는 사실을 알아야 합니다.

> 이 땅에 거류하면 내가 너와 함께 있어 네게 복을 주고 내가 이 모든 땅을 너와 네 자손에게 주리라 내가 네 아버지 아브라함에게 맹세한 것을 이루어 네 자손을 하늘의 별과 같이 번성하게 하며 이 모든 땅을 네 자손에게 주리니 네 자손으로 말미암아 천하 만민이 복을 받으리라(창 26:3-4).

하나님은 이삭에게 네 가지 약속을 하셨다

첫 번째로 하나님은 기근이 있지만 참고 견디면 "내가 너와 항상 함께 있을 것이다"라고 약속하셨습니다. 이보다 좋은 복은 없습니다. 복이란 '물질을 소유하는 것'이 아니라 '하나님과 함께하는 것'입니다. 하나님이 항상 함께하겠다고 하신 말씀은 떠나지 않겠다는 말과 같습니다. 하나님이 계신데 무엇을 더 원하겠습니까? 예수님도 제자들에게 이렇게 말씀하셨습니다.

내가 세상 끝 날까지 너희와 항상 함께 있으리라(마 28:20).

담대하라 내가 세상을 이기었노라(요 16:33).

두 번째는 "약속의 땅을 너와 네 자손에게 주겠다"라는 약속입니다. 세 번째로 하나님은 약속의 땅에서 살게 될 사람들, 곧 약속의 씨를 주겠다고 약속하셨습니다. "하늘의 별처럼 네 자손을 번성하게 해서 네 씨가 창대하게 될 것이다"라고 약속하신 것입니다. 네 번째는 더 중요한 약속입니다. "네 자손으로 말미암아 천하만민이 복을 받으리라"라고 약속하셨습니다. 약속의 씨 가운데 먼 훗날 메시아를 주겠다는 약속을 하신 것입니다.

하나님은 불순종의 사람을 고쳐 쓰신다

아브라함은 25년 동안 믿음이 없어서 인간적이고 세상적인 방법으로 하나님을 섬겼기 때문에 역경과 고난과 시련을 겪어야만 했습니다. 마찬가지로, 예수님을 믿는 사람이 시련을 겪는 까닭은 하나님이 주시는 믿음을 갖지 않고 자신의 믿음으로 믿기 때문입니다. 주님을 인간적인 방법으로 섬길 때 갈등이 오고 어려움에 부딪히게 됩니다.

아브라함은 25년 동안 시련을 겪으면서 연단을 받고 훈련받아 드디어 하나님이 주신 믿음의 성숙기에 들어서기 시작했습니다. 아브라함이 어떻게 하나님이 원하시는 믿음의 성숙기로 들어서게 되었습니까? 그 해답이 5절에 있습니다.

이는 아브라함이 내 말을 순종하고 내 명령과 내 계명과 내 율례와 내 법도를 지켰음이라 하시니라(창 26:5).

복 받는 것과 성숙과 믿음의 비결은 '순종'입니다. 아브라함은 그전에는 적당히 인간적으로 순종했습니다. 자기 힘으로 하나님을 섬겼기 때문에 계속 젖은 나무가 타듯이 연기가 났던 것입니다. 이러한 아브라함의 신앙에도 전환점이 있었듯이, 우리가 예수님을 믿고 나서도 마찬가지입니다. 어떤 사람은 하나님을 믿으면서도 계속 원망과 불평과 짜증이 많습니다. 하나님도 괴로우시고, 자기도 괴로운 신앙생활을 하고 있을 때가 있습니다. 이런 과정은 빨리 끝내야 합니다. 이런 과정을 끝내고 나면 정말 자유로운 기쁨과 능력이 충만해집니다. 하나님을 섬기는 데 있어서 갈등이 없는 시간이 찾아옵니다.

순종은 하나님이 약속하신 복을 이루는 비결이요, 하나님의 뜻을 이루는 방법입니다. 이것이 하나님이 이삭에게 해 주신 설명입니다. 이삭도 그렇게 하라는 것입니다. 그런데 이삭은 불완전한 순종을 했습니다.

이삭이 그랄에 거주하였더니(창 26:6).

이삭은 하나님이 애굽에 가지 말라고 하신 말씀에 순종해서 애굽에는 가지 않습니다. 그러나 그랄에서 떠나지는 않았습니다. 기근이 있는 땅보다는 그랄이 조금 더 좋아 보였기 때문에 그냥 머물렀습니다. 이것은 불완전한 순종입니다. 우리 가운데도 불완전한 순종을 하는 사람들이 많습니다. 어떤 사람들은 교회에 나오지만 깊이 들어오지 않습니다. 적당히 선을 그어 놓고 단순히 예배만 드리면서 "하나님, 이 선 안으로는 들어오지 마세요"라고 말합니다. 신앙의 회색지대를 만드는 것입니다.

우리는 미숙하고 연약할 수 있지만 시간이 흐르면 변해야 합니다. 그러나 오랜 시간이 흘러도 여전히 변하지 않고 성숙해지지 않는 사람이 있습니다. 자기를 공개하지 않기 때문입니다. 차지도 덥지도 않은 사람, 믿는 것도 아니고 믿지 않는 것도 아닌 사람에게는 하나님의 기적과 능력이 좀처럼 나타나지 않습니다. 교회를 열심히 다니지만 한 번도 전도와 철야 기도와 새벽 기도를 해 보지 않고, 하나님과의 관계 속에 좀 더 깊이 들어가지 못하는 사람이 우리 가운데 있습니다. 수많은 사람을 스치고 만나지만 인격적인 깊은 만남은 피하듯이, 하나님과의 깊은 만남을 거부하는 모습이 우리 안에 있는 것입니다.

그곳 사람들이 그의 아내에 대하여 물으매 그가 말하기를 그는 내 누이라 하였으니 리브가는 보기에 아리따우므로 그곳 백성이 리브가로 말미암아 자기를 죽일까 하여 그는 내 아내라 하기를 두려워함이었더라(창 26:7).

믿음이 없는 사람은 환경과 사람에 대해 두려움을 갖기 마련입니다. 심지어 자기 아내가 예쁜 것도 두려움의 요소가 됩니다. 이삭은 아내가 예쁘다는 단순한 사실에서 생각을 더 발전시켜 '내 아내가 이렇게 예쁘고 매력적이니 다른 남자들이 보고 탐하다가 내가 남편인 것을 알게 되면 나를 죽일 것이다'라고 생각하게 되었습니다. 누군가 아무리 돈이 많고 권력이 있어도 그를 두려워하지 말고 그에게 매이지 않기를 바랍니다. 하나님을 두려워하십시오. 사람을 두려워하다 보면 올무에 걸리고, 믿음에서 떠나게 되며, 사람의 종이 됩니다. 또 두려움이라는 거짓말을 만들어 냅니다.

7절을 보면 "부전자전"이라는 옛말이 생각납니다. 아브라함도 자기 아내를 이용하는 실수를 저지른 남자입니다. 세상에서 제일 어리석은 남자는 아내를 이용하고, 세상에서 제일 어리석은 여자는 남편의 지위를 이용합니다. 부부는 사랑하는 관계여야 하는데 이용하는 관계가 되어 버리는 것입니다. 그러나 거짓말은 오래가지 못하고 시간이 지나면 들통나게 되어 있습니다.

이삭이 거기 오래 거주하였더니 이삭이 그 아내 리브가를 껴안은 것을 블레셋 왕 아비멜렉이 창으로 내다본지라 이에 아비멜렉이 이삭을 불러 이르되 그가 분명히 네 아내거늘 어찌 네 누이라 하였느냐 이삭이 그에게 대답하되 내 생각에 그로 말미암아 내가 죽게 될까 두려워하였음이로라(창 26:8-9).

자기 아내를 껴안은 아무것도 아닌 일이 이삭의 거짓말로 인해 사건이 되어 버렸습니다. 곧 이삭은 수치를 당했습니다. 여기서 우리가 확실하게 발견하는 것이 있습니다. 이때까지도 이삭은 믿음의 사람이 아니었다는 것입니다. 그는 아직도 세상 사람들과 똑같이 상황과 형편에 따라 거짓말을 하며 사람과 환경을 두려워했습니다. 그런데 놀라운 사실은 하나님이 이런 이삭을 고쳐서 믿음의 사람으로 쓰신다는 것입니다. 여기에 하나님의 눈물겨운 은혜가 있습니다.

아비멜렉이 이르되 네가 어찌 우리에게 이렇게 행하였느냐 백성 중 하나가 네 아내와 동침할 뻔하였도다 네가 죄를 우리에게 입혔으리라 아비멜렉이 이에 모든 백성에게 명하여 이르되 이 사람이나 그의 아내를 범하는 자는 죽이리라 하였더라(창 26:10-11).

요즘은 수치스럽게도 세상이 교회를 걱정해 주고, 교인이 목사를 염려해 줍니다. 이삭의 경우에도 오히려 아비멜렉이 이삭을 걱정해 주면서 모든 사람에게 이삭의 아내는 절대 건들지 말라고 명하기까지 했습니다. 바로 이것이 이삭의 신앙의 현주소였습니다.

예수님의 제자 가운데도 이삭처럼 비겁하고 연약한 사람이 있었습니다. 제일 열심히 예수님을 따랐던 베드로입니다. 베드로는 예수님이 체포당하신 후 재판받으러 가실 때 멀찍이 서서 예수님을 따라갔습니다. 그는 비겁해서 예수님과 같이 잡혀갈까 봐 두려워했고, 아예 안 따라가자니 괴로워서 거리를 두고 예수님을 쫓아갔습니다. 그러고는 새벽에 뜰에서 불을 쬐고 있다가 두 번이나 예수님을 모른다고 부인했습니다. 게다가 세 번째 부인할 때는 예수님을 저주까지 하면서 모른다고 했습니다. 그가 세 번 예수님을 모른다고 부인했을 때 두 번째 닭 우는 소리가 들렸습니다. 믿음을 확실하게 갖지 않으면 이런 수치를 당한다는 사실을 기억해야 합니다.

선으로 악을 이긴 믿음의 사람, 이삭

이삭이 그 땅에서 농사하여 그해에 백 배나 얻었고 여호와께서 복을 주시므로 그 사람이 창대하고 왕성하여 마침내 거부가 되어 양과 소가 떼를 이루고 종이 심히 많으므로 블레셋 사람이 그를 시기하여 그 아버지 아브라함 때에 그 아버지의 종들이 판 모든 우물을 막고 흙으로 메웠더라(창 26:12-15).

그렇지만 이삭은 실패와 실수와 연약함을 지나서, 드디어 하나님이 기뻐하시는 사람으로 변화되었습니다. 부족하고 실수가 많았음에도 불구하고 하나님께 하나씩 교육받고 성숙해져서 하나님이 쓰시는 사람으로 변했습니다. 그러자 하나님이 먼저 그에게 물질적인 복을 더해 주셨습니다. 당시는 흉년이 들었는데도 이삭이 농사를 지으면 100배의 수확을 얻었습니다. 할렐루야!

예수님이 30배, 60배, 100배의 결실을 말씀하신 것을 보면 100배는 최대한의 복입니다. 저는 이 말씀을 들을 때마다 "하나님, 우리 교회 교인들에게도 30배, 60배, 100배의 복을 주십시오. 성도님들에게 물질적 복을 허락해 주셔서 농사를 지으면 100배의 수확을 주십시오"라고 기도했습니다. 이러한 물질적 복은 이삭이 물질의 시련을 겪고 난 다음에 주어진 것입니다. 우리 역시 고난과 시련을 겪고 난 다음에 이삭에게 주어진 복과 동일한 복이 임할 줄 믿습니다.

여기서 하나 더 발견하게 되는 사실이 있습니다. 블레셋 사람들이 이삭이 하는 일마다 잘되는 것을 시기해서 아브라함 때 판 우물을 흙으로 막아 버린 것입니다. 이와 같이 성공은 언제나 시기와 질투를 불러일으킨다는 것을 알아야 합니다. 이것은 필연적인 것입니다. 급기야 블레셋의 아비멜렉까지도 이삭에게 떠나라고 강요했습니다.

> 아비멜렉이 이삭에게 이르되 네가 우리보다 크게 강성한즉 우리를
> 떠나라(창 26:16).

아주 중요한 사실 한 가지를 더 발견하게 됩니다. 이삭이 큰 부
자가 되어 시기와 질투를 받아 싸움이 붙었는데, 이삭은 어떤 원망
도, 불평도 하지 않았다는 것입니다. 이것은 매우 특이한 것으로,
그만큼 이삭이 하나님의 사람으로 성숙해졌음을 의미합니다.

제가 성경을 통해서 알게 된 진리 중 하나가 있는데, 정말로 복
받고 싶다면 원망과 불평을 하지 말고 핑계하거나 남을 욕하지 말
라는 것입니다. 성공해서 권력과 물질을 다 가지고도 원망과 불평
을 하는 사람은 지옥의 삶을 살고 있는 사람입니다. 가난해도 감사
하고 찬송을 부르는 사람은 천국에서 사는 사람입니다. 원망이 오
면 얼른 내보내야 합니다. 불평을 붙잡지 마십시오.

이삭은 원망하거나 불평하지 않았습니다. 그저 블레셋 사람들
이 와서 자기 우물에 흙을 집어넣으면 슬그머니 떠나서 또 다른 우
물을 팠습니다.

> 이삭이 그곳을 떠나 그랄 골짜기에 장막을 치고 거기 거류하며 그
> 아버지 아브라함 때에 팠던 우물들을 다시 팠으니 이는 아브라함이

죽은 후에 블레셋 사람이 그 우물들을 메웠음이라 이삭이 그 우물들의 이름을 그의 아버지가 부르던 이름으로 불렀더라(창 26:17-18).

이삭은 이제 아브라함의 믿음으로 돌아갔습니다. 어리석은 자녀들은 아버지와의 관계가 좋지 않으면 반항심으로 아버지가 했던 것을 다 바꿔 놓습니다. 그러다가 실패하고 나면 결국 아버지가 했던 방법으로 돌아갑니다. 이삭은 아버지가 팠던 우물들을 다시 팠고, 우물들의 이름을 아버지가 부르던 이름으로 다시 불렀습니다. 이삭은 아버지의 위대함을 보게 된 것입니다.

이삭의 종들이 골짜기를 파서 샘 근원을 얻었더니 그랄 목자들이 이삭의 목자와 다투어 이르되 이 물은 우리의 것이라 하매 이삭이 그 다툼으로 말미암아 그 우물 이름을 에섹이라 하였으며 또 다른 우물을 팠더니 그들이 또 다투므로 그 이름을 싯나라 하였으며 이삭이 거기서 옮겨 다른 우물을 팠더니 그들이 다투지 아니하였으므로 그 이름을 르호봇이라 하여 이르되 이제는 여호와께서 우리를 위하여 넓게 하셨으니 이 땅에서 우리가 번성하리로다 하였더라(창 26:19-22).

우리는 이 말씀 속의 이삭에게서 예수님의 모습을 봅니다. 싸우지 않고 도살장에 끌려가는 양같이 당하는 모습입니다.

뿐만 아니라 여기서 이삭에게는 또 하나의 특징이 있다는 것을 알 수 있습니다. 그가 파는 우물마다 물이 잘 나온다는 것입니다. 이삭이 손만 대면 복이 온 것입니다. 블레셋 사람들은 이삭의 우물을 계속 뺏다가 슬슬 겁이 났습니다. 그는 하나님의 사람이므로 그를 괴롭히면 큰일 나겠다는 생각이 들었습니다. 그렇게 이삭은 블레셋 사람들을 이겼습니다. 선으로 악을 이긴 것입니다.

우리가 파는 우물들마다 물이 잘 나오기를 간절히 기도합니다. 우리가 하는 기업과 일마다 잘되면 얼마나 좋겠습니까? 이것이 이삭이 받은 복입니다. 그리고 그는 자신이 받은 복을 다른 이들과 나누었습니다. 우리 역시 이삭과 같은 복을 받고, 그 받은 복을 나눠 주는 삶을 살기를 바랍니다. 흉년 때이거나 경제 위기 때도 이런 일이 있을 수 있습니다. 이삭의 삶이 그것을 말해 줍니다. 우리에게도 이삭이 받은 것과 같은 복이 있기를 바랍니다.

4

져 주고 이기는 사람이
그리스도인입니다

창세기 26:23-35

하나님은 모든 것을 합력하여 선을 이루신다

아브라함이 그러했듯이 이삭도 믿음의 사람이 되기 전까지는 여러 가지 실수와 실패를 거듭했습니다. 누구든지 처음부터 완전한 신앙을 가진 자는 없습니다. 다 불완전한 신앙에서 완전한 신앙으로, 미숙한 신앙에서 성숙한 신앙으로 바뀌어 가는 것입니다. 그러나 하나님은 믿음의 사람을 원하셨고, 이삭을 믿음의 사람으로 만들어 가셨습니다. 그리고 아브라함에게 그러셨듯이 이삭에게도 복을 주셨습니다.

하나님은 이삭에게 복을 주셔서 많은 재산을 갖게 하셨습니다. 이로 인해 블레셋 사람들이 이삭을 시기해 내쫓았습니다. 그러나 그 후로도 이삭이 파는 우물마다 물이 나오고, 이 우물을 블레셋 사람들이 약탈하는 일이 벌어졌습니다. 그 와중에 블레셋 사람들은 이삭이 하나님의 사람임을 알게 되어 그를 두려워하게 되었습니다. 이삭은 지는 것 같았지만 하나님은 항상 이삭 편이셨습니다. 그래서 사람들이 더 이상 이삭을 공격하지 못하고 화친 조약을 맺자고 제의하게 되는 웃지 못할 일이 벌어졌습니다.

이 사건들을 통해 이삭에게서 두 가지 중요한 특징을 발견할 수 있습니다.

첫 번째, 이삭은 자기의 우물을 약탈해 가는 사람들과 싸우지 않았다는 사실입니다. 시편 37편 1 - 2절은 "악을 행하는 자들 때문에 불평하지 말며 불의를 행하는 자들을 시기하지 말지어다 그들은 풀과 같이 속히 베임을 당할 것이며 푸른 채소같이 쇠잔할 것임이로다"라고 말합니다. 하나님의 사람은 원망하거나 불평하지 않고 자신에게 악을 행하고, 손해를 끼치고, 자기를 모함하는 사람이 있을지라도 보복하지 않습니다. 행악자는 하나님이 다루신다고 성경은 말합니다.

"아무에게도 악을 악으로 갚지 말고 ⋯ 선으로 악을 이기라"(롬 12:17, 21). 이것이 예수님의 태도입니다. "누구든지 네 오른편 뺨을 치거든 왼편도 돌려 대며 또 너를 고발하여 속옷을 가지고자 하는 자에게 겉옷까지도 가지게 하며"(마 5:39-40). 이것이 바로 그리스도인이 이 세상에서 살아가는 방법입니다. 이렇게 살면 패배자 같고 세상에서 무시당할 것 같습니다. 하지만 성경을 보면 그런 사람은 결코 무시당하거나 패배하지 않았습니다. 우리는 이삭이 복을 받는 과정에서 그가 악착같이 돈을 번 것이 아니고 하나님이 부를 주셨다는 사실을 알 수 있습니다. 어떤 사람은 남에게 피해를 주면서까지 돈을 벌었지만 어느 순간 재산을 탕진하고 인생의 패배자로 전락하는 모습을 보이기도 합니다.

사람은 누구나 자기 자신이나 다른 이에게 불만이 많기 마련입니다. 그래서 사람을 바라보면 원망과 불평이 생깁니다. 그러나 하나님을 생각하면 감사와 기쁨이 넘칩니다. 우리가 하나님을 바라봄으로 어떤 일을 당해도 원망하거나 불평하지 않기를 바랍니다.

이삭은 사람을 상대하지 않았습니다. 그의 관심은 하나님께 있었습니다. 그는 늘 하나님과 함께 있었기 때문에 원망과 불평 없이, 우물을 빼앗기면 그저 다른 데 가서 또다시 우물을 팠던 것입니다. 두려워하지 마십시오. 우리가 지거나 망했다 할지라도 하나님은 우리 편이십니다. 세상이 우리를 무시했다 할지라도 하나님은 우리를 기억하십니다. 그래서 하나님의 영광을 보게 해 주실 것입니다.

두 번째, 이삭이 우물을 팔 때마다 물이 나왔다는 아주 신비스러운 사실입니다. 로마서 8장 28절은 "우리가 알거니와 하나님을 사랑하는 자 곧 그의 뜻대로 부르심을 입은 자들에게는 모든 것이 합력하여 선을 이루느니라"라고 말합니다. 하나님의 사랑을 입은 자들에게는 놀라운 표적이 따릅니다. 이삭이 우물을 팔 때마다 물이 나온 표적은 하나님이 그와 함께하신다는 증거였습니다. 우리에게도 하나님이 함께하시는 증거가 많이 있을 줄 믿습니다.

이삭이 거기서부터 브엘세바로 올라갔더니(창 26:23).

이 구절은 짧지만 많은 의미를 지니고 있습니다. 이것은 이삭의 변신을 의미합니다. 그는 블레셋의 수도였던 그랄에서 아버지 아브라함이 거처했던 브엘세바로 옮겼습니다. 앞서 이삭은 하나의 말씀에 불완전한 순종을 해서 그랄에 머물렀습니다. 그러했던 이삭이 엉거주춤한 그랄에서의 생활을 청산하고 본격적인 신앙생활을 의미하는 브엘세바로 간 것입니다.

우리의 문제가 무엇인지 알고 있습니까? 엉거주춤한 상태로 믿는 것입니다. 저는 우리 모두의 삶에서 적당히 예수님을 믿는 태도가 끝나기를 바랍니다. 일주일 내내 성경 한 번 들춰 보지 않다가 주일이면 그 성경을 꺼내 들고 교회에 오는 사람들의 신앙생활에 일대 변혁과 혁신이 일어나기를 바랍니다.

브엘세바는 창세기 22장 19절에 나오는 장소로서, 아브라함이 아들 이삭을 모리아산에서 번제로 하나님께 드리려고 했을 때 나온 곳입니다. 그때 하나님이 아브라함의 믿음을 보시고 아들 이삭을 죽이지 못하게 막으시고 그 옆에 숫양을 예비해 두셨습니다. 아브라함은 이삭 대신 숫양을 제물로 드리면서 하나님의 부활을 경험했습니다. 그때 그는 그 땅의 이름을 '여호와 이레'라고 했습니다. 이는 '하나님이 준비하신다'라는 뜻입니다.

아브라함이 이삭을 데리고 갔던 장소가 브엘세바입니다. 브엘세바는 이런 의미에서 영적인 장소로서, 많은 추억이 있는 곳이기도 합니다. 하나님이 약속하시고, 승리하시고, 함께하셨던 장소인 것입니다. 그런데 이제 이삭은 기근 때문에 브엘세바를 떠나서 그랄에 기거했다가 다시 브엘세바로 돌아온 것입니다. 참된 복은 아버지 집, 아버지가 살던 약속의 땅으로 돌아가는 것을 의미합니다.

하나님의 임재는 곧 예배로 이어진다

많은 사람이 자라는 과정에서 아버지에게 상처를 받습니다. 그런 사람은 아버지의 방식을 싫어하고 자기 마음대로 살기도 합니다. 그러다가 실패를 겪고 나서야 아버지의 집을 그리워합니다. 자식이 아버지를 그리워한다는 것은 철이 들었음을 의미합니다. 그제야 회개하지만 때는 늦었습니다. 이미 아버지는 이 세상에 계시지 않습니다. 우리 중에 육신의 아버지와 관계가 나쁜 분들이 있다면 이제 다 철이 들기를 원합니다. 아버지를 이해하고, 사랑하고, 아버지께로 돌아가십시오.

> 그 밤에 여호와께서 그에게 나타나 이르시되 나는 네 아버지 아브라함의 하나님이니 두려워하지 말라 내 종 아브라함을 위하여 내가 너와 함께 있어 네게 복을 주어 네 자손이 번성하게 하리라 하신지라(창 26:24).

이삭이 그랄에서 브엘세바로 떠나던 날, 바로 그 밤에 하나님이 이삭에게 나타나셨습니다. 하나님이 우리에게도 찾아오실 것입니다. '적당히 신앙생활 하던 저는 이제 마음을 정리하고 아버지 집으로 돌아가겠습니다. 저는 하나님만을 섬기겠습니다'라고 마음에 결정하는 날 우리를 찾아오실 것입니다. 그리고 "나는 너의 아버지 아브라함의 하나님이다. 두려워하지 말라"라고 말씀하실 것입니다.

이삭은 우물도 다 빼앗기고 그랄에서의 부도 내려놓고 브엘세바로 향했기 때문에 그때까지도 두려움이 있었습니다. 믿음이 없으면 두려운 마음이 생기고, 적당히 믿으면 두려움이 더 생깁니다. 우리에게 불안과 두려움이 있는 이유는 하나님을 신뢰하지 않기 때문입니다. 예수님은 우리에게 이렇게 말씀하셨습니다.

너희는 마음에 근심하지 말라 하나님을 믿으니 또 나를 믿으라 내 아버지 집에 거할 곳이 많도다 그렇지 않으면 너희에게 일렀으리라 내가 너희를 위하여 거처를 예비하러 가노니 가서 너희를 위하여 거처를 예비하면 내가 다시 와서 너희를 내게로 영접하여 나 있는 곳에 너희도 있게 하리라(요 14:1 - 3).

하나님은 우리 안에 두려움이 있다는 것을 알고 계십니다. 그리고 그 두려움을 제거해 주고자 하십니다. 우리 안에 있는 어떤 형태의 두려움이든, 그것이 돈이든 죽음이든 혹은 인간관계에 대한 것이든, 이 시간에 모든 두려움이 떠나가기를 바랍니다.

24절 하반 절에서 하나님은 후속 발표를 하셨습니다. 즉 아브라함을 위해 그 자손을 번성하게 하리라는 약속을 확인해 주셨습니다. 또 이삭과 함께하시며 이삭을 잊지 않겠다고 하셨습니다. 하나님의 이 말씀을 들은 순간부터 이삭에게는 두려움이 사라지고 믿음과 확신이 생기기 시작했을 것입니다. 두려움이 사라진 자리에는 믿음이 자리 잡기 시작합니다. 결국 믿음은 안심하는 마음, 평안한 마음입니다. 믿음이 있을 때 미래가 찬란한 복으로 다가오기 시작하고 천국이 가깝게 느껴지는 것입니다.

> 이삭이 그곳에 제단을 쌓고, 여호와의 이름을 부르며 거기 장막을 쳤더니 이삭의 종들이 거기서도 우물을 팠더라(창 26:25).

하나님의 임재는 곧 예배로 이어집니다. 이삭은 하나님의 음성을 듣고 하나님을 만났습니다. 이삭은 황홀한 경험을 했습니다. 그냥 있을 수가 없었습니다. "살아 계신 하나님, 나를 잊으시지 않는 하나님, 나를 떠나시지 않는 하나님, 내가 두려울 때 나를 찾아와 주셔서 나와 함께하신 하나님!" 그렇기에 그분의 이름을 부르지 않을 수가 없었고, 그분의 이름을 높이지 않을 수가 없었고, 그분을 찬양하지 않을 수가 없었습니다. 그래서 이삭은 즉시 단을 쌓았습니다. 그는 우물을 파고 새로운 삶의 근거지를 만들기 시작했습니다.

그런데 그때 이상한 사건이 하나 생겼습니다.

> 아비멜렉이 그 친구 아훗삿과 군대 장관 비골과 더불어 그랄에서부터 이삭에게로 온지라 이삭이 그들에게 이르되 너희가 나를

미워하여 나에게 너희를 떠나게 하였거늘 어찌하여 내게 왔느냐
(창 26:26-27).

이삭이 그랄을 포기하고 이제 하나님의 약속의 땅으로 돌아온
때에 놀랍게도 블레셋 왕 아비멜렉이 그 친구 아훗삿과 군대 장관
비골과 더불어 그를 방문했습니다. 이삭은 깜짝 놀랐습니다. 이삭
을 쫓아낸 아비멜렉이 다시 이삭을 찾아온 것은 놀랄 만한 일이었
습니다. 방문 목적을 묻는 이삭에게 아비멜렉은 이렇게 답변했습
니다.

그들이 이르되 여호와께서 너와 함께 계심을 우리가 분명히 보았으
므로 우리의 사이 곧 우리와 너 사이에 맹세하여 너와 계약을 맺으
리라 말하였노라 너는 우리를 해하지 말라 이는 우리가 너를 범하
지 아니하고 선한 일만 네게 행하여 네가 평안히 가게 하였음이니
라 이제 너는 여호와께 복을 받은 자니라(창 26:28-29).

아비멜렉왕은 "하나님이 너와 함께하신다는 사실을 네가 떠나
고 나니까 알게 되었다"라고 말한 것입니다. 그들은 두려웠습니
다. 하나님의 사람 이삭을 잘못 다루어선 안 되겠다는 생각을 한
것입니다. 할렐루야! 정말 뜻깊은 장면입니다. 이삭이 싸우고 대
들어서 얻은 명예가 아니라 져 주고, 포기하고, 당함으로써 하나님

이 이삭의 손을 들어 승리를 안겨 주신 것입니다. 우리를 아는 모든 사람이 우리를 보면서 "저 사람은 하나님의 사람이니 홀대해서는 안 되겠다"라고 말하게 되기를 바랍니다.

사실 이삭은 두려움을 가지고 그랄을 떠났는데, 이제 오히려 두려움이 아비멜렉의 마음으로 옮겨졌습니다. 그래서 아무 일도 없었는데 아비멜렉 스스로 이삭을 찾아와서 서로 공격하지 않는 동맹 조약을 맺자고 한 것입니다. 이런 말을 들으면 예수님을 믿은 보람이 있고, 손해 보고 져 주기를 잘한 것 같습니다.

여기서 예수님을 믿는 사람이 가지는 진정한 복과 보람이 무엇인지를 발견하게 됩니다. 우리는 남에게서 돈을 빼앗거나, 권력으로 살거나, 남의 것을 착취하는 사람이 아닙니다. 우리는 져 주고 이기는 사람이고, 매 맞고 승리하는 사람이며, 쫓겨나고 영광을 받는 사람입니다. 이런 사람이 그리스도인입니다. 이것이 바로 세상을 변화시키는 하나님의 방법입니다. 우리가 세상에 나가서 정치 운동을 하고 시민 운동을 한다고 해서 세상을 변화시킬 수 있는 것이 아닙니다. 진짜 세상을 변화시킬 수 있는 방법은 교회와 예수님을 믿는 사람들이 엉거주춤한 자세로 신앙생활을 하는 것이 아니라 정말로 하나님을 잘 섬기는 것입니다. 그러면 기적이 일어납니다.

우리의 문제는 하나님을 믿지 않는 것이 아니라 교회는 왔는데 마음까지 오지 않고 몸만 와 있다는 것입니다. 그래서 예배가 끝나면 어디에 갈 것인가에 더 많은 관심이 있어서 단지 시간을 때우듯이 예배를 드리는 것입니다. 예배에 참여하지 않으면 곧 교통사고라도 날 것 같은 불안한 마음이 있으니까 마치 예배드리는 것을 부적같이 여기는 것입니다.

예배가 끝나면 환자를 심방하러 가십시오. 아파서 교회에 오지 못하는 사람들과 외롭고 고통받는 사람들을 예수님의 이름으로 찾아가서 격려해 주는 것은 예배의 연장이며 살아 있는 예배를 드리는 것입니다. '나를 어떻게 즐겁게 할 것인가?'를 생각하지 말고 전심으로 하나님을 사랑하고 생각하며 예배를 드리십시오. 사탄과 세상 사람들은 이런 사람을 두려워합니다. 하나님께 집중하십시오. 하나님께 생각을 쏟아부으면 기적이 일어나고 복이 임합니다.

> 이삭이 그들을 위하여 잔치를 베풀매 그들이 먹고 마시고 아침에 일찍이 일어나 서로 맹세한 후에 이삭이 그들을 보내매 그들이 평안히 갔더라(창 26:30-31).

하나님의 사람이 세상 사람을 어떻게 대해야 하는가를 여기서 보게 됩니다. 우리는 세상 사람과 원수가 되어서는 안 됩니다. 우리는 그들을 이해하고, 격려하고, 사랑하고, 도와야 하는 사람들입니다. 그런 사람들이야말로 진정한 의미의 그리스도인이라고 말할 수 있습니다. 이삭은 이러한 리더십을 가졌기 때문에 당시 주변 사람들에게 선한 영향력을 미쳤을 것입니다. 오늘날 교회의 비극은 세상에 영향력을 주지 못한다는 데 있습니다. 오히려 예수님을 믿는 사람들이 세상의 손가락질을 받는 일이 많아졌습니다.

> 그날에 이삭의 종들이 자기들이 판 우물에 대하여 이삭에게 와서 알리어 이르되 우리가 물을 얻었나이다 하매 그가 그 이름을 세바라 한지라 그러므로 그 성읍 이름이 오늘까지 브엘세바더라 (창 26:32-33).

이삭이 또다시 우물을 파니까 물이 나왔습니다. 이것은 하나님이 이삭 편에 계시다는 이야기입니다. 우리와 우리 자녀들이 이삭이 우물을 파기만 하면 물이 나왔듯이, 하는 사업과 일마다 복 받기를 바랍니다. 신명기 28장 2 - 6절은 이렇게 말합니다.

> 네가 네 하나님 여호와의 말씀을 청종하면 이 모든 복이 네게 임하며 네게 이르리니 성읍에서도 복을 받고 들에서도 복을 받을 것이며 네 몸의 자녀와 네 토지의 소산과 네 짐승의 새끼와 소와 양의 새끼가 복을 받을 것이며 네 광주리와 떡 반죽 그릇이 복을 받을 것이며 네가 들어와도 복을 받고 나가도 복을 받을 것이니라(신 28:2-6).

하나님을 경외하는 자, 하나님의 복을 받는 자는 어느 곳에 살아도 복을 받고, 자녀와 토지의 소산과 짐승의 새끼와 소와 양의 새끼도 복을 받습니다. 이런 복과 놀라운 기름 부으심이 우리 가정과 사업마다 일어나기를 진심으로 기도합니다.

내가 선택했다면 내가 책임져야 한다

> 에서가 사십 세에 헷 족속 브에리의 딸 유딧과 헷 족속 엘론의 딸 바스맛을 아내로 맞이하였더니 그들이 이삭과 리브가의 마음에 근심이 되었더라(창 26:34-35).

창세기 26장을 끝내면서 사족 같은 이야기가 하나 더 붙었습니다. 에서의 결혼에 관한 내용입니다. 복 받은 사람들에게도 항상 마음을 상하는 일은 있기 마련입니다. 매력적인 사냥꾼인 에서는 하나님의 뜻대로 결혼하지 않고 자기 정욕대로 아내를 얻었습니다. 헷 족속의 여자, 곧 가나안의 여자였습니다.

아브라함이 자기 아들 이삭의 아내를 고를 때 가나안 여자 중에서는 택하지 말라고 했던 것을 기억해 보십시오. 이것은 하나의 원칙입니다. 우상을 숭배하고 하나님을 모르는 사람 중에서는 아내를 데려오지 말라는 것입니다. 그 이유가 무엇입니까? 복의 물줄기를 막아서는 안 되기 때문입니다.

아마도 에서가 데려온 가나안 족속의 딸들은 육체적으로 굉장히 매력 있고, 멋있으며, 화려했을 것입니다. 그래서 그는 하나님의 뜻을 생각하지 않고 그 여자들과 결혼했습니다. 그런데 35절을 보면 그 부모가 걱정하기 시작했다고 합니다. 왜 그랬을까요? 복이 끊어지기 때문에 그렇습니다.

우리가 꼭 기억해야 할 것이 있습니다. 함부로 결혼하지 마십시오. 결혼은 우연히 만나서 하는 것이 아닙니다. 기도하며 하나님의 뜻을 찾아야 합니다. 신분의 고하를 이야기하는 것이 아니라 하나님의 뜻을 구해야 한다는 것입니다. 그래야 하나님의 복의 물줄기가 흘러갈 수 있습니다. 인간적이고 세상적인 기준으로 결혼하면 당시에는 좋을지 모릅니다. 그러나 복의 물줄기가 다음 대에서 끊어지고 맙니다.

에서는 불행한 결혼을 선택했습니다. 선택은 자유입니다. 그러나 책임은 자기가 져야 합니다. 사람들은 선택은 자신이 하고, 결과는 하나님보고 책임지라고 합니다. 그렇지 않습니다. 당신이 선택했다면 당신이 책임져야 합니다. 결혼을 결코 쉽게 생각하지 마십시오. 그렇다고 너무 어렵게도 생각하지 마십시오. 결론을 말하자면, 결혼은 아주 쉬운 것입니다. 하나님의 뜻을 따르면 됩니다. 인간적인 기준을 포기하고 하나님의 기준을 선택하면 결혼은 그렇게 어려운 것이 아닙니다. 하나님의 뜻을 따른 결혼은 복의 통로가 될 것입니다.

5

이삭도, 리브가도,
나도 실수합니다

창세기 27:1-17

마음이 조급해지면 하나님의 뜻을 거역하기 쉽다

창세기 27장은 실수하는 이야기로 가득 차 있습니다. 이삭도, 리브가도, 야곱도 실수했습니다. 에서도 마찬가지입니다. 인간은 실수하는 존재입니다. 우리는 죄인으로 태어나 구원받았지만 여전히 연약하고 무너지기 쉬운 존재입니다. 인간의 특징은 실수하는 데 있고, 하나님의 특징은 실수하는 인간을 세워 주시는 데 있습니다. 우리가 믿음의 조상이라고 부르는 이삭과 리브가도 끝까지 하나님의 약속을 신뢰하지 못했습니다. 그들도 인간적인 생각과 조급함 때문에 실수하고 불신앙에 빠졌습니다.

> 이삭이 나이가 많아 눈이 어두워 잘 보지 못하더니 맏아들 에서를 불러 이르되 내 아들아 하매 그가 이르되 내가 여기 있나이다 하니 (창 27:1).

이삭은 나이가 많아 눈이 어두워졌습니다. 사람들은 늙고 기력이 쇠하면 쉽게 환경에 적응하고 인간적이 되기 쉽습니다. 나이가 들면 본의 아니게 불안해지고, 두려움에 사로잡히게 되고, 불신앙에 빠집니다. 이삭도 예외는 아니었습니다. 창세기 27장을 보면,

이삭이 미래에 주실 하나님의 약속보다는 현재의 상황에 더 민감하게 반응했고, 믿음보다는 인간적인 생각을 앞세웠음을 알 수 있습니다.

이삭의 실수는 에서를 부른 것입니다. 에서를 부른 것은 하나님의 뜻을 거역하겠다는 의미이기 때문입니다. 하나님은 이삭에게 쌍둥이를 주셨을 때 장자권의 복을 에서가 아니라 야곱에게 주셨습니다. 그러나 이삭은 '왜 하나님은 큰 자에게 작은 자를 섬기라고 하실까? 왜 순서를 바꾸셨을까?' 하며 이 사실이 마음에 들지 않았습니다.

이삭은 인간적으로 야곱보다 에서를 더 사랑했습니다. 에서는 남성적이고 활달해서 사냥을 해서 맛있는 음식을 만들어 주곤 했기 때문입니다. 부모가 자식을 편애하면 문제가 생깁니다. 자녀를 편애하지 않기를 바랍니다. 부모는 자식을 편애하지 않는다고 말하지만, 만일 자식이 그렇게 느낀다면 편애한 것입니다. 자녀 쪽에서 생각할 때도 부모가 동일하게 자녀들을 사랑한다고 느껴야 합니다.

이삭은 이 부분에서 실패했습니다. 이삭은 에서를 더 사랑했고, 리브가는 야곱을 더 사랑했습니다. 하나님의 명령은 야곱을 약속의 후계자로 세우라는 것인데, 이삭은 야곱을 후계자로 세우고 싶은 마음이 없었습니다. 그래서 에서를 불렀던 것입니다.

창세기 25장 23절에는 하나님이 쌍둥이를 주셨을 때 말씀하신 예언이 나옵니다. 이삭은 40세에 결혼했는데 20년 동안 아기가 없었습니다. 그래서 자녀를 얻기 위해 하나님 앞에 간절히 기도했습니다. 그때 하나님이 쌍둥이를 주셨고, "두 국민이 네 태중에 있구나 두 민족이 네 복중에서부터 나누이리라 이 족속이 저 족속보다 강하겠고 큰 자가 어린 자를 섬기리라"(창 25:23)라고 말씀하셨습니다. 이삭과 리브가는 에서가 아니라 야곱을 세우시려는 하나님의 섭리와 뜻을 알고 있었습니다.

그러나 야곱은 에서가 사냥을 하고 돌아왔을 때 팥죽으로 그를 유혹했고, 에서는 장자권을 팔았습니다. 에서는 장자권의 소중함을 몰랐던 사람입니다. 이 사건을 이삭과 리브가는 잘 알고 있었을 것입니다. 이 같은 하나님의 섭리와 계획이 있었음에도 불구하고 이삭은 늘 불편했습니다. 우리는 감정적으로 하나님의 계획에 반대되는 생각을 하기가 쉽습니다. 하나님의 계획에 인간이 동의할 수 없을 때가 있습니다.

당시 관습상 장자권을 수여할 때는 모든 가족을 불러 모아 잔치를 베풀었습니다. 그런데 이삭은 리브가도 빼고, 야곱도 빼고, 에서만 불러 장자권을 수여하려 했습니다. 이삭은 무엇인가 떳떳하지 못한 일을 하고 있었던 것입니다. 그는 하나님이 에서에게 장자권을 주는 것을 원하시지 않는다는 사실을 알고 있었으며, 에서가 장자권을 팥죽 한 그릇에 야곱에게 팔았다는 사실도 알고 있었을 것입니다. 그래도 그는 에서에게 장자권의 복을 주고 싶어서 에서만 따로 불러 비밀스러운 음모를 꾸민 것입니다.

이삭이 이르되 내가 이제 늙어 어느 날 죽을는지 알지 못하니

(창 27:2).

이삭은 믿음 없는 말을 했습니다. 여기서 우리는 이삭의 마음을 읽을 수 있습니다. 이삭은 굉장히 조급해졌습니다. 믿음이 없으면 조급해집니다. 조급해지고 조바심이 생기면 일을 그르치게 됩니다. 하나님의 사람은 일이 잘되지 않아도 여유를 갖습니다. 하나님을 신뢰하는 사람은 태풍이 불고, 지진이 나고, 역경이 와도 조바심을 갖지 않습니다. 모든 것을 다 가지고도 하나님을 잃어버린 사람, 믿음의 생각을 하지 않는 사람은 인간적인 생각을 합니다. 이삭이 그러했습니다. 그는 "내가 어느 날 죽을는지 알지 못하노라"라고 말했습니다.

그런데 창세기 35장을 보면 이삭이 180세에 죽었다는 기록이 있습니다. 그러니까 그 말을 하고서도 몇십 년을 더 살았던 것입니다. 이삭은 아브라함보다 오래 살았습니다. 그런데 눈이 좀 보이지 않는다고 조바심을 냈고, 그래서 하나님의 약속과 복을 쉽게 바꾸려 했습니다. 이삭은 어떻게 해서든지 에서에게 축복을 해 주어야 한다고 생각했습니다.

그런즉 네 기구 곧 화살통과 활을 가지고 들에 가서 나를 위하여 사냥하여 내가 즐기는 별미를 만들어 내게로 가져와서 먹게 하여 내

가 죽기 전에 내 마음껏 네게 축복하게 하라(창 27:3-4).

믿음이 없으면 편집증적인 생각을 하게 됩니다. 한 가지 생각에 사로잡히면 그것만 생각납니다. 모든 가능성을 다 막아 버립니다. 그래서 이삭은 에서에게 '당장' 하라고 재촉했습니다. 하나님 앞에서 개인적인 감정을 죽이기 바랍니다. 우리는 하나님의 뜻을 좇아가야 합니다. 내 생각, 내 취향을 좇다 보면 하나님과 점점 멀어집니다. 사람은 불신앙적인 태도를 취하게 될 때 여러 가지 방법으로 자신의 태도를 합리화합니다. 이삭은 장자권의 복을 위해 잔치와 연회를 베풀어야 한다는 것을 알고 있었지만, 결국 에서와 이삭 자신만의 연회를 베풀려 했습니다. 이것은 모두 불신앙의 결과였습니다.

그러나 하나님은 이삭의 이런 잘못된 생각을 그대로 내버려 두시지 않고 친히 개입하셨습니다. 하나님은 리브가로 하여금 에서와 이삭의 음모를 듣게 하셨습니다.

이삭이 그의 아들 에서에게 말할 때에 리브가가 들었더니 에서가 사냥하여 오려고 들로 나가매(창 27:5).

비밀은 없습니다. 우리는 비밀이라고 말하지만 하나님이 듣고 계십니다. 이것은 하나님이 이 계획을 막으셨다는 의미입니다. 비밀리에 하나님의 계획을 반전시키려 했던 이삭의 불신앙적 태도를 막으신 것입니다. 때로 하나님은 우리의 비밀을 들통나게도 하시고 우리의 계획을 막기도 하십니다. 하나님의 계획과 뜻에 반대되는 길을 걸어갈 때는 하나님이 길을 막으십니다.

그리스도인은 선으로 악을 이겨야 한다

리브가는 이런 비밀스러운 이야기를 들었을 때 당황하며 고민했습니다. 하나님이 야곱을 축복하신다는 사실을 알고 있는데, 남편이 하나님의 뜻에 반해 에서를 축복하려 했기 때문입니다. 리브가의 고민은 '하나님의 뜻을 따를 것인가, 남편의 뜻을 따를 것인가'였습니다. 우리도 가끔 이와 같은 고민을 합니다. '세상의 뜻을 따를 것인가, 하나님을 섬길 것인가'를 놓고 갈등합니다.

갈등하던 리브가는 하나님의 뜻을 따라야겠다고 결심했습니다. 남편의 뜻을 막아야 한다고 생각하고 어떻게 해야 할 것인지를 놓고 갈등하기 시작했습니다. 그런데 이때 리브가는 '내가 막아야겠다'고 생각했고, 그래서 거짓말과 속임수를 쓰기로 작정했습니다. 이것이 리브가의 실수입니다. 리브가는 하나님의 뜻을 따르고자 했습니다. 그러나 그 방법이 너무나 잘못된 것이었습니다.

리브가가 그의 아들 야곱에게 말하여 이르되 네 아버지가 네 형 에서에게 말씀하시는 것을 내가 들으니 이르시기를 나를 위하여 사냥하여 가져다가 별미를 만들어 내가 먹게 하여 죽기 전에 여호와 앞에서 네게 축복하게 하라 하셨으니(창 27:6-7).

이삭의 실수는 하나님의 뜻을 의도적으로 바꾼 것입니다. 에서를 사랑하기 때문에 은밀한 방법으로 하나님의 계획을 바꾸려 했습니다. 우리도 이런 실수를 자주 합니다. 하나님이 이 길을 가기 원하시는데, 우리의 개인적 취향과 관계 때문에 하나님의 계획을 바꿔 보려는 시도를 합니다. 리브가의 실수는 하나님의 뜻을 이루려 했지만 좋지 않은 방법을 사용했다는 것입니다. 아무리 좋은 일이라 할지라도 방법이 악하고 좋지 않으면 결국 패배하고 수치를 당합니다. 목적이 좋으면 수단도 좋아야 합니다. 종종 사람을 죽여 놓고는 좋은 목적을 위해서였다고 합리화하는 경우를 보곤 합니다. 그것은 죄입니다. 또한 망하고 수치를 당하는 계기입니다.

그런즉 내 아들아 내 말을 따라 내가 네게 명하는 대로 염소 떼에 가서 거기서 좋은 염소 새끼 두 마리를 내게로 가져오면 내가 그것으로 네 아버지를 위하여 그가 즐기시는 별미를 만들리니 네가 그것을 네 아버지께 가져다 드려서 그가 죽기 전에 네게 축복하기 위하여 잡수시게 하라(창 27:8-10).

리브가는 하나님의 뜻을 위해 인간적인 방법을 사용하기로 결정했습니다. 마치 이것은 헌금하기 위해 도적질하는 것과 같습니다. 우리는 일상생활에서 가끔 이런 경험을 합니다. 탈세하고 노동자의 인력을 착취해 번 돈으로 구제 사업을 하고 개척 교회를 하겠다고 합니다. 이런 실수는 리브가뿐만 아니라 우리도 일상생활에서 쉽게 범하고 있습니다.

리브가는 담대해졌습니다. 그녀는 야곱에게 염소를 가지고 오라고 했습니다. 리브가는 남편이 좋아하는 음식이 무엇인지를 너무나 잘 알고 있었기에 별미를 만들어 속일 계획을 세웠습니다. 어쩌다 보니 속이게 된 것이 아니라 처음부터 속일 계획을 가졌습니다. 뿐만 아니라 요리를 만들어 주면서 야곱에게 에서로 변장해 아버지 이삭에게서 축복을 얻어 내라고 사주했습니다. 한편으로는 그럴듯하지만, 한편으로는 용납될 수 없는 행동입니다. 하나님은 이러한 일을 기뻐하시지 않습니다.

하나님의 일을 할 때 원칙이 있어야 합니다. 예수님도 "가이사의 것은 가이사에게, 하나님의 것은 하나님께 바치라"(막 12:17)라는 원칙을 말씀하셨습니다. 그리고 마태복음 6장 24절에서는 "너희가 하나님과 재물을 겸하여 섬기지 못하느니라"라는 원칙을 말씀하시기도 했습니다. 또한 사도 바울은 로마서 12장 21절에서 "악에게 지지 말고 선으로 악을 이기라"라고 말했습니다. 진정 하나님의 뜻이라면 하나님의 방법으로 이루어야 합니다. 선으로 악을 이

길 때는 고통이 따릅니다. 손해를 보고, 외롭고, 고독하고, 힘듭니다. 자신만 바보가 되는 느낌을 갖게 됩니다. 그러나 하나님의 사람들은 그 길을 가야 합니다.

> 야곱이 그 어머니 리브가에게 이르되 내 형 에서는 털이 많은 사람이요 나는 매끈매끈한 사람인즉 아버지께서 나를 만지실진대 내가 아버지의 눈에 속이는 자로 보일지라 복은 고사하고 저주를 받을까 하나이다(창 27:11-12).

야곱의 말은 결코 틀린 말이 아니었습니다. 그는 아버지를 속이는 일이 몹시 두려웠고, 속임수가 드러나는 날에는 저주를 받을 것이라고 생각했습니다. 그러나 리브가의 생각은 달랐습니다. 리브가는 야곱의 생각을 무시하고 자기 결정을 밀고 나갔습니다. 만일 거짓말이 탄로 나서 저주를 받게 되면 자신이 받겠다고 말했습니다.

> 어머니가 그에게 이르되 내 아들아 너의 저주는 내게로 돌리리니 내 말만 따르고 가서 가져오라(창 27:13).

리브가는 단호했습니다. 우리는 잘못된 생각도 단호하게 할 수 있다는 사실을 여기서 배웁니다. 리브가는 야곱에게 계속 압력을 가했습니다. 잘못된 일인 줄 알지만 어쩔 수 없이 상황상 그 일을 계속한 사람이 바로 야곱이었습니다. 이삭의 실수는 하나님의 뜻을 거역한 것입니다. 리브가의 실수는 하나님의 뜻을 이루기 위해 수단과 방법을 가리지 않은 데 있습니다. 이것이 바로 우리가 쉽게 저지르는 실수입니다.

> 그가 가서 끌어다가 어머니에게로 가져왔더니 그의 어머니가 그의 아버지가 즐기는 별미를 만들었더라(창 27:14).

야곱은 소심한 사람이기도 했지만 소신이 없는 사람이기도 했습니다. 그는 싫지만 어머니의 간청을 받아들였습니다. 야곱은 즉시 가서 염소를 어머니에게 가져다주었고, 어머니는 그 염소를 남편의 입맛에 맞도록 요리했습니다. 그리고 다음 계획을 진행했습니다.

> 리브가가 집 안 자기에게 있는 그의 맏아들 에서의 좋은 의복을 가져다가 그의 작은아들 야곱에게 입히고 또 염소 새끼의 가죽을 그의 손과 목의 매끈매끈한 곳에 입히고 자기가 만든 별미와 떡을 자기 아들 야곱의 손에 주니(창 27:15-17).

리브가는 거짓과 위선을 적극적으로 실행했습니다. 이삭을 위한 별미를 만들고 에서의 옷을 훔쳤습니다. 성경에는 에서의 옷을 가져갔다고 나와 있지만, 솔직히 말하면 도적질했다고 볼 수 있습니다. 남의 물건을 도적질한 것은 오랫동안 빌려 오는 것과 다름없기 때문입니다. 리브가는 허락도 없이 에서의 옷을 야곱에게 입혔습니다. 염소 새끼의 가죽으로 매끈매끈한 야곱의 손과 목을 위장했습니다. 정성스럽게 만든 염소 고기 요리와 떡을 야곱의 손에 들려 주었습니다. 이렇게 해서 음모를 이룰 준비가 완벽하게 되었습니다.

하나님은 우리를 결코 포기하시지 않는다

거짓은 일시적으로는 통하지만 결코 오래가지 못합니다. 꽃은 꽃병에서 일주일 정도는 화려하게 피어 있을 수 있지만 한 달간 피어 있을 수는 없습니다. 화려한 것을 조심해야 합니다. 거짓은 오래가지 못합니다.

야곱은 결국 축복을 받았습니다. 그러나 후에 이 모든 상황을 본 에서는 너무나 화가 났습니다. 야곱을 죽이겠다고 말했습니다. 이삭도 화가 났을 것입니다. 결국 야곱은 축복을 받으려 했다가 집에서 쫓겨나는 신세가 되고 말았습니다. 그는 한밤중에 보따리를 싸서 정든 집을 떠나야 했습니다. 리브가는 눈물을 흘리며 아들을 보내야만 했습니다. 그리하여 야곱의 험악한 세월이 시작되었습니다.

그러나 하나님은 이렇게 실수가 많은 이삭과 리브가를 포기하시지 않았습니다. 우리의 믿음의 조상이라고 말하기에는 부끄러운 사람들이지만, 그들을 믿음의 조상으로 세워 주셨습니다. 하나님의 놀라운 은혜입니다. 이런 은혜는 우리에게도 주어졌습니다. 하나님은 우리에게 자격이 있거나 믿음이 있어서 우리를 부르신 것이 아닙니다. 우리가 배신하지 않았거나 충성했기 때문에 우리를 제자로 쓰시는 것이 아닙니다.

예수님의 열두 제자를 보아도 알 수 있습니다. 그들은 감정적이었고, 실수도 많았으며, 주님을 따른다고 해 놓고 위기에 부딪히면 다자기 자리로 돌아갔습니다. 그들은 예수님의 부활을 믿지 못했습니다. 그렇지만 예수님은 그들을 버리시지 않았고, 끝까지 그들을 붙드시고 사랑하셨습니다. 그래서 결국에는 그들을 위대한 12사도로 만드셔서 세계 복음화의 주역이 되게 하셨습니다.

이것을 가리켜 은혜라고 말합니다. 하나님이 나 같은 죄인을 살리시고 수없이 배신하는 나를 붙들어 주셨기 때문입니다. 실수하는 이삭과 리브가를 들어 쓰시는 하나님의 위대한 사랑과 긍휼하심에 우리는 눈물을 흘릴 수밖에 없습니다. 그것이 나를 사랑하신 사랑이기 때문입니다.

자신의 실수와 과거의 수치스러운 일 때문에 주저하거나 절망하거나 좌절하지 마십시오. 이 장의 본문을 통해서 배우게 되는 사실은, 하나님은 특별한 사람을 쓰시는 것이 아니라 나와 같은 보통 사람을 쓰신다는 것입니다. 우리가 위대해질 수 있는 이유는 하나님의 손과 사랑이 있기 때문입니다. 위대하신 하나님의 손과 사랑이 우리를 사용하기 때문에 우리가 위대하게 쓰임 받는 것뿐입니다. 하나님이 우리와 우리가 섬기는 교회를 들어 쓰시기 때문에 우리가 하나님의 위대한 구속사를 이루는 역할을 감당할 수 있는 것입니다.

결코 자신의 어리석음과 실패와 배신 때문에 포기하는 일이 없기를 바랍니다. 하나님은 우리의 연약함을 다 아시고도 우리를 쓰시기 원합니다. 하나님이 우리의 연약함을 아시고 하나님의 영광스러운 일을 맡기신다는 은혜 앞에 우리는 서게 됩니다.

믿음의 사람도 실수한다는 사실 앞에 감동이 됩니다. 만일 믿음의 사람이 실수하지 않는다면 우리는 갈 곳이 없습니다. 사람은 누구나 실수합니다. 믿음의 사람이라 할지라도 마찬가지입니다. 그럼에도 불구하고 우리를 이 자리에 세우신 하나님을 찬양합시다. 용기를 잃지 마십시오. 하나님은 우리를 결코 포기하시지 않습니다. 하나님은 우리를 들어 쓰시기를 원합니다. 두려워하지 마십시오.

6

야곱도, 에서도,
또다시 나도 실수합니다

창세기 27:18-41

계속되는 거짓은 고독한 삶을 부른다

앞 장에서 살펴보았듯이, 창세기 27장에서는 실수하는 인간의 모습을 보게 됩니다. 인간은 실수하는 존재입니다. 믿음의 조상마저도 실수했습니다. 그러나 인간은 실수를 통해서 성장합니다.

실수에는 두 가지 측면이 있습니다. 우리는 실수와 연약함 때문에 죄를 짓고 쓰러집니다. 그러나 하나님이 함께하시면 그 실수와 허물조차 복이 될 수 있습니다. 하나님은 완전한 사람을 쓰시는 것이 아니라 실수투성이의 사람을 들어서 쓰시기 때문입니다. 그러나 실수를 했는데 회개하지 아니하고, 자신을 고치지도 않고, 더 원망하고 불평한다면 그는 비참한 인생을 살게 될 것입니다. 이것이 실수를 통해서 배우는 교훈입니다.

창세기 27장에는 이삭, 리브가, 에서, 야곱 등 4명이 저지른 실수가 기록되어 있습니다. 이삭과 리브가의 실수는 앞 장에서 살펴보았고, 이 장에서는 에서와 야곱의 실수에 대해 나누기 원합니다. 먼저, 야곱의 실수에 대해 하나님의 말씀을 들어 봅시다.

> 야곱이 아버지에게 나아가서 내 아버지여 하고 부르니 이르되 내가 여기 있노라 내 아들아 네가 누구냐(창 27:18).

야곱은 어머니 리브가의 사주를 받아서 아버지 이삭을 속였습니다. 아버지가 좋아하는 요리를 만들어 가지고 아버지의 방으로 들어가서 자기가 에서라고 거짓말을 했습니다. 그러나 이삭은 의심했습니다. 이삭은 눈이 어둡고 침침해서 잘 볼 수 없었습니다. 하지만 아들의 음성을 모르는 아버지가 어디 있으며, 맏아들의 음성과 작은아들의 음성을 구분하지 못하는 아버지가 어디 있겠습니까? 그러나 야곱이 형 에서의 목소리를 흉내 냈기 때문에 이삭은 혼동에 빠졌습니다.

한 번 시작된 거짓말은 계속해서 거짓말을 낳습니다. 첫 단추를 잘못 끼우면 두 번째, 세 번째 단추도 잘못 끼워지게 되어 있습니다. 단추를 잘못 끼웠다는 사실을 알았으면 그 사실을 숨기면 안 됩니다. 사실을 인정하고 첫 번째 단추를 고쳐 끼우는 것이 제일 좋은 방법입니다. 그런 다음에야 모든 단추가 제대로 끼워지게 되어 있습니다. 야곱은 첫 단추를 잘못 끼웠지만 돌아보지 않고 거짓말을 계속했습니다. 그는 목소리를 위장해서 에서처럼 꾸몄습니다.

야곱이 아버지에게 대답하되 나는 아버지의 맏아들 에서로소이다 아버지께서 내게 명하신 대로 내가 하였사오니 원하건대 일어나 앉아서 내가 사냥한 고기를 잡수시고 아버지 마음껏 내게 축복하소서 (창 27:19).

이삭의 질문에 야곱은 서슴지 않고 확실한 거짓말을 했습니다. 그는 에서의 목소리를 흉내 내었을 뿐만 아니라 자기가 에서라고 주장했습니다. 그는 자신의 이익과 목적을 위해 자기 존재를 부정한 것입니다. 거짓말에는 자기 존재의 부인과 고독이 따르기 마련입니다. 많은 사람이 이처럼 거짓으로 대역의 삶을 살고 있습니다. 자신의 실존이 없기 때문에 돈과 명성은 얻었어도 외롭습니다.

야곱의 거짓말은 계속되었습니다. 염소 새끼를 잡아 놓고는 산에서 갓 잡아 온 짐승이라고 속였습니다. 남의 물건을 가지고 자기 물건이라고 주장하는 사람이 많습니다. 부하가 했는데 자기가 했다며 공로를 빼앗아 가는 경우도 많이 있습니다.

> 이삭이 그의 아들에게 이르되 내 아들아 네가 어떻게 이같이 속히 잡았느냐 그가 이르되 아버지의 하나님 여호와께서 나로 순조롭게 만나게 하셨음이니이다(창 27:20).

아들이 너무 빨리 음식을 가져왔기 때문에 이삭의 의심은 더 깊어졌습니다. 야곱은 하나님이 빨리 잡게 해 주셨다며 하나님의 이름까지 도용했습니다. 그러나 이삭은 의심을 떨쳐 버릴 수가 없었습니다. 그래서 결국은 아들을 만져 봐야겠다고 말했습니다.

> 이삭이 야곱에게 이르되 내 아들아 가까이 오라 네가 과연 내 아들

에서인지 아닌지 내가 너를 만져 보려 하노라(창 27:21).

이것은 이삭의 마음에 확실한 의심이 생겼다는 것을 의미합니다. 이삭은 드디어 야곱의 손을 만져 보았습니다. 그러나 손을 만져 보고 나서 갈등이 더 깊어졌습니다.

야곱이 그 아버지 이삭에게 가까이 가니 이삭이 만지며 이르되 음성은 야곱의 음성이나 손은 에서의 손이로다 하며(창 27:22).

야곱 뒤에서 사주했던 리브가가 이런 일이 있을 것을 예측하고 염소 털로 야곱의 손과 목에 변장을 시켰던 것입니다. 아버지 이삭은 속을 수밖에 없었습니다. 그러나 아버지를 속이는 아들은 떳떳하지 못해서 괴로웠습니다.

그의 손이 형 에서의 손과 같이 털이 있으므로 분별하지 못하고 축복하였더라(창 27:23).

이제 이삭은 축복하려고 마음을 먹고 다시 한번 야곱에게 질문했습니다.

이삭이 이르되 네가 참 내 아들 에서냐 그가 대답하되 그러하니이다 이삭이 이르되 내게로 가져오라 내 아들이 사냥한 고기를 먹고 내 마음껏 네게 축복하리라 야곱이 그에게로 가져가매 그가 먹고 또 포도주를 가져가매 그가 마시고(창 27:24-25).

야곱이 자신이 에서라고 말한 그 순간, 야곱은 사라져 버렸습니다. 대리인으로서 대리 인격이 나타났을 뿐입니다. 이삭은 더 이상 질문할 수가 없어서 아들이 만들어 온 음식을 먹고 포도주까지 마셨습니다. 그래도 마음이 개운하지가 않았습니다. 그래서 마지막으로 기막힌 아이디어 하나를 생각해 냈습니다. 그것은 아들과 입 맞추는 것이었습니다. 이삭의 진짜 목적은 입 맞추는 것이 아니라 입을 맞추기 위해서 다가오는 아들의 냄새를 맡는 것이었습니다. 냄새는 거짓말을 할 수 없기 때문입니다.

그의 아버지 이삭이 그에게 이르되 내 아들아 가까이 와서 내게 입 맞추라 그가 가까이 가서 그에게 입 맞추니 아버지가 그의 옷의 향취를 맡고 그에게 축복하여 이르되 내 아들의 향취는 여호와께서 복 주신 밭의 향취로다(창 27:26-27).

그러나 이삭은 분별할 수 없었습니다. 야곱이 에서의 옷을 입고 그의 냄새를 풍기고 있었기 때문입니다. 리브가가 이것까지도 미리 예측해서 에서의 좋은 옷을 한 벌 훔쳐다가 야곱에게 입혔던 것입니다. 인간이 이렇게까지 거짓말을 할 수 있습니다. 심지어 거짓말로 자기도 속일 수 있습니다. 그러나 하나님은 결코 속일 수가 없습니다.

아버지의 특권과 자녀의 특권

이삭은 몇 번 시험했지만 야곱을 끝내 에서로 착각하고 축복했습니다.

> 하나님은 하늘의 이슬과 땅의 기름짐이며 풍성한 곡식과 포도주를 네게 주시기를 원하노라 만민이 너를 섬기고 열국이 네게 굴복하리니 네가 형제들의 주가 되고 네 어머니의 아들들이 네게 굴복하며 너를 저주하는 자는 저주를 받고 너를 축복하는 자는 복을 받기를 원하노라(창 27:28-29).

여기서 한 가지 배울 것이 있습니다. 아버지의 특권은 물질적으로, 영적으로 자녀를 축복해 주는 것이라는 사실입니다. 현대 아버지의 비극은 무엇입니까? 아들을 축복하는 일을 포기한 것입니다. 얼마 전 두란노 '아버지 학교' 졸업식에서 제가 이런 말을 했습니다. "바쁜 아버지는 나쁜 아버지다." 바쁘고 유명한 아버지치고 자녀를 제대로 보살피는 사람이 별로 없기 때문입니다. 바쁘기 때문에 아이들을 돈으로 돌봅니다. 그러나 아이들은 돈이 아니라 사랑을 먹고 자랍니다. 학교에 가고 직장에 가는 자녀를 축복해 주고, 군대에 가고 결혼하는 자녀를 축복해 주는 것, 이것이 아버지의 특권입니다. 세상의 모든 아버지가 자녀를 축복해 주는 아버지가 되기를 간절히 바랍니다.

그렇다면 자녀의 특권은 무엇입니까? 아버지로부터 축복을 받는 것입니다. 그러나 오늘날 대부분의 자녀들의 문제는 아버지의 축복을 무시한다는 것입니다. '아버지는 있어도 되고 없어도 된다'고 생각합니다. 그래서 가출합니다. 아버지의 축복은 필요 없고 자기 혼자 살 수 있다고 생각하는 것입니다. "나 혼자 결혼해서 직장 다니며 살면 되지, 부모님이 무슨 필요가 있습니까?" 하는 것입니다. 이들은 현대의 탕자들입니다. 부모의 축복을 받는 것이 중요하다는 사실을 깨닫기 바랍니다. 아버지의 축복을 받는 자녀, 어머니의 기도를 받고 자라는 자녀는 복된 사람입니다.

그런데 우리가 자녀를 축복할 때 조심할 것이 하나 있습니다. 그것은 "내가 복을 주노라"라고 말해선 안 된다는 것입니다. 복은 하나님이 주시는 것입니다. 그러므로 "하나님이 네게 복 주시기를 원하노라"라고 말해야 합니다.

이삭은 아들에게 세 가지 복을 빌어 주었습니다. 첫 번째, 물질적 복을 빌어 주었습니다. 물론 가난도 복일 수 있습니다만, 풍요로움 또한 하나님이 주시는 복입니다. 우리가 하나님이 주시는 물질적 복도 받기를 원합니다. 두 번째, 리더십의 복입니다. 신명기 28장 13절은 "여호와께서 너를 머리가 되고 꼬리가 되지 않게 하시며"라고 말합니다. 이삭은 야곱에게 머리가 되는 복이 있기를 빌어 주었습니다. 우리 자녀들도 영향력 있는 이 시대의 지도자가 되기를 바랍니다. 세 번째, 영적인 복입니다. 하나님의 인도하심과 보호하심을 바라는 것입니다.

하지만 야곱은 이 같은 축복을 받았지만 그의 일생은 불행했습니다. 그는 자기 이름처럼 사기꾼 같은 일생을 살았습니다. 거짓말을 잘하고 남의 복을 도둑질해 가는 사람이었습니다. 그래서 야곱의 일생은 외롭고 고독했습니다. 집을 떠나 약 20년 동안 친척집에서 살아야 했습니다. 많은 것을 얻었지만 늘 외롭게 살았던 것이 야곱의 일생이었습니다. 우리가 가지고 있는 목표가 선하고, 그 목표를 이루는 방법도 선하기를 바랍니다.

에서의 실수는 하나님께 돌이키지 않은 것이다

이제 에서의 실수에 대해 살펴보겠습니다. 장자권과 아버지의 축복을 빼앗긴 에서를 통해서 우리가 배우는 것은 무엇입니까?

이삭이 야곱에게 축복하기를 마치매 야곱이 그의 아버지 이삭 앞에서 나가자 곧 그의 형 에서가 사냥하여 돌아온지라 그가 별미를 만들어 아버지에게로 가지고 가서 이르되 아버지여 일어나서 아들이 사냥한 고기를 잡수시고 마음껏 내게 축복하소서(창 27:30-31).

에서는 들에 나가 열심히 사냥을 해서 급히 집으로 돌아왔습니다. 그런데 짐승을 잡아 가지고 집에 막 도착한 순간이 하필이면 야곱이 이미 축복을 받고 집을 빠져나간 순간이었습니다. 둘이 서로 얼굴을 마주치지 않았을까 하는 생각도 해 봅니다. 어쨌든 에서가 들이닥쳤을 때는 이미 아버지의 축복이 야곱에게 다 가고 난 후였습니다.

에서는 집에 돌아와서 급하게 음식을 만들어 아버지 이삭의 방으로 들어가서는 "아버지, 제가 사냥해서 별미를 만들어 왔습니다. 맛있게 드시고 저를 마음껏 축복해 주십시오"라고 말했습니다. 그러자 이 말을 들은 이삭의 얼굴은 하얗게 질렸습니다. 충격을 받은 것입니다.

그의 아버지 이삭이 그에게 이르되 너는 누구냐 그가 대답하되 나는 아버지의 아들 곧 아버지의 맏아들 에서로소이다 이삭이 심히 크게 떨며 이르되 그러면 사냥한 고기를 내게 가져온 자가 누구냐 네가 오기 전에 내가 다 먹고 그를 위하여 축복하였은즉 그가 반드시 복을 받을 것이니라(창 27:32-33).

이삭의 충격은 굉장히 컸습니다. 그래서 성경에는 '심히 크게 떨며'라고 표현되어 있습니다. 이삭이 정말로 충격을 받은 까닭은 하나님 때문이었습니다. 하나님의 뜻을 거역하고 몰래 에서에게 축복해 주려고 했는데, 결과적으로는 하나님의 뜻대로 야곱에게 축복해 준 셈이 되었기 때문입니다.

간혹 하나님의 뜻이라고 믿고 기도했는데 엉뚱한 결과가 나오는 경우가 있습니다. 그러면 처음에는 기도가 응답되지 않았다고 원망하다가 결국은 "하나님이 맞습니다"라고 고백하게 됩니다. 이렇게 기도가 자기 뜻대로 응답되지 않았을 때 하나님을 원망하는 이유는 자기가 편한 대로 하나님을 믿기 때문입니다. 우리는 자신이 잘못해 놓고도 "하나님이 제 입장이 되어 보십시오" 하며 자기가 한 모든 행위를 합리화합니다. 이것은 잘못된 신앙입니다.

참된 신앙인은 "저는 하나님을 속일 수 없습니다"라고 고백합니다. 이것은 곧 회개이기도 합니다. 기도가 응답되었을 때뿐 아니라 응답이 이루어지지 않았을 때도 우리는 하나님을 만납니다. 신실하시고 변함이 없으신 하나님, 그 사랑의 하나님을 만납니다. 사랑은 속임이 아닙니다. 사랑은 진실입니다.

에서가 그의 아버지의 말을 듣고 소리 질러 슬피 울며 아버지에게 이르되 내 아버지여 내게 축복하소서 내게도 그리하소서 이삭이 이르되 네 아우가 와서 속여 네 복을 빼앗았도다 에서가 이르되 그의 이름을 야곱이라 함이 합당하지 아니하니이까 그가 나를 속임이 이 것이 두 번째니이다 전에는 나의 장자의 명분을 빼앗고 이제는 내 복을 빼앗았나이다 또 이르되 아버지께서 나를 위하여 빌 복을 남 기지 아니하셨나이까(창 27:34-36).

에서는 아버지의 축복이 야곱에게로 넘어갔다는 사실을 뒤늦게 알고 나서 대성통곡했습니다. 그런 에서가 안됐다는 생각이 듭니 다. 에서에게는 장자권과 축복받을 권한이 있었습니다. 하지만 그 는 자기의 권리와 복을 우습게 생각하고 소홀히 여겼습니다. 이렇 듯 복 받을 자격이 없는 사람에게는 복이 주어져도 아무 소용이 없 습니다. 예수님은 "너희 진주를 돼지 앞에 던지지 말라"(마 7:6)라 고 말씀하셨습니다. 진주의 가치를 모르는 사람, 구원의 가치를 모 르는 사람은 별것도 아닌 집, 자동차, 취직, 명예 등을 황금같이 생 각합니다. 그래서 구원의 복과 장자권의 복, 그리고 하나님의 복을 쉽게 팔아 버리고 그 대가를 치르는 것입니다.

우리도 마찬가지입니다. 우리 중 대다수의 사람들은 중요한 곳 에는 가지 않고 덜 중요한 곳에는 자주 갑니다. 필요한 것은 안 사 고 안 사도 되는 것은 열심히 삽니다. 안 만나도 되는 사람을 열심 히 시간 내서 만나기도 합니다. 이런 것이 에서의 실수인 셈입니 다. 교회는 나가지만 하나님을 제한합니다. 진짜로 믿지 않습니다. 그래서 인생의 말년이 외로운 것입니다. 저는 에서를 보면 미련

한 다섯 처녀가 생각납니다(마 25:1-13). 그들도 후회했지만 문밖에 쫓겨나서 어찌할 수가 없었습니다.

> 이삭이 에서에게 대답하여 이르되 내가 그를 너의 주로 세우고 그의 모든 형제를 내가 그에게 종으로 주었으며 곡식과 포도주를 그에게 주었으니 내 아들아 내가 네게 무엇을 할 수 있으랴 에서가 아버지에게 이르되 내 아버지여 아버지가 빌 복이 이 하나뿐이리이까 내 아버지여 내게 축복하소서 내게도 그리하소서 하고 소리를 높여 우니(창 27:37-38).

에서는 아버지 이삭에게 축복해 달라고 소리 높여 울었지만, 이미 모든 일이 어쩔 수 없게 되어 버렸습니다. 이삭이 마지못해 에서를 축복하는 장면이 이어지는 39 - 40절에 나옵니다.

> 그 아버지 이삭이 그에게 대답하여 이르되 네 주소는 땅의 기름짐에서 멀고 내리는 하늘 이슬에서 멀 것이며 너는 칼을 믿고 생활하겠고 네 아우를 섬길 것이며 네가 매임을 벗을 때에는 그 멍에를 네 목에서 떨쳐 버리리라 하였더라(창 27:39-40).

에서에게 해 줄 수 있는 이삭의 말은 이것이었습니다. "너는 칼을 의지하고 살겠고 너의 동생을 섬기는 운명을 갖게 되었다." 이때라도 에서가 마음을 바꿔 먹고 회개하며 자신을 돌이켰다면 소망이 있었을 것입니다. 그러나 이후로 에서는 마음을 더 독하게 먹었습니다.

> 그의 아버지가 야곱에게 축복한 그 축복으로 말미암아 에서가 야곱을 미워하여 심중에 이르기를 아버지를 곡할 때가 가까웠은즉 내가 내 아우 야곱을 죽이리라 하였더니(창 27:41).

에서는 분노를 삭일 수가 없었습니다. 장자권과 아버지의 축복을 다 빼앗아 간 동생을 아버지가 돌아가시기만 하면 죽여 버리겠다고 마음먹었습니다. 이것이 에서가 저지른 또 하나의 실수였습니다. 그래서 에서의 삶은 더욱더 비참해졌습니다.

우리 삶이 더욱더 복되기를 바랍니다. 우리는 실수할 수밖에 없는 인간입니다. 실수는 인간의 본질입니다. 그러나 실수를 통해 절망의 늪으로 빠지지 않기를 바랍니다. 실수를 반복하지 않기를 바랍니다. 실수는 한 번으로 족합니다. 실수하고 무너지고 실패했지만, 예수 그리스도로 말미암아 다시 한번 새롭게 지으심을 받고 하나님께 쓰임 받는 거룩한 종이 되기를 바랍니다.

7

죄지은 자는
도망 다니는 인생을 삽니다

창세기 27:42-28:9

죄를 지은 야곱은 그 대가로 도망자의 삶을 살았다

하나님의 사람도 실수합니다. 우리도 얼마든지 실수할 수 있습니다. 그러나 실수가 실패를 의미하지는 않습니다. 대가를 치르고 고통을 겪을지라도 오히려 복이 될 수 있습니다. 실수를 저지르고도 아무런 고통의 대가를 치르지 않는다면 우리는 계속해서 같은 실수를 반복할 것입니다. 이런 의미에서 보면, 실수에 대한 대가로서의 형벌이나 고통은 다시 실수하지 않도록 만드시는 하나님의 방법일 수 있습니다. 작은 실수가 큰 실수를 막아 주기도 합니다. 그러나 실수를 하고 죄를 지으면 반드시 고통스러운 대가를 치러야 한다는 사실을 잊지 마십시오.

에서의 실수는 장자권을 소홀히 여기고 팥죽 한 그릇에 팔아 버린 것입니다. 예수님은 "너희 진주를 돼지 앞에 던지지 말라"(마 7:6)고 말씀하셨습니다. 복이 있어도 복의 가치를 모르면 복을 잃어버립니다. 바로 그런 사람이 에서였습니다. 에서는 무한한 가능성을 가지고 있었지만 영적인 것보다는 물질적이고 세상적인 것들에 관심이 많았습니다. 그래서 결국 장자권을 잃어버렸습니다. 장자권을 잃었다는 것은 축복을 받을 권한도 잃어버렸음을 의미합니다.

야곱도 실수하고 죄를 저질렀습니다. 하지만 야곱은 에서와 달리 축복의 소중함을 알고 있었습니다. 그래서 그는 팥죽 한 그릇을 가지고 장자권을 샀고, 거짓말하고 사기를 치면서까지 형이 받을 축복을 빼앗아 온 것입니다. 야곱은 영적인 것의 소중함을 알았습니다. 그러나 야곱의 경우, 그것을 자기 소유로 만드는 방법이 거짓과 속임수였다는 점이 문제였습니다. 그래서 야곱도 전 생애에 걸쳐 정말 혹독한 대가를 치르게 되었습니다. 제일 먼저 치른 대가는 형제 사이가 원수 사이로 바뀐 것입니다.

> 그의 아버지가 야곱에게 축복한 그 축복으로 말미암아 에서가 야곱을 미워하여 심중에 이르기를 아버지를 곡할 때가 가까웠은즉 내가 내 아우 야곱을 죽이리라 하였더니(창 27:41).

에서는 한 배에서 태어난 형제 야곱이 한없이 미웠습니다. 그래서 아버지가 죽으면 동생을 죽이겠다고 결심했습니다. 야곱은 모든 것을 다 얻은 줄 알았지만 정말 소중한 형제간의 우애를 잃어버린 것입니다. 뿐만 아니라 자기가 태어났고 가족들과 친구들이 살고 있는 집과 고향을 떠나야 했습니다.

> 맏아들 에서의 이 말이 리브가에게 들리매 이에 사람을 보내어 작은아들 야곱을 불러 그에게 이르되 네 형 에서가 너를 죽여 그 한을 풀려 하니(창 27:42).

리브가는 부엌에 있으면서도 많은 정보를 듣는 사람이었습니다. 앞서는 이삭이 하는 말을 듣고 에서에게 할 축복을 야곱에게 하도록 만들었고, 이번에는 에서가 중얼거리는 말을 듣고는 야곱을 피신시켜야겠다고 생각했습니다. 결국 야곱은 자기 집에서 쫓겨났습니다. 이것이 야곱이 치른 대가입니다. 반짝이는 것이라고 해서 다 금은 아닙니다. 집어 들고 보니 사실은 금덩어리가 아니라 자기 손을 찌르는 가시였던 것입니다.

이때부터 야곱의 삶은 도망자의 삶으로 변했습니다. 언젠가 〈도망자〉라는 영화를 목사님들과 함께 봤습니다. 그 영화에서 발견한 것은 '도망자의 비극은 도망갈 곳이 없다는 것이다'라는 사실이었습니다. 도망자는 결국 추적자의 손에 잡히고 마는 법입니다. 도피하는 삶은 지치고 고독합니다.

우리 인생은 끊임없이 하나님으로부터 도망가고 있습니다. 그러나 하나님으로부터 도망가면 갈수록 죄인의 삶은 비극이 되어 갈 뿐입니다. 그 삶은 외롭고, 피곤하고, 심지어는 자살까지 하고 싶을 정도로 처참합니다. 누군가가 오늘날의 우리 사회를 가리켜서 '도망가는 사회'(Running away society)라고 표현했습니다. 남편과 아내는 서로에게서 도망가고, 자식과 부모 또한 서로에게서 도망합니다. 또 학생은 선생으로부터, 국민은 정부로부터 끊임없이 도피하고 있다는 것입니다.

리브가는 목표와 목적은 잘 잡았지만 그것을 이루는 수단과 방법은 옳지 못했습니다. 그녀는 거짓말과 사기라는 수단을 사용했습니다. 잘못된 방법으로 목적을 이루려는 실수를 저질렀습니다. 따라서 그녀에게도 혹독한 대가를 치러야 하는 시련이 따랐습니다.

> 내 아들아 내 말을 따라 일어나 하란으로 가서 내 오라버니 라반에게로 피신하여 네 형의 노가 풀리기까지 몇 날 동안 그와 함께 거주하라(창 27:43-44).

리브가는 단순하게 생각했습니다. 야곱이 하란에 있는 오빠 집에 잠깐 피신해 있으면 에서의 화가 풀릴 것이고, 그때 다시 돌아오면 된다고 말했습니다. 그러나 그것은 리브가의 착각이었습니다. 며칠이나 몇 달 동안만 참으면 될 줄 알았는데, 이후로 야곱과 리브가는 다시 만나지 못하고 말았습니다. 금방 돌아올 줄 알았던 아들이 그녀의 생애 동안 돌아오지 못해 영원한 이별이 되었으니, 아마도 리브가는 눈물로 세월을 보냈을 것입니다.

한은 풀리지 않고, 상처는 비극을 부른다

> 네 형의 분노가 풀려 네가 자기에게 행한 것을 잊어버리거든 내가 곧 사람을 보내어 너를 거기서 불러오리라 어찌 하루에 너희 둘을

잃으랴(창 27:45).

다른 이의 마음에 못을 박지 마십시오. 한을 심지 마십시오. 에서의 한은 풀리지 않았습니다. 쉽게 풀릴 줄 알았던 상처 같았는데, 그렇지 않았습니다. 리브가는 "어찌 하루에 너희 둘을 잃으랴"라고 말했습니다. 이 말은 리브가의 비애를 보여 줍니다. 리브가는 이미 에서를 잃어버렸다고 생각했던 것입니다. 에서와 리브가 사이에는 금이 가고 말았습니다. 그렇기 때문에 리브가는 야곱에게 에서 하나를 잃어버린 것도 마음이 아픈데 어떻게 너까지 둘을 잃겠느냐고 말한 것입니다. 그러면서도 리브가는 남편 이삭에게는 진실을 말하지 않았습니다.

리브가가 이삭에게 이르되 내가 헷 사람의 딸들로 말미암아 내 삶이 싫어졌거늘 야곱이 만일 이 땅의 딸들 곧 그들과 같은 헷 사람의 딸들 중에서 아내를 맞이하면 내 삶이 내게 무슨 재미가 있으리이까(창 27:46).

사실 지금 야곱이 떠나는 이유는 결혼을 하기 위해서가 아니라 에서의 칼이 무섭기 때문이었습니다. 그런데도 리브가는 사실대로 말하지 않았습니다. 물론 완전히 틀린 말은 아니었습니다. 인간에게는 이중성이 있습니다. 말만 들으면 멋있지만 속을 파헤쳐

보면 실상은 그렇지 않을 때가 많습니다. 리브가가 그러했습니다.

이삭의 가정은 풍비박산되어 버렸습니다. 형과 동생은 원수지간이 되었고, 야곱은 집을 떠나야 했습니다. 아버지 이삭과 어머니 리브가의 마음은 아팠습니다. 이 가정은 믿음의 조상 이삭의 가정입니다. 이것이 믿음의 현실입니다. 우리는 예수님을 잘 믿는 사람에게서도 가끔 이러한 현실을 목격하곤 합니다.

> 이삭이 야곱을 불러 그에게 축복하고 또 당부하여 이르되 너는 가나안 사람의 딸들 중에서 아내를 맞이하지 말고 일어나 밧단아람으로 가서 네 외조부 브두엘의 집에 이르러 거기서 네 외삼촌 라반의 딸 중에서 아내를 맞이하라(창 28:1-2).

4명 중에서 가장 결정적인 실수를 한 사람은 이삭이었습니다. 이삭은 하나님의 뜻을 알면서도 인간적인 방법으로 뒤바꾸려고 했습니다. 이삭은 가장이기 때문에 그 실수가 가장 큽니다. 가정의 결정적인 책임은 가장인 남자에게 있습니다. 아버지가 제자리를 지키며 제 역할을 하지 못하면 가족은 방황하게 됩니다. 이삭이 하나님께 순종했다면 리브가가 거짓말을 할 이유가 없었습니다. 리브가가 거짓말하지 않았다면 야곱이 실수하지 않아도 되었고, 떠나지 않아도 되었습니다.

우리는 여기서 가장이 매우 중요하다는 사실을 깨닫습니다. 가정에서 제일 중요한 사람은 아버지입니다. 하나님이 우리를 보호하시듯이, 아버지는 가정의 보호자요, 안내자요, 위로자가 되어야 합니다. 그러나 대부분의 아버지들이 그렇게 살지 못하고 있습니다. 자녀를 축복해 줄 만큼 떳떳한 아버지가 몇 명이나 있을까요? 자녀에게 모델이 될 만한 아버지, 성실하고 책임감 있게 살며 자기 가정을 지킨 아버지가 몇 명이나 됩니까? 그래서 많은 자녀가 상처받고 방황하는 것입니다.

그래도 축복은 가정을 통해 계속된다

바쁜 아버지는 나쁜 아버지입니다. 돈 버는 것보다 자녀를 돌보는 일이 중요합니다. 장관이 되고, 국회의원이 되고, 사장이 되는 것이 그렇게 중요한 일입니까? 자기 자녀를 돌보지도 못한다면 그런 것들이 다 무슨 소용입니까? 돈 벌고 성공하는 일은 우리 당대로 끝납니다. 그러나 하나님의 복은 내 자녀와 또 그 자녀들에게 대를 이어 계속됩니다. 나 혼자 잘살고, 나 혼자 누리는 것은 복이 아닙니다.

오늘날 우리 사회가 저주받은 이유는 이혼율이 높고 동성연애자가 많기 때문입니다. 많은 사람이 아이를 낳기 싫어하고 쉽게 낙태를 합니다. 그런 현상이 의미하는 바는 '내 대로 끝내겠다', '나 이상으로 가치 있고 소중한 것은 없다'라는 생각입니다. 그런 사람들은 역사가 계속해서 이어져 나가야 한다는 것을 생각하지 않습니다.

구약 성경에 자주 등장하는 표현 중에 '아브라함의 하나님, 이삭의 하나님, 야곱의 하나님'이라는 말이 있습니다. 이 표현은 하나님의 복은 당대로 끝나지 않는다는 의미를 가지고 있습니다. 하나님의 복은 흘러넘치고 계승되는 것입니다. 그렇기 때문에 가장 중요한 가치 하나는 가정입니다. 현대인들은 이 가치를 순간적 쾌락이나 자신의 사생활과 맞바꿉니다. 낙태는 여자의 권리라고 주장합니다. 그로써 하나님이 주시는 복의 물줄기를 다 끊어 버립니다. 그에게 하나님이 어떻게 복을 주시겠습니까?

우리는 엄청난 재앙을 준비하는 미래 사회로 가는 길목에서 살고 있습니다. 사실 이삭은 아들을 위한 훌륭한 모델은 아닙니다. 하지만 그에게는 독특한 축복권이 있었습니다. 아버지는 아들을 축복할 만한 자격이 없을지라도 아버지라는 이름 때문에 자녀를 축복해야만 합니다. 모든 아버지가 자녀의 머리에 손을 얹고 축복기도를 하게 되기를 간절히 기도합니다. 이런 아버지가 진짜 아버지입니다. 그러면 이삭은 어떻게 자기 자녀를 축복해 주었을까요?

첫 번째, 먼저 권면을 했습니다. "너는 이제 집을 나가 살게 될텐데, 내가 너에게 부탁할 것이 하나 있다" 하면서 말을 꺼냈습니다. 군대에 가거나 유학을 떠나는 자녀에게 무슨 이야기를 하겠습니까? 이제 부모의 손을 떠나서 혼자 살아야 합니다. 그렇게 애지

중지 키운 자녀가 결혼을 합니다. 무슨 이야기를 해 주겠습니까? 부모는 자녀에게 해 줄 말이 있어야 합니다.

이삭은 집을 떠나 외할아버지 집으로 가는 야곱에게 다른 말보다는 "너는 하나님을 모르는 가나안 사람과 결혼하지 마라" 하며 그를 축복해 주었습니다. 결혼은 복의 산실이니 쉽게 결혼하고, 쉽게 이혼하지 말라는 의미입니다. 결혼은 복의 물줄기입니다. 결혼을 잘못하면 축복이 다 흩어집니다. 특별히 남자들은 두 번 결혼하지 말기를 권면합니다. 축복이 흩어져 버립니다. 이삭은 자기 아들에게 많은 말을 할 수 있는데도 딱 한마디로 이방 여자와 결혼하지 말고 하나님을 경외하는 여자를 배필로 택하라고 말했습니다. 이 말은 상대가 학력이 없고 얼굴이 못생겼다 하더라도 그것은 중요한 것이 아니니 하나님을 경외하는 여자와 결혼하라는 의미입니다. 이 말씀이 결혼 적령기에 있는 사람들과 그 부모들에게 영향력을 끼치기 바랍니다.

이삭은 권면하는 말에 이어 두 번째로는 축복을 했습니다.

전능하신 하나님이 네게 복을 주시어 네가 생육하고 번성하게 하여 네가 여러 족속을 이루게 하시고 아브라함에게 허락하신 복을 네게 주시되 너와 너와 함께 네 자손에게도 주사 하나님이 아브라함에게 주신 땅 곧 네가 거류하는 땅을 네가 차지하게 하시기를 원하노라(창 28:3-4).

이제 나이 들어서 늙고 세상을 떠날 때 우리가 할 일은 자녀를 축복하는 것밖에 없습니다. 성경을 보면 축복은 자식에게 가는 것입니다. 이삭은 야곱을 축복하면서 "전능하신 하나님이 네게 복을 주시어"라고 말했습니다. 복은 하나님이 주십니다. 복의 근원은 하나님이시며, 이것이 축복권의 핵심입니다. "하나님이 너로 생육하고 번성하게 하사 여러 족속을 이루게 하시고 하늘의 별처럼, 바다의 모래알처럼 네 자손을 번성하게 하실 것이다." 이것이 구약 성경에 나오는 축복 제1호입니다.

우리 자녀들이 복을 받기 원합니다. 복과 믿음이 우리 당대에서 끊어지는 것이 아니고 자녀에게, 또 그 자녀의 자녀에게 계속해서 흘러가기를 원합니다. 그래서 가정은 주님이 오실 때까지 소중하게 지켜야 합니다. 가정은 거룩합니다. 가정은 지켜져야 합니다. 사탄이 맹렬하게 하는 일이 가정 파괴입니다. 그래서 이혼율이 급증하고, 동성애자들과 아기를 낳지 않는 현상이 전 세계를 뒤덮고 있습니다. 비록 과거에 결혼을 실패했다 하더라도 다시 결혼할 때는 하나님의 뜻대로 해야 합니다. 유대인들은 많은 수난 속에서도 가정교육과 가정의 소중함을 지켰습니다. 그래서 그 민족은 파괴되지 않았습니다.

4절에는 '아브라함에게 허락하신 복'이라는 표현이 나옵니다. 복은 하나님께로부터 오는데, 아브라함에게서 시작된다는 것입니다. 하나님은 처음으로 아브라함과 계약을 맺으셨습니다. 하나님은 아브라함에게 "내가 너로 큰 민족을 이루고 네게 복을 주어 네 이름을 창대하게 하리니 너는 복이 될지라 너를 축복하는 자에게 는 내가 복을 내리고 너를 저주하는 자에게는 내가 저주하리니 땅의 모든 족속이 너로 말미암아 복을 얻을 것이라"(창 12:2-3)라고 말씀하셨습니다. 이 같은 아브라함의 복이 이삭에게 갔고, 이삭의 복은 야곱에게 갔습니다.

이삭은 "하나님이 아브라함에게 주신 땅 곧 네가 거류하는 땅을 네가 차지하게 하시기를 원하노라"라고 야곱을 축복했습니다. 그러니까 야곱은 다시 돌아와야 했습니다. 그리고 야곱에게 간 복은 계속 흘러넘쳐서 아브라함과 다윗의 자손 예수 그리스도에게 이르렀습니다. 그리고 신약 시대에 오면 아브라함으로부터 시작된 복이 예수 그리스도 안에 있는 모든 자에게로 이어졌습니다.

그러나 이삭은 큰 복을 받았지만 지금은 자녀 때문에 고통을 겪었습니다. 야곱은 집을 떠났고, 에서는 잘못된 결혼을 했기 때문에 고통스러웠습니다. 잘못되는 자녀를 보는 아버지의 아픔이 이삭이 치른 대가였습니다.

이에 이삭이 야곱을 보내매 그가 밧단아람으로 가서 라반에게 이르렀으니 라반은 아람 사람 브두엘의 아들이요 야곱과 에서의 어머니 리브가의 오라비더라 에서가 본즉 이삭이 야곱에게 축복하고 그를 밧단아람으로 보내어 거기서 아내를 맞이하게 하였고 또 그에게 축복하고 명하기를 너는 가나안 사람의 딸들 중에서 아내를 맞이하지 말라 하였고 또 야곱이 부모의 명을 따라 밧단아람으로 갔으며 에서가 또 본즉 가나안 사람의 딸들이 그의 아버지 이삭을 기쁘게 하지 못하는지라 이에 에서가 이스마엘에게 가서 그 본처들 외에 아브라함의 아들 이스마엘의 딸이요 느바욧의 누이인 마할랏을 아내로 맞이하였더라(창 28:5-9).

결국 에서는 아무 복도 받지 못하고 마음에 심한 상처를 입었습니다. 그리고 상처 입은 마음을 야곱에게 돌려 그를 죽이고자 했습니다. 그런데 떠나는 야곱을 아버지 이삭이 축복하는 광경을 보게 되었습니다. 이삭은 야곱에게 가나안 여자와는 결혼하지 말라고 이야기했습니다. 야곱은 그 말을 받아들이고 순종했습니다. 그때 에서는 자기 아내가 이방 여자라서 부모를 기쁘게 하지 못한다는 사실을 깨닫게 되었습니다. 이렇게 자기의 잘못을 알아차린 에서는 회복하고 싶어 했고, 아브라함의 서자 이스마엘의 딸을 맞이해 결혼을 했습니다. 가슴 아픈 이야기입니다.

로마서 8장 6절은 "육신의 생각은 사망이요 영의 생각은 생명과 평안이니라"라고 말합니다.

또한 히브리서 12장 2절은 "믿음의 주요 또 온전하게 하시는 이인 예수를 바라보자 그는 그 앞에 있는 기쁨을 위하여 십자가를 참으사 부끄러움을 개의치 아니하시더니 하나님 보좌 우편에 앉으셨느니라"라고 이야기합니다. 하나님 중심으로 사는 원칙을 버리지 마십시오. 실수를 해도 우리는 회복될 것입니다. 하나님께 돌아오면 과거의 모든 상처를 딛고 회복될 것입니다.

●

8

그래도 하나님은
찾아오시고 만나 주십니다

창세기 28:10-22

●

마음이 가난할 때 하나님이 찾아오신다

야곱은 교활한 방법으로 형 에서를 속이고 장자권과 축복받을 권한을 빼앗았습니다. 팥죽 한 그릇에 장자권을 빼앗은 야곱의 입장에서는 장자권을 사들인 것이라고 변명할 수도 있습니다. 그러나 전후 사정을 살펴보면 명백하게 빼앗았다는 것을 알 수 있습니다. 야곱이 이삭에게서 받은 축복은 에서를 속이고 사기를 쳐서 받아낸 것입니다. 이 모든 일의 결과로 야곱은 형 에서의 분노를 막을 길이 없어서 도피를 하게 되었습니다. 그는 고난의 길을 자초한 것입니다.

우리가 죄를 짓고도 그 대가를 치르지 않겠다고 하는 것은 그 자체가 잘못입니다. 죄를 지으면 대가를 치르고 고통을 겪기 마련입니다. 우리는 성격이 못돼서 힘든 일을 겪는 경우도 많습니다. 야곱의 내면에도 못된 성품이 있었습니다.

야곱에게는 두 가지 성격이 있었습니다. 한편으로는 착하고자 하는 마음이 있었지만, 한편으로는 악한 마음이 더 강했습니다. 야곱은 아버지 이삭과 어머니 리브가로부터 경건한 교육을 받았음에도 육적인 성향이 너무 강했습니다. 영적인 면이 없는 것은 아니었습니다. 그는 하나님의 복도 알았고 장자권도 알았습니다. 또 하나님께 복을 받아야 한다는 것도 알았습니다. 그러나 그의 성품에는 육적이고 세상적인 성향이 너무 강하게 흐르고 있었습니다. 그래서 야곱은 쉽게 실수하고 넘어질 수 있는 가능성을 늘 가지고 있었습니다.

죄는 인간 안에 죄의 성품을 만듭니다. 죄의 성품은 오랜 세월 동안 쌓이고 쌓입니다. 죄의 성품을 가진 사람들이 유혹을 받으면 쉽게 무너지는 까닭이 여기 있습니다. 잘못된 줄 알고, 그렇게 하면 안 되는 줄 알면서도 육의 욕망이 너무 강하기에 쉽게 죄를 짓고 마는 것입니다.

야곱의 경우, 집을 떠나는 것으로 고난이 그치지 않았습니다. 그 이후 그의 결혼 생활과 사업 등 삶의 모든 과정에서 야곱은 똑같은 실수를 반복했습니다. 이로써 야곱의 성품에 문제가 있었다는 사실을 발견할 수 있습니다.

사도 바울은 로마서 7장에서 이 같은 성품에 대해 말하기를 '육에 대한 성품'이라고 했는데, 우리가 마음으로는 하나님의 법을 섬기고 싶어 하지만 죄의 법이 우리를 사로잡는 것을 말합니다. 바울은 "오호라 나는 곤고한 사람이로다 이 사망의 몸에서 누가 나를 건져내랴"(롬 7:24)라며 처절한 고백을 했습니다. 착한 사람도 죄를 짓는 경우가 있습니다. 그런 사람은 후회도 잘하고 회개도 잘합니다. 그러고도 또다시 쉽게 무너집니다. 육의 성품을 가졌기 때문입니다.

야곱이 브엘세바에서 떠나 하란으로 향하여 가더니(창 28:10).

'야곱이 브엘세바에서 떠났다'라는 말은 야곱이 태어나서 자란 곳, 그리고 가족, 특히 자기를 정말 사랑하는 어머니 리브가를 떠났다는 의미입니다. 그 심정이 오죽했겠습니까? 그는 생소한 땅, 생소한 사람들이 있는 하란을 향해 갔습니다. 그곳은 약 800km나 떨어져 있어서 며칠 길을 가야만 했습니다. 야곱은 말이나 나귀, 또는 낙타를 타고 집을 떠나야 했습니다.

그런 야곱에게는 미래에 대한 두려움이 가득했을 것입니다. '당장 오늘 밤에는 어디서 자나? 저녁은 어디서 먹지?' 등 순간순간 짧은 미래부터 먼 장래까지를 생각하며 불안에 떨었을 것입니다. 또한 그는 아버지와 형 에서, 그리고 어머니 리브가에게 미안함과 죄책감, 그리고 수치감을 느꼈을 것입니다. 죄책감과 수치감이 많은 사람일수록 자기 합리화를 많이 합니다. 그리고 하나님을 향해서 "하나님이 제 입장이 되어 보시면 이해하실 것입니다!"라고 말하기도 합니다. 그러나 그렇게 말해도 고민은 여전히 계속됩니다.

야곱은 처음으로 혼자 살게 되었습니다. 그래서 힘들고 외로웠을 것입니다. 외로움이란 주변에 사람이 많고 적음에 따라 느끼는 것이 아닙니다. 그들이 나하고 아무 상관없고, 아무 도움도 되지 않는다고 생각할 때 느끼는 것입니다. 그래서 특히 병들거나 죽음에 직면하게 되면 외로움을 느낍니다. 혼자 아파야 하고, 홀로 죽어 가야 하기 때문입니다.

또 하나, 야곱에 대해 상상해 볼 수 있는 것은 그가 가진 것이 아무것도 없다는 점입니다. 그렇기에 '당장 오늘 저녁에 어디서 자야 하는가?'부터가 문제였습니다. 그는 아마도 바람이 들이치지 않는 곳을 찾았을 것입니다.

한 곳에 이르러는 해가 진지라 거기서 유숙하려고 그곳의 한 돌을 가져다가 베개로 삼고 거기 누워 자더니 (창 28:11).

야곱이 들녘 한 곳에 이르렀을 때 해가 졌습니다. 그는 거기서 유숙하려고 돌을 하나 가져다가 베개를 삼아 누웠습니다. 야곱이 누웠을 때 그가 본 것은 하늘에 빛나는 수많은 별이었을 것입니다. 배부르고 여유로울 때는 별을 보는 것이 찬란하고 멋있게 느껴집니다. 그러나 배고프고, 춥고, 외롭고, 불안할 때는 오히려 허무함과 슬픔을 더해 주는 것이 별입니다. 이제 야곱은 누워서 하늘에 빛나는 별을 볼 뿐입니다. 그는 별이 빛나는 하늘을 지붕 삼아 쭈그리고 누워서 잠을 청했을 것입니다. 야곱은 자신의 처지가 이렇게 될 줄은 몰랐을 것입니다.

예수님은 마태복음 5장 3절에서 "심령이 가난한 자는 복이 있나니 천국이 그들의 것임이요"라고 말씀하셨습니다. 마음이 가난해지면 하나님을 만납니다. 자신이 가지고 있던 것과 의지했던 것을 다 내려놓고, 건강과 재력과 지위와 지식도 다 무너져 내리고, 직업도 그만두고 아무것도 남은 것이 없을 때 오직 하나님 한 분만이 우리 곁에 남습니다.

야곱의 경우가 그러했습니다. 야곱은 본의 아니게 가진 것을 모두 잃었습니다. 그리고 그는 하늘을 쳐다보면서 잠을 청했습니다. 바로 그때 기적이 일어났습니다. 마음이 가난할 때 하나님이 찾아오십니다. 우리가 절망했을 때 희망이 시작됩니다. 포기는 선택을 의미합니다. 놀랍게도 이런 절대 절망과 좌절감에 빠져 있을 때가 하나님이 우리 곁에 가까이 오시는 시간입니다.

하나님을 믿는 것을 넘어서서 하나님을 만나야 한다

> 꿈에 본즉 사닥다리가 땅 위에 서 있는데 그 꼭대기가 하늘에 닿았고 또 본즉 하나님의 사자들이 그 위에서 오르락내리락하고 (창 28:12).

야곱은 잠이 들자마자 꿈을 꾸었습니다. 그는 지나온 삶 속에서 여러 차례 꿈을 꾸었겠지만, 이번에 꾼 꿈은 독특했습니다. 꿈에서 사닥다리를 보았습니다. 땅에서 시작해서 하늘까지 이어진 사닥다리였습니다. 좀 더 자세히 보니 사닥다리에서 천사가 오르락

내리락했습니다. 그 꿈은 새롭고 신비로워서 야곱의 비애, 배고픔, 수치를 전부 잊게 했습니다.

어쩌면 야곱은 꿈속에서 '하늘은 참 높구나. 하늘에 도달하는 것은 불가능하다'라고 생각했을 듯합니다. 그러다가 사닥다리 하나가 놓인 모습을 보며 '아! 하나님께 가는 길이 하나 있구나'라고 느꼈을지도 모릅니다. 그리고 사닥다리에 천사가 오르락내리락하는 모습을 보면서, '절망 가운데에도 하늘에 올라가는 사닥다리가 있고 하늘에 들어가는 문이 있다'는 희망이 그의 마음속에서 싹텄을 것입니다. 우리는 야곱이 꿈속에서 본 장면을 통해 절망과 희망을 동시에 느낄 수 있습니다.

> 또 본즉 여호와께서 그 위에 서서 이르시되 나는 여호와니 너의 조부 아브라함의 하나님이요 이삭의 하나님이라 네가 누워 있는 땅을 내가 너와 네 자손에게 주리니 네 자손이 땅의 티끌같이 되어 네가 서쪽과 동쪽과 북쪽과 남쪽으로 퍼져 나갈지며 땅의 모든 족속이 너와 네 자손으로 말미암아 복을 받으리라(창 28:13-14).

더 놀라운 사건이 생겼습니다. 사닥다리 제일 꼭대기에 하나님이 계신 것입니다. 야곱이 처음 만나 보는 하나님이셨습니다. 야곱이 경건한 아버지 이삭과 어머니 리브가에게서 하나님에 대해 얼마나 많은 교육을 받았겠습니까? 야곱은 하나님께 제사도 수없이 드렸을 것입니다. 그러나 야곱이 하나님을 만난 것은 그 자리가 처음이었습니다. 우리에게도 이런 복이 있기를 바랍니다. 교회에 나오고, 하나님도 믿고, 설교도 듣고, 성만찬도 하지만 하나님을 만나지 못한 채 그저 10년, 20년 동안 신앙생활을 하는 사람들이 너무나 많습니다. 우리는 하나님을 믿는 것을 넘어서서 하나님을 만나야 합니다.

그런데 이때는 야곱이 하나님을 만난 것이 아니라 하나님이 야곱을 만나 주러 오셨습니다. 그러면 그전에는 하나님이 야곱에게 오시지 않았을까요? 하나님은 야곱에게 이미 오셨습니다. 야곱이 교만했기 때문에 하나님을 몰라보았을 뿐입니다. 마음이 가난하지 않은 사람은 하나님을 몰라봅니다. 죽음이 다가오고, 부도가 나고, 인간관계가 깨지고, 이혼을 하고, 자식이 흩어지는 것 같은 심각한 상황에 부딪혀야 그제야 눈을 뜨고 이미 와 계신 하나님을 보게 되는 것이 인간입니다.

야곱은 집을 떠나 외롭고 고통스러운 환경 속에서 어느 누구도 자기 친구가 되어 주지 않아 홀로 섰을 때, 그제야 하나님을 보게 되었습니다. 하나님은 바로 여기에 계십니다. 우리 인생 가장 가까운 곳에 계시고 우리를 찾고 계십니다. 우리 모두가 하나님을 만나게 되기를 바랍니다.

야곱이 처음으로 하나님을 만났을 때 일어난 더 놀라운 사건은 하나님이 야곱에게 말씀하셨다는 것입니다. 하나님은 두 가지를 말씀하셨습니다.

첫째, 하나님은 자신을 '너의 조부 아브라함의 하나님이요 이삭의 하나님'이라고 표현하셨습니다. 하나님은 명상 종교의 하나님이 아니시고 불가지론자의 하나님도 아니십니다. 우리 하나님은 창조주 하나님이십니다. 아브라함의 하나님, 이삭의 하나님, 산 자의 하나님이십니다. 철학자의 하나님이 아니라 나의 하나님이십니다. 이것이 야곱에게 들려주신 하나님 자신의 모습입니다.

둘째, 하나님은 이제 야곱의 하나님이 되겠다고 말씀하셨습니다. 이런 뜻을 "네가 누워 있는 땅을 내가 너와 네 자손에게 주리니"라는 말씀으로 표현하셨습니다. 하나님은 우리에게 찾아오십니다. 우리가 먼저 하나님을 찾은 것이 아니라 하나님이 먼저 우리를 찾아오신 것입니다. 우리가 하나님을 택한 것이 아니라 하나님이 먼저 우리를 택해 주신 것입니다. 그리고 하나님은 우리에게 오셔서 변함없이, 언제나, 영원토록 말씀하십니다. "나는 너를 사랑하노라. 그동안 너는 너무 오만하고 교만해서, 그리고 건강하고 모든 것이 잘되니까 나를 잊은 채 살아왔지만, 그래도 나는 너를 잊은 적이 없다."

야곱은 하나님의 말씀을 들었을 때 하나님의 영광과 능력과 위엄을 봤을 것입니다. 정말 하나님을 만났다면 기절하는 것이 정상일 것입니다. 진짜 하나님을 만나고 하나님의 음성을 들으면 삶이 변합니다. 믿음이란 것은 하나님을 만나면서부터 시작됩니다. 우리가 하나님을 알고 믿는 단계를 넘어서서 하나님을 만나는 경험을 하기 바랍니다. 우리가 절망과 고통 가운데 있을 때 하나님이 우리를 만나 주십니다.

야곱은 하나님이 자신과 상관이 있으시다는 사실에 놀랐을 것입니다. 이제 그는 하나님이 조상의 하나님이실 뿐만 아니라 바로 '나의 하나님'도 되시며, 저기 계시는 분이 아니라 '여기' 계시는 분이라는 사실을 알게 되었을 것입니다.

더 놀라운 말씀이 15절에 나옵니다.

> 내가 너와 함께 있어 네가 어디로 가든지 너를 지키며 너를 이끌어 이 땅으로 돌아오게 할지라 내가 네게 허락한 것을 다 이루기까지 너를 떠나지 아니하리라 하신지라(창 28:15).

야곱은 아무것도 제대로 한 일이 없는데 일방적으로 복을 주겠다는 하나님의 선언을 들었습니다. 이 말씀에는 네 가지 내용이 담겨 있습니다. 첫째, "내가 너와 함께 있을 것이다", 둘째, "네가 어디로 가든지 내가 너를 지켜 주고 보호해 줄 것이다", 셋째, "너를 이끌어 다시 이 땅으로 돌아오게 해 줄 것이다", 넷째, "이 약속이 다 이루어질 때까지 나는 너를 떠나지 않을 것이다"입니다. 할렐루야! 하나님은 야곱을 처음 만나셨는데 이런 말씀을 해 주셨습니다. 이런 분이 하나님이십니다. 정말 하나님을 만난 사람은 이 음성을 듣습니다. 그래서 광야 같은 이 세상에서 우리는 담대하게 세상에 빠지지 않고 살 수 있습니다.

누구나 하나님을 만나면 삶이 변한다

야곱은 하나님의 음성을 듣자마자 더 이상 꿈을 꿀 수가 없어서 꿈에서 깨어나기를 결정했습니다. 그래서 그는 벌떡 일어났습니다.

> 야곱이 잠이 깨어 이르되 여호와께서 과연 여기 계시거늘 내가 알지 못하였도다 이에 두려워하여 이르되 두렵도다 이곳이여 이것은 다름 아닌 하나님의 집이요 이는 하늘의 문이로다 하고(창 28:16-17).

야곱이 꾼 꿈은 백일몽이 아니고 개꿈도 아니었습니다. 진짜였습니다. 야곱에게 있어서 꿈과 현실은 하나였습니다. 꿈에서 환상을 봤지만 그것은 현실로 이어지는 비전이었습니다. 우리에게도 하나님의 환상과 비전이 있기를 바랍니다. 에스겔 선지자나 이사야 선지자와 같이 모든 하나님의 사람에게는 이런 환상과 꿈이 있었습니다. 야곱은 "여호와께서 과연 여기 계시거늘 내가 알지 못하였도다"라고 말했습니다. 이 고백은 즉 "그렇게 오래 교회를 다니면서 집사도 했고, 장로도 했고, 목사도 했는데 하나님을 몰랐구나. 이제야 내가 하나님을 보았다. 이제야 내가 하나님을 알았다"

라는 의미입니다. 이것은 욥기 42장 5절에 나오는 욥의 고백과도 맥락을 같이합니다.

> 내가 주께 대하여 귀로 듣기만 하였사오나 이제는 눈으로 주를 뵈 옵나이다(욥 42:5).

욥은 깊은 고난의 파도를 겪고 나서 하나님의 실재를 본 것입니다. 욥은 '이제야' 하나님을 믿는다는 영적인 고백을 했습니다. 삶의 변화는 이때 찾아옵니다. 지식이나 깨달음이 사람을 변화시키지 않습니다. 하나님과의 만남이 사람을 변화시킵니다.

본문 17절을 보면, 야곱이 하나님을 만나고 나서 제일 처음 한 말은 "두렵도다"였습니다. 이것은 무섭다는 뜻이 아니라 하나님의 위대하심, 하나님의 능력, 하나님의 현존, 하나님의 영광을 보고 경외심이 생겼다는 의미입니다. 신앙인의 바른 태도는 경외감입니다. 신앙인은 절대로 방자하거나 교만하지 않습니다. 어떤 사람은 예수님을 믿으면서도 굉장히 방자합니다. 말을 함부로 하고 남에게 상처를 주는 사람은 하나님을 제대로 만나지 않은 사람입니다.

진정으로 하나님을 만난 사람은 마음에 거룩함이 있습니다. '하나님을 만나 보니 내가 생각했던 하나님이 아니셨구나!'라는 형용할 수 없는 두려움과 경외감, 이것이 사람으로 하여금 하나님께 예배하게 하는 원동력입니다. 우리가 하나님을 예배하는 이유는 경외감과 두려움으로 그분을 찬양하고 싶기 때문입니다. 그분 앞에 무릎 꿇고, 손을 들고, 나의 모든 것을 드리고 싶은 감동이 오는 것입니다. 이것이 예배입니다. 우리의 예배는 프로그램이 많고, 인위적이고, 조작적인 경우가 많습니다. 사람은 있는데 하나님이 보이지 않을 때도 있습니다. 멋있고 매력은 있는데 감동과 은혜가 적은 경우도 있습니다.

> 야곱이 아침에 일찍이 일어나 베개로 삼았던 돌을 가져다가 기둥으로 세우고 그 위에 기름을 붓고 그곳 이름을 벧엘이라 하였더라 이 성의 옛 이름은 루스더라(창 28:18-19).

하나님을 만난 사람은 새벽에 일어납니다. 하나님을 만난 사람은 가만히 있지 못하고, 과거의 삶과 달라진 것 없이 그냥 그대로 살지도 못합니다. 만약 계속해서 과거와 똑같이 사는 사람이 있다면 그 이유는 하나님을 만나지 못했기 때문입니다. 하나님이라고 착각했을 뿐이지 실제로 그분의 성령과 보혈, 능력과 심정 가운데 들어가는 일이 적기 때문입니다.

야곱은 해가 뜨기를 기다렸다가 해가 뜨자마자 지난밤에 만난 하나님에 대한 감동과 기쁨과 충격을 견딜 수가 없어서 자신이 베고 잤던 돌베개를 가져다가 기둥을 세우고, 기름을 붓고, 그곳 이름을 '벧엘'이라고 불렀습니다. 이는 '하나님의 집'이라는 뜻입니다. 예배드리는 장소가 따로 정해져 있는 것은 아닙니다. 우리가 예배드리는 곳이 곧 예배드리는 장소입니다. 바로 그 장소가 하나님의 집, 곧 성전입니다. 우리가 가는 곳이 성전입니다. 하나님이 계신 곳이 성전이며 하늘의 문을 여는 곳입니다.

드디어 야곱은 하나님을 만난 감격과 기쁨을 예배와 찬양으로 표현했습니다.

> 야곱이 서원하여 이르되 하나님이 나와 함께 계셔서 내가 가는 이 길에서 나를 지키시고 먹을 떡과 입을 옷을 주시어 내가 평안히 아버지 집으로 돌아가게 하시오면 여호와께서 나의 하나님이 되실 것이요 내가 기둥으로 세운 이 돌이 하나님의 집이 될 것이요 하나님께서 내게 주신 모든 것에서 십분의 일을 내가 반드시 하나님께 드리겠나이다 하였더라(창 28:20-22).

예배는 서약과 헌신으로 변합니다. 야곱은 아무것도 없는 상태에서 서원했습니다. 우리에게 무엇인가 있어서 헌금하고 헌신하는 것이 아닙니다. 하나님을 만난 감격으로 자기 몸을 헌신하고 가진 것을 모두 하나님께 드린다는 약속을 하게 되는 것입니다. 하나님이 나를 만나 주셨고 내가 아무것도 한 일이 없는데 나에게 복을 주셨다는 사실 때문에 야곱은 약속을 했습니다. 야곱의 물질관이 변한 것입니다.

'물질은 하나님이 주신 것'을 표현한 것이 십일조입니다. 십일조는 '이것은 하나님의 것이므로 하나님께 드린다'라는 뜻입니다. 대부분의 사람들은 월급이 적을 때는 십일조를 하지만 액수가 커지면 자기 것이라고 생각해서 십일조를 하지 못합니다. 야곱은 자기 것을 모두 잃었습니다. 그래서 이제부터 주시는 것은 모두 하나님의 것이므로 하나님의 것은 하나님께 돌려 드린다는 뜻으로 십일조를 드리겠다는 신앙고백을 했습니다. 이때부터 하나님이 야곱의 생애에 간섭하셨습니다.

하나님을 만나기 바랍니다. 하나님이 우리 생애에 간섭하시기를 바랍니다. 그리고 우리 몸을 하나님께 드리는 복이 있기를 바랍니다.

야곱은 해가 뜨기를 기다렸다가 해가 뜨자마자 지난밤에 만난 하나님에 대한 감동과 기쁨과 충격을 견딜 수가 없어서 자신이 베고 잤던 돌베개를 가져다가 기둥을 세우고, 기름을 붓고, 그곳 이름을 '벧엘'이라고 불렀습니다. 이는 '하나님의 집'이라는 뜻입니다. 예배드리는 장소가 따로 정해져 있는 것은 아닙니다. 우리가 예배드리는 곳이 곧 예배드리는 장소입니다. 바로 그 장소가 하나님의 집, 곧 성전입니다.

2부

야곱의 새 인생이 시작되다

창세기 29:1-31:55

이제 야곱에게는 새로운 삶이 시작되었습니다.
새로운 출발 가운데 가장 가치 있고 의미 있는 출발은
폐허와 절망과 낙담 속에서 모든 것을 다 잃어버렸을 때
다시 시작하는 것입니다.

9

하나님을 믿고 만난 사람은
새 삶을 삽니다

창세기 29:1-20

하나님을 만나면 미래의 창이 열린다

이제 야곱에게는 새로운 삶이 시작되었습니다. 사람에게는 누구든지 새롭게 출발할 기회가 있습니다. 학교에 입학할 때, 새로운 사업을 시작할 때, 새로운 직장을 얻거나 유학을 가거나 결혼을 할 때 우리는 모두 새롭게 출발합니다. 새로운 출발 가운데 가장 가치 있고 의미 있는 출발은 폐허와 절망과 낙담 속에서 모든 것을 다 잃어버렸을 때 다시 시작하는 것입니다.

집을 떠난 야곱에게는 잠잘 집이 없었고 먹을 음식도 없었습니다. 내일이 불안했습니다. 그에게 미래는 닫힌 창과 같았고, 그가 평소에 꾸어 왔던 꿈은 산산조각 났습니다. 어느 누구도 그를 환영해 주지 않았고 도와주지 않았습니다. 이것이 야곱이 처했던 상황입니다.

그러나 그때 놀라운 일이 생겼습니다. 하나님이 그에게 나타나신 것입니다. 인간이 절망하는 순간이 하나님께는 구원의 시작입니다. 야곱은 마음이 가난해졌을 때 비로소 하나님에 대해서 눈을 떴습니다. 야곱은 하나님을 믿었으나 하나님을 만난 적이 없는 사람이었습니다. 하나님을 믿는 것과 하나님을 만나는 것은 다릅니다. 우리에게 하나님을 믿는 것뿐만 아니라 하나님을 만나는 복이 있기를 바랍니다.

야곱이 만난 하나님은 정말 놀라운 하나님이셨습니다. 하나님은 야곱에게 오셨을 때 그를 야단치시지 않았습니다. 사람들은 하나님을 만나고 싶어 합니다. 그러나 한편으로는 하나님께 야단을 맞을까 봐 그분을 만나는 것을 두려워합니다. 하나님을 좋아하면서도 겁을 냅니다. 스스로 생각할 때 잘못한 일이 너무 많아서 불안한 것입니다. 하나님께 가까이 가면서도 하나님께 안기지 못하는 이유가 여기에 있습니다. 야곱도 그러했습니다.

그런데 야곱을 만나 주신 하나님은 야곱의 실수를 야단치시거나, 그의 죄를 지적하시거나, 그를 심판하는 말은 하나도 하시지 않았습니다. 오히려 실수하고, 두려워하며, 새우잠을 자던 야곱을 격려하시고, 위로하시며, 다시 꿈을 심어 주셨습니다. 하나님은 그런 분이십니다.

하나님은 우리를 만나시면 야단치시기보다는 격려하시고, 위로해 주시고, 잃어버린 꿈을 다시 회복시켜 주십니다. 바로 이분이 하나님이십니다. 인간의 특징은 배신하고 실수하는 데 있고, 하나님의 특징은 용서하시고 사랑하시는 데 있습니다. 혹시 자녀를 야단칠 일이 있더라도 야단치지 않기를 바랍니다. 하나님이 나를 야단치시지 않는데, 왜 부모가 자식을 야단치려고 합니까? 이해해 주고, 사랑해 주고, 격려해 주십시오. 아이가 다시 살아납니다.

하나님을 만난 야곱은 매우 큰 충격을 받고 잠에서 깨어나자마자 베개 삼았던 돌을 세워서 기둥을 삼고, 기름을 붓고, 하나님을 경배하고 찬양했습니다. 하나님과의 만남은 예배로 이어집니다. 하나님을 만난 경험이 없는 사람은 예배할 수 없습니다. 그러나 하나님을 만난 사람은 환경이 열악하고 과거의 상처가 있음에도 불구하고 두 손 들고 하나님을 찬양할 수 있습니다.

하나님을 만난 후 야곱은 새사람이 되었습니다. 하나님을 만나면 새사람이 되고 새 삶이 시작됩니다. 상처가 순식간에 치유되며 새로운 미래의 희망이 시작됩니다. 하나님을 만나면 미래의 창이 열립니다.

미래를 살고 싶다면 과거와 단절하십시오. 배가 부두에서 떠나려면 닻을 올려야 하고 묶였던 밧줄을 풀어야만 합니다. 마찬가지로 우리는 과거의 쓰라린 경험과 실패와 상처를 다 끊어야 합니다. 과거를 현재로 가져오지 마십시오. 과거를 가지고 미래로 가지 마십시오. 우리의 미래는 하나님이십니다. 그분만이 우리의 희망이십니다.

꿈에서 하나님을 만나고 난 야곱은 더 이상 방황하지 않았습니다. 놀라운 사실은, 환경은 하나도 변하지 않았다는 점입니다. 오직 야곱의 마음이 변했을 뿐입니다. 우리가 변하면 세상이 변합니다. 문제는 항상 불만과 편견과 오만과 갈등을 가지고 과거를 버리지 못하는 우리 자신에게 있습니다.

야곱은 새사람이 되어 가기 시작했고 얼굴에 기쁨과 감격을 나

타내기 시작했습니다. 야곱은 꿈에 나타나신 하나님이 자신에게
하신 말씀을 들었습니다. 그 말씀은 "나는 네 조부 아브라함의 하
나님, 이삭의 하나님이고 나는 네 하나님이 될 것이다. 네가 어디
로 가든지 나는 너를 버리지 않을 것이다. 나는 네 약점과 실수를
다 덮어 줄 것이다. 그리고 나는 네게 복을 줄 것이다"라는 내용이
었습니다. 할렐루야! 우리도 이 음성을 듣게 되기를 바랍니다.

　야곱의 발걸음은 가벼워졌고, 그는 흥분으로 가득 차서 새로운
인생을 출발했습니다.

하나님을 만난 야곱은 기대감으로 흥분했다

　야곱이 길을 떠나 동방 사람의 땅에 이르러 본즉 들에 우물이 있고
　그 곁에 양 세 떼가 누워 있으니 이는 목자들이 그 우물에서 양 떼에
　게 물을 먹임이라 큰 돌로 우물 아귀를 덮었다가 모든 떼가 모이면
　그들이 우물 아귀에서 돌을 옮기고 그 양 떼에게 물을 먹이고는 우
　물 아귀 그 자리에 다시 그 돌을 덮더라(창 29:1-3).

　야곱이 살던 집에서 하란까지는 약 800km나 되었습니다. 그러
나 야곱은 지루하고 멀게만 느껴졌던 그 길이 하나님을 만난 이후
로는 매우 가까이 느껴졌습니다. 우리의 마음이 변하면 길도 가깝

게 느껴지고, 기다림도 신납니다. 야곱은 순식간에 동방 사람들이 살고 있는 땅까지 왔습니다. 그는 그곳에서 우물을 발견했고, 그 우물곁에 목자들과 양 떼가 쉬고 있는 모습을 보았습니다. 고대의 그 지방에서는 우물이 귀한 재산이었기 때문에 양 떼에게 먹일 물도 아꼈습니다. 양 떼가 올 때마다 물을 먹이는 것이 아니라 양 떼가 다 모이면 우물 뚜껑을 열고 한꺼번에 먹였습니다. 그래서 목자들은 양 떼가 다 모일 때까지 기다렸습니다.

> 야곱이 그들에게 이르되 내 형제여 어디서 왔느냐 그들이 이르되 하란에서 왔노라 야곱이 그들에게 이르되 너희가 나홀의 손자 라반을 아느냐 그들이 이르되 아노라 야곱이 그들에게 이르되 그가 평안하냐 이르되 평안하니라 그의 딸 라헬이 지금 양을 몰고 오느니라(창 29:4-6).

야곱은 우물가에 있는 사람들을 만났을 때 기쁨이 충만했습니다. 그가 이미 변해 있었기 때문입니다. 자신이 변하면 세상이 즐거워집니다. 광야 같은 세상이 저주의 세상이 아니라 복된 세상이 됩니다. 야곱은 이미 하나님을 만났기에 사고방식과 가치관이 변해 있었습니다. 그리고 미래에 대한 희망을 가졌습니다.

야곱은 사람들에게 "당신들은 어디에서 왔습니까?"라고 질문했습니다. 마음이 기쁜 사람은 다른 사람들과 이야기도 잘 나눕니다.

우울한 사람은 말도 하지 않고 자기 생각이나 감정을 표현하지 않습니다. 사람들이 "우리는 하란에서 왔습니다"라고 대답하자 야곱의 눈이 크게 뜨였고 귀는 더 열렸습니다. '하란'은 그가 찾고 있는 장소였습니다. 그래서 내친김에 더 물었습니다. "그렇다면 하란에 살고 있는 라반이라는 사람에 대해 알고 있습니까?" 그러자 목자들은 금세 "우리는 그 사람을 잘 압니다"라고 대답했습니다. 야곱은 이 말을 듣자마자 생각했을 것입니다. '됐다. 더 이상 방황하지 않아도 되는구나. 내가 원하는 길로 들어왔구나!' 야곱은 그 순간부터 안식을 느끼기 시작했을 것입니다.

이것이 하나님과 함께하는 출발입니다. 하나님과 함께하는 사람에게는 미래가 열리고 모든 것이 좋은 방향으로 진행됩니다. 야곱에게 그것이 느껴지기 시작했습니다. 야곱의 마음은 흥분되었고 기분이 좋아지기 시작했습니다. 우리에게도 그런 복이 있기를 바랍니다. 어제 부도가 났고, 어제 병원에 가서 암 선고를 들었고, 오래도록 계획했던 일이 산산조각이 났다 할지라도, 어젯밤에 나를 만나 주신 하나님 때문에 다시 일어나기를 간절히 바랍니다.

야곱은 라반의 평안을 물었습니다. '혹시 라반이 죽었거나 망했으면 어쩌나?' 하는 염려가 담겨 있는 질문입니다. 그러자 평안하다는 답변이 돌아왔습니다. 아마도 야곱은 '이제 내가 그 집에 찾아가도 문제가 없겠구나'라고 생각했을 것입니다.

그런데 그들은 야곱이 묻지도 않은 좋은 소식 하나를 더 알려 주었습니다. 저기 라반의 딸이 양 떼를 몰고 온다는 것입니다. 가진 것이 아무것도 없고 얼마 전까지만 해도 슬픔뿐이었던 야곱의 마음은 이제 기대감과 희망으로 가득 찼습니다.

> 야곱이 이르되 해가 아직 높은즉 가축 모일 때가 아니니 양에게 물을 먹이고 가서 풀을 뜯게 하라 그들이 이르되 우리가 그리하지 못하겠노라 떼가 다 모이고 목자들이 우물 아귀에서 돌을 옮겨야 우리가 양에게 물을 먹이느니라(창 29:7-8).

하나님을 만나지 못한 사람은 주변을 돌아볼 여유가 없습니다. 세상 모든 문제를 자기 혼자서 짊어진 것처럼 느낍니다. 마음이 괴로운 사람은 다른 사람을 돌아볼 여유가 없습니다. 그러나 하나님을 만나고 그분의 은혜를 받은 사람은 주변을 돌아볼 수 있는 능력이 있습니다. 하나님을 만난 사람은 마음에 여유가 있습니다.

야곱은 처음에는 자기 문제에 빠져 있었습니다. 그러다가 하나님을 만나고 나서는 주변의 일을 돕기 시작했습니다. 아직 해가 중천에 있는데 양 떼가 다 모일 때까지 기다려서 시간을 낭비할 필요 없이 지금 물을 먹이고 나가서 양 떼에게 풀을 더 뜯게 하는 편이 낫지 않겠느냐고 제안했습니다.

사실 양 떼를 돌보는 일은 지금의 야곱과는 상관없는 일이었습니다. 그러나 야곱은 그 일에 관해 조언했습니다. 이는 그가 주변의 일에 눈을 떠서 다른 사람을 도와주려는 마음이 생겼다는 것을 보여 주는 장면입니다. 우리에게도 이처럼 타인의 요구를 알게 되는 아름다운 마음이 생기기를 바랍니다. 아내의 고독을 보는 남편이 되고, 자식의 문제를 보는 부모가 되기를 바랍니다.

하지만 목자들은 양 떼가 다 모여야 물을 먹이겠다고 했습니다. 하나님을 만나지 못한 사람들은 오늘이나 내일이나 똑같고, 변화를 싫어합니다. 그들에게는 아무 변화가 없지만 하나님을 믿는 사람에게는 변화가 있습니다. 미래가 있습니다.

야곱이 그들과 말하는 동안에 라헬이 그의 아버지의 양과 함께 오니 그가 그의 양들을 치고 있었기 때문이더라 야곱이 그의 외삼촌 라반의 딸 라헬과 그의 외삼촌의 양을 보고 나아가 우물 아귀에서 돌을 옮기고 외삼촌 라반의 양 떼에게 물을 먹이고 그가 라헬에게 입 맞추고 소리 내어 울며 그에게 자기가 그의 아버지의 생질이요 리브가의 아들 됨을 말하였더니 라헬이 달려가서 그 아버지에게 알리매(창 29:9-12).

여기서 우리는 재미있는 사실을 발견하게 됩니다. 야곱이 흥분했다는 것입니다. 하나님을 만난 사람에게는 흥분이 있습니다. 현재 자신의 인생에 대해서 흥분하고 있지 않다면 문제가 있는 것입니다. 인생이 지루하고 흥미가 없다면 하나님을 만나지 않았다는 증거입니다. 전에는 만났는지 몰라도 최근에는 만나지 않은 것입니다.

야곱이 흥분한 이유는 하나님의 인도하심과 복을 조금씩 조금씩 경험했기 때문입니다. 야곱은 라헬이라는 여자가 양 떼를 몰고 우물가에 도착했을 때 그 양 떼가 자기 외삼촌의 양 떼라는 사실만으로도 흥분했습니다. 그래서 먼저 우물 아귀에서 돌을 열고 양 떼에게 물을 먹였습니다. 이것은 그곳 목자들이 싫어하는 행동이었습니다. 왜냐하면 다른 양 떼가 올 때까지 기다리는 것이 그들의 관례였기 때문입니다. 그러나 야곱은 흥분했기 때문에 그렇게 하지 않았습니다.

게다가 야곱은 양 떼에게 물을 먹이고 난 다음에 라헬에게 입 맞추었습니다. 라헬이 얼마나 놀랐겠습니까? 아직 야곱이 자기소개를 하지 않은 상태였습니다. 한 이방 남자가 갑자기 다가와서 입을 맞추니 라헬은 놀라지 않을 수 없었을 것입니다. 이 상황은 야곱이 얼마나 감격과 기쁨으로 가득 차 있었는지를 보여 줍니다. 다음으로, 그는 소리 내서 울었습니다. 소리 내서 우는 것만이 그의 마음을 표현할 수 있는 유일한 방법이었을 것입니다. 그러고 나서 야곱은 자기를 소개했습니다.

가진 것이 없고 폐허 속에 있더라도 하나님을 만나 새로운 출발을 하는 사람에게는 감격과 흥분이 있습니다. 저는 우리에게도 이런 복이 있기를 바랍니다. 직장에서 해고당하고 얼마 전에 부도를 당했다 해도 하나님을 만난 사람에게는 이런 흥분과 기쁨이 가능합니다.

성실하게 최선을 다할 때 우리 미래는 빛이 난다

라헬은 갑자기 만난 나그네가 자기 친척이라는 사실을 알고 즉시 아버지에게 뛰어가 알렸습니다. 그러자 아버지 라반이 달려왔습니다.

> 라반이 그의 생질 야곱의 소식을 듣고 달려와서 그를 영접하여 안고 입 맞추며 자기 집으로 인도하여 들이니 야곱이 자기의 모든 일을 라반에게 말하매 라반이 이르되 너는 참으로 내 혈육이로다 하였더라 야곱이 한 달을 그와 함께 거주하더니(창 29:13-14).

라반과 야곱은 얼싸안고 입 맞추었습니다. 그리고 야곱은 한 달 동안 그와 함께 지냈습니다. 친척이 오면 반갑고, 머무르면 더 반갑고, 이제 떠나면 더 반갑습니다. 아무리 반가운 친척과 형제도 사흘이 지나기까지 머무르면 귀찮아집니다. 모든 것이 다 힘들어집니다. 그런데 야곱은 한 달을 이 집에 머물러 있었습니다. 야곱은 식객이었습니다. 문제와 갈등이 생길 확률이 높았습니다.

라반이 야곱에게 이르되 네가 비록 내 생질이나 어찌 그저 내 일을 하겠느냐 네 품삯을 어떻게 할지 내게 말하라(창 29:15).

한 달이 지난 다음에 라반이 오히려 야곱에게 품삯에 대해 말했습니다. 아무리 야곱이 자신의 조카이지만 열심히 일하는 모습을 보니 부담스러워서 공짜로는 부려먹을 수가 없다고 말한 것입니다. 이것은 우리의 상상을 뛰어넘습니다. 야곱은 시키지도 않았는데 외삼촌 집에 와서 새벽부터 밤늦게까지 일을 해 주었습니다. 이것으로 야곱이 얼마나 변했는가를 충분히 알 수 있습니다.

제일 보기 흉한 사람은 놀고먹는 사람입니다. 형제나 친척, 또는 교인이라는 이유로 놀고먹는 사람이 있습니다. 많은 사람이 남의 집에서 신세를 지면서 미운 행동만 골라서 합니다. 그러나 야곱은 주인의 환영을 받았습니다. 야곱은 라반이 부리는 종이나 노동자보다 더 열심히 일했기 때문입니다. 그것도 무보수로 말입니다.

우리는 여기서 몇 가지 중요한 사실을 생각해 볼 수 있습니다.

첫째, 일이 주어지고 월급을 받기 때문에 열심히 일하는 사람이 있고, 자기 일도 아니고 월급도 없는데 열심히 일하는 사람이 있다는 점입니다. 야곱의 경우는 스스로 일을 찾아 열심히 했고 보수를 요구하지 않았지만 라반 측에서 보수를 주겠다고 나섰습니다. 직업이 없다고 놀고먹지 마십시오. 좌절하지도 마십시오. 보수를 바라지 말고 어딘가에서 열심히 일해 보십시오. 직업도 생기고 보수도 생길 것입니다. 아무 조건 없이 최선을 다해 성실히, 열심히 사는 사람에게는 반드시 직업이 따릅니다. 교회에 와서 봉사하십시오. 하나님이 복을 주실 것입니다. 어느 직장에 가든지 최선을 다해 봉사하고 일해 보십시오. 라반과 똑같은 반응이 꼭 돌아올 것입니다.

> 라반에게 두 딸이 있으니 언니의 이름은 레아요 아우의 이름은 라헬이라 레아는 시력이 약하고 라헬은 곱고 아리따우니 야곱이 라헬을 더 사랑하므로 대답하되 내가 외삼촌의 작은딸 라헬을 위하여 외삼촌에게 칠 년을 섬기리이다(창 29:16-18).

야곱은 엉뚱한 사람이었습니다. 라반이 돈으로 보상하겠다고 하니까 사랑하는 여자를 아내로 달라고 했습니다. 아마도 야곱은 라헬을 우물가에서 만났을 때부터 마음에 두고 있었을 것입니다. 야곱은 한 달 동안 조건 없이 열심히 일하니까 아내까지 생겼습니다. 월급이나 직장 정도가 아닙니다. 이것이 축복의 비밀입니다. 이처럼 우리의 미래는 하나님과 함께 기쁨과 감격과 축복을 안고 전개됩니다.

보통 우리는 직장에서 밤 늦게 일하면 근무 외 수당을 요구하고, 데모를 하고, 월급과 보너스를 더 달라고 요청합니다. 그렇게 사는 인생에는 감격과 복과 기쁨이 없습니다. 직장에서 최선을 다해 일하십시오. 보수보다 더 일하십시오. 조건 없이 봉사하십시오.

라반이 이르되 그를 네게 주는 것이 타인에게 주는 것보다 나으니 나와 함께 있으라 야곱이 라헬을 위하여 칠 년 동안 라반을 섬겼으나 그를 사랑하는 까닭에 칠 년을 며칠같이 여겼더라(창 29:19-20).

야곱은 공짜를 원하지 않았습니다. 그는 하나님을 만났다는 사실 때문에 인생이 즐거웠고 미래가 밝게 느껴졌습니다. 그의 열등감은 다 사라져서 '내가 이 집에 와서 이런 봉사를 해야만 하는가?'라는 생각 따위는 하지 않았습니다. 과거의 야곱이었다면 달랐을 것입니다.

내가 과거에 어떤 높은 지위를 가지고 있었다거나 돈이 많았다는 데 집착하면 우리의 미래는 불행해집니다. 과거는 잊어버리십시오. 현재 수준에서 사십시오. 지금 다른 사람 밑에서 일하고 있다면 그것이 우리의 현실입니다. 그곳에서 기쁨을 찾고 성실하게 최선을 다해 살 때 우리 미래는 빛날 것입니다.

둘째, 사랑하면 모든 것이 쉬워진다는 것입니다. 사랑하면 7년이 며칠같이 느껴지고, 미워하면 며칠이 7년같이 느껴집니다. 사랑하면 기다림도 쉽고, 고통을 당하는 것도 가볍게 느껴집니다. 돈이 없는 것도 괜찮습니다. 그런 것은 그다지 중요하지 않습니다. 야곱에게는 목적이 있었기 때문에 삶의 의욕도 있었습니다.

야곱의 변신은 어디에서 시작되었을까요? 그날 밤, 즉 광야에서 돌베개를 베고 자던 날 밤 꿈속으로 찾아오신 하나님을 만난 그때부터 그의 인생은 새로운 출발을 하게 되었습니다.

그런즉 누구든지 그리스도 안에 있으면 새로운 피조물이라 이전 것
은 지나갔으니 보라 새것이 되었도다(고후 5:17).

10

심은 대로 거두고,
속이는 자는 속습니다

창세기 29:21-30

목적이 있는 사람에게는 7년이 며칠같이 느껴진다

하나님은 우리의 죄를 다 용서해 주시지만 우리가 저지른 실수에 대해서는 대가를 치르게 하십니다. 대가를 치르는 일은 고통스럽지만 대가를 치렀을 때 복을 받는다는 사실을 야곱을 통해서 배우게 됩니다.

야곱은 아버지 이삭의 집에서 도망쳐 나온 이후에 큰 좌절과 절망에 빠져 방황하기 시작했습니다. 사람들은 누구나 방황합니다. 출발은 있으나 목적지가 없을 때 방황하기 시작하는 것입니다. 그렇게 야곱이 방황할 때 하나님이 그를 찾아와 만나 주셨습니다. 우리 모두가 하나님을 믿을 뿐 아니라 하나님을 만나기 바라며, 교회에 올 뿐 아니라 성령을 체험하기 바랍니다.

그러나 야곱이 만난 하나님은 그를 꾸짖으시지 않고, 격려하시고 용기를 주셨습니다. 우리가 여기서 배우는 것이 있습니다. 사람은 야단쳐서 바뀌지 않는다는 것입니다. 사람은 사랑하면 변합니다. 부모들이 자녀를 심하게 야단치지 않기를 바랍니다. 야단친다고 아이들이 변한다면 쉽고 간단할지 모릅니다. 문제는 그렇지 않다는 데 있습니다. 아이들은 용서하고, 이해하고, 받아 줄 때 스스로 변합니다.

하나님을 만난 후에 야곱은 상처를 치유 받았습니다. 아버지와 형과의 관계에서 생긴 상처가 하나님을 만나 하나님의 사랑과 위로를 받고 나서 치유되었습니다. 하나님을 만나면 상처가 치유되고 새로운 삶이 시작됩니다. 사람을 사랑하면 사랑하는 그 사람이 치유됩니다. 야곱은 죽었다가 다시 살아났고 절망 중에 새롭게 출발할 수 있는 계기와 용기를 갖게 되었습니다. 세상은 변한 것이 하나도 없었지만 야곱이 변했습니다. 하나님을 만나면 사람이 변합니다. 하나님을 만난 사람은 새로운 가치관과 목표를 갖게 됩니다.

야곱은 외삼촌 라반의 집에 머물렀습니다. 그리고 라반의 둘째 딸 라헬을 사랑하게 되었습니다. 하나님을 만나면 사람을 사랑하게 되고 사랑하는 법을 배우게 됩니다. 야곱은 라헬을 얻기 위해 라반의 집에서 7년 동안 무보수로 일했습니다. 사랑하면 돈을 받지 않고도 일합니다. 사랑하면 7년을 며칠같이 보냅니다. 사랑하면 미래가 보이기 시작합니다. 이것이 사랑의 비밀입니다. 그러나 근심하고, 걱정하고, 갈등하고, 미워하면 7일이 7년처럼 느껴집니다. 우리는 이 험한 세상, 복잡한 세상, 서로 속고 속이는 세상을 제대로 살아나갈 수 있는 비결을 여기서 발견합니다. 사랑하면 세상이 아름답습니다. 하나님을 만나면 세상은 살 만한 곳입니다. 야곱은 사랑이라는 목적이 있었기 때문에 7년이라는 세월을 며칠같이 느끼면서 살았습니다. 목적이 있는 사람에게는 시간이 빨리 갑니다.

야곱이 라반에게 이르되 내 기한이 찼으니 내 아내를 내게 주소서 내가 그에게 들어가겠나이다(창 29:21).

야곱은 7년을 기대감과 설렘과 흥분으로 보냈습니다. 1년이 지나면 '이제 6년 남았구나', 또 1년 지나가면 '이제 5년 남았구나'라고 생각하며, 시간이 흐를수록 더욱더 그리움과 설렘과 기쁨으로 세월을 보낼 수 있었습니다.

천국 가는 사람은 세상을 기쁘게 삽니다. 그리고 늙는 것을 슬퍼하지 않습니다. 늙으면 예수님을 만날 시간이 더 가까이 오기 때문입니다. 그래서 한 달, 두 달 세월 가는 것이 좋습니다. 인생의 목적이 있는 사람, 사랑하는 사람이 있는 사람은 시간을 계산합니다. 그래서 "기한이 찼으니"라고 야곱이 먼저 라반에게 이야기했습니다. 야곱이 시간을 계산하고 있었음을 보여 주는 부분입니다. 목적이 없는 사람은 아무렇게나 살고, 목적이 있는 사람은 시간을 계산하며 삽니다.

야곱은 이때 그 여자를 달라고 하지 않고 "내 아내를 내게 주소서"라고 말했습니다. 라반의 마음은 몹시 언짢았습니다. 라반에게는 아직 시집가지 않은 첫째 딸이 있었기 때문입니다. 그 당시 문화에서는 첫째 딸이 시집가고 나서 둘째 딸이 시집가게 되어 있었는데, 둘째 딸을 먼저 시집보내고 나면 첫째 딸인 레아는 혼삿길이 완전히 막히고 마는 것입니다. 그래서 라반은 어떻게 해서든지 레아를 먼저 시집보내야만 했습니다. 라반이 언짢았던 또 다른 이유는 만약에 야곱에게 둘째 딸 라헬을 주고 나면 둘이 집을 떠날 것 같았기 때문입니다. 그렇게 되면 라반은 일꾼을 잃어버립니다.

'눈에는 눈, 이에는 이', 심은 대로 거둔다

> 라반이 그곳 사람을 다 모아 잔치하고(창 29:22).

라반은 결혼식을 배설했습니다. 이 결혼식은 7년 전부터 소문난 유명한 결혼식이었습니다. 이 결혼식에 대해서는 라반, 야곱, 라헬, 그리고 라헬의 언니 레아도 잘 알고 있었고, 모든 사람이 다 알고 있었습니다. 그런데 결혼식 다음 날 아침, 어처구니없는 일이 발생했습니다. 신부가 바뀐 것입니다.

> 저녁에 그의 딸 레아를 야곱에게로 데려가매 야곱이 그에게로 들어가니라 라반이 또 그의 여종 실바를 그의 딸 레아에게 시녀로 주었더라(창 29:23-24).

라반은 저녁에 라헬이 들어가야 할 자리에 레아를 들여보냈습니다. 그것은 실수가 아니라 음모였습니다. 사기 결혼을 시킨 것입니다. 사기는 의도적이고 계획적인 사건일 때 성립하는 법입니다. 우리는 당시의 사건에 대해서 여러 면을 상상해 볼 수 있습니다.

먼저, 라헬은 어떻게 했을까요? 분명히 라반이 라헬을 불러다 놓고 "언니를 먼저 시집보내야 하지 않느냐" 하며 통사정을 했을 것입니다. 어쩌면 라헬이 그 말을 받아들이지 않아서 아버지가 협박까지 했는지도 모릅니다. 혹시 그날 밤 라헬을 감금했는지도 모르겠습니다.

다음으로, 레아를 생각해 봅시다. 레아는 당돌했습니다. 자기 자리가 아닌데 그 자리를 비집고 들어갔습니다. 어쩌면 자기 동생이 7년 동안 야곱과 연애하는 모습을 보면서 그녀도 야곱을 사랑하게 되었는지도 모릅니다.

아버지가 그런 음모를 계획했을 때 레아는 동의했습니다. 동의했다는 사실을 어떻게 알 수 있습니까? 야곱이 레아와 하룻밤을 보내면서도 레아라는 사실을 몰랐다는 점을 통해 알 수 있습니다. 남을 속이는 데 명수이고, 잔꾀가 많고, 교활한 사람인 야곱이 이 사실을 알아채지 못할 리가 없습니다. 그런데 어떻게 아침 해가 뜰 때까지 몰랐겠습니까? 그것은 레아가 철저하게 변장했기 때문일 것입니다. 라헬의 목소리를 흉내 내고, 라헬의 옷을 입고, 라헬처럼 화장했을 것입니다.

이 지점에서 어떤 장면이 떠오릅니까? 바로 7년 전에 야곱이 에서의 목소리를 흉내 내서 아버지에게 사기 쳤던 방법 그대로 야곱이 당한 것입니다. 그때 야곱도 에서의 목소리를 흉내 내고 염소 새끼의 털을 가지고 손과 목을 감싸서 에서처럼 꾸몄습니다. 게다가 에서의 옷을 훔쳐서 입었습니다. 그리고 집에 있는 염소 새끼를 구운 것을 산에서 사냥해서 가져온 고기라고 아버지를 속였습니다. 지금 야곱은 자신이 한 대로 똑같이 당했습니다. 남에게 사기 친 사람은 사기를 당하게 되어 있습니다. 남의 눈에 피눈물을 흘리게 한 사람은 언젠가 자신도 피눈물을 흘리게 된다는 이야기입니다.

물론 야곱은 꿈에서 하나님을 만나 위로도 받고, 새 출발을 하고, 새 믿음을 가지고 살려고 했습니다. 그러나 자기가 치러야 할 대가는 반드시 치러야 한다는 사실을 기억해야 합니다. 이것이 하나님이 우리에게 주시는 메시지입니다. 우리는 하나님께 내 죄를 용서해 주실 뿐만 아니라 내가 치러야 할 대가도 다 용서해 주시고 없애 달라고 요구합니다. 그러나 죄는 용서받지만 죄에 대한 대가는 치러야 합니다.

야곱은 과거 자신의 모습을 생각하지 않고 자기가 속았다는 사실 앞에서 분노했습니다.

야곱이 아침에 보니 레아라 라반에게 이르되 외삼촌이 어찌하여 내게 이같이 행하셨나이까 내가 라헬을 위하여 외삼촌을 섬기지 아니하였나이까 외삼촌이 나를 속이심은 어찌 됨이니이까(창 29:25).

야곱은 그렇게 사랑하고 기다려 왔던 라헬이 자기 품에 있는 줄 알았는데, 다음 날 아침에 깨어 보니 자기 품 안에 있는 여자는 레아였습니다. 그는 라반에게 항변했습니다. 야곱은 황당함, 당황함, 허탈함, 억울함, 그리고 분노와 수치와 굴욕감을 느꼈을 것입니다. 우리도 때로는 그런 일을 겪습니다. 아내나 남편한테 배신당하고 믿었던 사람에게 배신당해서 사업이 망하고 재산을 다 빼앗기는 경우, 그래서 눈물을 흘리며 패가망신한 끝에 가족이 다 흩어지는 일을 우리는 종종 봅니다. 그런 일을 겪고 나면 미움, 분노, 복수심이 그 사람의 마음속에 자라납니다. 야곱의 마음도 그러했습니다.

　그러나 사람들은 대부분 자기가 저지른 실수는 생각하지 않고 자기가 받은 상처만 생각하는 법입니다. 자신이 남에게 상처 준 것은 까맣게 잊고, 반대로 자신이 상처받았을 때의 상황은 자세하게 모든 것을 기억합니다. 자기가 가해한 것은 생각하지 않고 피해 받은 것만 생각합니다. 이런 의미에서 보면 인간은 모두가 다 피해자입니다. 사실 따지고 보면 공평한 상황이기에 억울할 것도 없습니다.

　다른 사람 눈에서 눈물이 흐르게 하지 마십시오. 다른 사람의 마음에 상처 주지 마십시오. 그 상처는 반드시 심은 대로 거두는 법입니다. 특히 높은 지위에 있거나, 돈이나 권력이 있을 때 마음대로 사용하지 마십시오. 권력의 칼과 오만한 언어에 시달림을 당하는 사람은 죽음과 같은 고통을 겪습니다. 그러나 때리는 사람은 자기한테 힘이 있기 때문에 당하는 사람이 그 힘에 의해 상처 입는다는 사실을 느끼지 못합니다. 맞는 사람은 힘이 없기 때문에 엄청난 상처가 되는데도 말입니다.

야곱은 바로 이런 상황을 경험했습니다. 그러나 사실 야곱은 흥분할 자격이 없었습니다. 7년 전, 아버지와 형에게 이보다 더 심한 상처를 준 장본인이기 때문입니다. 아마도 이때 처음으로 아버지 이삭과 형 에서에게 자신이 얼마나 큰 상처를 입혔는지 깨달았을지도 모릅니다.

> 라반이 이르되 언니보다 아우를 먼저 주는 것은 우리 지방에서 하지 아니하는 바이라(창 29:26).

라반은 뻔뻔하게 우기기 시작했습니다. 사실 당시 결혼 문화를 통해 볼 때 아버지 입장인 라반의 말이 틀린 것은 아닙니다. 어떻게 동생을 먼저 시집보낼 수 있겠습니까? 그러나 야곱의 입장에서 보면 분명히 틀린 말이고 사기극입니다.

우리가 주장하는 것은 이런 식인 경우가 많습니다. 옳다고 말해도 자신의 입장에서 옳은 것이지 상대방의 입장에서는 피해를 주는 것일 수 있습니다. 라반은 야곱에게 미리 말해서 이런 불상사를 막았어야 했습니다. 그는 의도적으로 야곱을 속였던 것입니다.

> 이를 위하여 칠 일을 채우라 우리가 그도 네게 주리니 네가 또 나를

칠 년 동안 섬길지니라(창 29:27).

이제 라반의 속셈이 나오고 숨은 동기가 발견됩니다. 그것은 야
곱을 보낼 수 없다는 것이었습니다. 7일 동안 같이 있으라는 말은
어차피 혼례식을 치렀으니 7일을 함께 있어서 결혼 절차를 완성하
라는 것입니다. 그렇게 하면 둘째 딸 라헬도 야곱에게 주겠다고 했
습니다. 그러면서 라반은 "단, 조건이 있다. 7년을 더 무보수로 일
해라"라고 말했습니다. 라반의 속셈은 여기 있었습니다.

사람들은 말을 그럴듯하고 멋있게 합니다. 특히 예수님을 믿는
사람들이 "주님을 위하여, 하나님을 위하여"라고 그럴듯하게, 제
일 멋있게 말합니다. 하지만 알고 보면 속셈이 있는 경우가 많습니
다. 우리가 선교사로 가고 목사가 되어도 하나님은 속지 않으십니
다. "국가를 위하여, 민족을 위하여"라고 아무리 말해도 하나님은
속지 않으십니다. 우리는 자기 말에 자기가 속고, 자기가 말하고
는 스스로 감동받지 않습니까? 그러나 하나님은 속지 않으십니다.

야곱이 그대로 하여 그 칠 일을 채우매 라반이 딸 라헬도 그에게 아
내로 주고 라반이 또 그의 여종 빌하를 그의 딸 라헬에게 주어 시녀
가 되게 하매(창 29:28-29).

야곱은 타협안에 쉽게 누그러졌습니다. 야곱이 이렇게 쉽게 무

너진 까닭은 줏대가 없고 우유부단하기 때문입니다. 그래서 자기가 말한 것을 끝까지 끌고 나가지 않았습니다. 야곱의 입장에서 생각해 보면, 어쩌면 그는 심은 대로 거둔다는 법칙을 깨달았는지도 모릅니다. 자기가 사기를 당했다고 펄펄 뛰다가 진짜 사기 친 사람이 자신임을 깨닫고 회개했을지도 모릅니다.

우리는 어떤 경우에도 남의 눈에서 눈물을 흘리게 해서는 안 된다는 것을 다시 한번 생각해 봅니다. 남에게 상처를 주지 마십시오. 언어폭력을 조심하십시오. 약한 자를 함부로 대하지 마십시오. 성경의 원칙은 심은 대로 거둔다는 것입니다.

갈라디아서 6장 7 - 8절은 "스스로 속이지 말라 하나님은 업신여김을 받지 아니하시나니 사람이 무엇으로 심든지 그대로 거두리라 자기의 육체를 위하여 심는 자는 육체로부터 썩어질 것을 거두고 성령을 위하여 심는 자는 성령으로부터 영생을 거두리라"라고 말합니다. 이 말은 하나님은 속지 않으신다는 뜻입니다. 우리가 긍휼을 심으면 긍휼을 얻을 것입니다. "긍휼히 여기는 자는 복이 있나니 그들이 긍휼히 여김을 받을 것임이요"라는 마태복음 5장 7절 말씀처럼, 우리가 가난한 자와 병든 자를 도와주고 긍휼히 여기면 하나님도 우리가 어려울 때 긍휼히 여겨 주시고 도와주실 것입니다.

어떤 사람은 자신은 외박하고, 노름하고, 멋대로 살면서 아들은 그렇지 않기를 바랍니다. 아버지의 그러한 삶의 대가가 아들에게 간다는 사실을 알고 있습니까? 심은 대로 거두기 때문입니다. 다들 대가를 치르는 것은 싫어합니다. 죄는 자기가 짓고, 대가는 다른 사람보고 받으라고 합니다. 그러나 결국 대가는 본인이 받게 됩니다. 대가를 받을 때 "억울하다", "분하다", "하나님이 너무하시다"라고 말하지 마십시오. 대가를 치를 때는 회개하십시오. 그때 복이 다시 시작됩니다.

억울하다고 원망하고 불평하면 그 대가는 고통으로 변합니다. 그리고 대가를 치르는 일이 계속됩니다. 하나님은 결코 실수하시지 않습니다. 하나님은 결코 속지 않으십니다. 하나님은 인간의 잔꾀와 방법에 넘어가시지 않습니다.

대가의 법칙을 깨신 분, 예수 그리스도

여기서 더 귀한 진리를 생각할 수 있습니다. 일상이고 보편적인 원칙은 심은 대로 거두는 것입니다. 그러나 만약 이 원칙이 계속된다면 어떻게 될까요? 우리는 구원받을 길이 없습니다. 인간은 본질상 진노의 자녀이기 때문에, 우리가 심은 대로 거둔다면 구원받을 수가 없습니다. 그래서 하나님은 당신의 아들, 독생자 예수 그리스도를 우리를 위해 십자가에 못 박혀 돌아가시게 하고 우리를 구원하신 것입니다.

억울하다고 느껴지고 분노가 치밀면 예수님을 바라보십시오. 거기서 모든 저주가 끝나고, 모든 심판이 마무리될 것입니다. 그리고 놀랍게 회복되는 역사가 예수 그리스도로 말미암아 일어나기 시작합니다. 누구든지 은혜의 보좌 앞에 나가야 하고 십자가 앞에 나아가야 하는 이유가 여기 있습니다. 히브리서 4장 14 - 16절은 이렇게 말합니다.

그러므로 우리에게 큰 대제사장이 계시니 승천하신 이 곧 하나님의 아들 예수시라 우리가 믿는 도리를 굳게 잡을지어다 우리에게 있는 대제사장은 우리의 연약함을 동정하지 못하실 이가 아니요 모든 일에 우리와 똑같이 시험을 받으신 이로되 죄는 없으시니라 그러므로 우리는 긍휼하심을 받고 때를 따라 돕는 은혜를 얻기 위하여 은혜의 보좌 앞에 담대히 나아갈 것이니라(히 4:14-16).

그런데 야곱은 왜 이런 시련을 계속 겪어야만 했을까요? 그 대답은 야곱의 우유부단한 성격에서 찾아볼 수 있습니다. 사람은 잘못해서 고통을 겪기도 하지만, 미숙해서 고통을 겪기도 합니다. 크게 잘못한 것은 아니지만 지혜가 부족하고 함부로 말을 쏟아 내서 고난을 겪을 때가 참 많습니다. 야곱은 성격상 약점이 많은 남자였습니다. 거짓말을 잘하고 약간의 사기성까지 있었습니다.

큰 거짓말은 아니지만 습관처럼 거짓말하는 사람이 있습니다. 말할 때 과장을 잘한다든지, 틀린 것은 아닌데 옳은 것도 아닌 말을 하는 사람이 있습니다. 일을 할 때나 배우자에게 거짓말을 슬쩍 슬쩍 섞어서 말하기도 합니다. 야곱은 이런 성격을 가졌기 때문에 죽을 때까지 고생했습니다. 만약 아무런 죄책감 없이 습관처럼 거짓말하는 분들이 있다면, 그런 습관을 고치기를 바랍니다.

야곱의 우유부단한 성격은 하나님을 믿는 데도 똑같이 적용되었습니다. 그는 하나님을 부인하지는 않았지만 철저하게 믿지도 않았습니다. 그는 결정적인 순간에 인간적인 자기 경험으로 돌아가곤 했습니다. 하나님을 내내 찾다가 문제가 생기면 물질로 돌아갔습니다. 그래서 그는 항상 하나님의 은혜를 받다가 놓쳤습니다.

그리고 야곱은 결혼 생활에서도 우유부단했습니다. 레아면 레아, 라헬이면 라헬이어야 하는데 레아도 좋고 라헬도 좋다는 식이었습니다. 이런 남편하고 사는 아내는 굉장히 괴롭습니다. 우유부단하고 줏대가 없기 때문에 주변 사람들이 다 피곤하고 상처를 받습니다. 야곱의 주변에 있는 사람은 아이들까지 상처를 받았습니다.

> 야곱이 또한 라헬에게로 들어갔고 그가 레아보다 라헬을 더 사랑하여 다시 칠 년 동안 라반을 섬겼더라(창 29:30).

결혼을 했으니 사랑하려면 두 여자를 똑같이 사랑해야 하지 않겠습니까? 레아가 불쌍합니다. 레아의 인격은 어디 간 것입니까? 야곱이 라헬을 더 사랑했다는 것은 그의 남자답지 못한 성격을 보여 줍니다. 아주 이기적이고 자기 편리한 대로 행동하는 성격을 의미합니다.

그런데 이보다 더 놀라운 사실은, 이처럼 우유부단하고 부정직하고 무책임한 야곱을 하나님이 포기하시지 않았다는 사실입니다. 하나님이 이런 사람을 택하셔서 믿음의 조상으로 삼으셨다는 사실은 기절을 열 번 해도 또다시 놀랄 수밖에 없는 사건입니다. 우리가 아무리 우유부단하고, 무책임하고, 부정직한 사람이라 할지라도 하나님은 우리를 버리시지 않습니다. 하나님은 우리에 대하여 끝까지 인내하셔서 책임 있고, 정직하고, 확실한 삶을 살아가는 사람이 될 때까지 붙들어 주십니다.

11

실수투성이지만,
예수님 가슴에 빛나는 보석입니다

창세기 29:31-35

상처투성이 레아의 고백, '하나님밖에 없습니다'

야곱은 12명의 자녀를 낳았습니다. 그리고 놀랍게도 그들로부터 축복의 그릇인 12지파가 만들어졌습니다. 하나님은 12지파를 통해 하나님 나라를 준비하셨고, 예수님의 12제자를 통해 하나님 나라를 완성하셨습니다.

사람은 누구든지 자기 부모나 형제자매를 다른 사람에게 소개할 때 자랑스럽고 떳떳하기를 원합니다. 그러나 그렇지 못한 경우가 많습니다. 어떤 사람은 부모님이 여러 번 결혼했거나 배다른 형제가 있어서 겉으로는 표현하지 않지만 속으로는 굉장히 부담스럽고 부끄러움을 느낍니다. 하나님은 우리에게 믿음의 조상을 주셨는데, 야곱의 대에 들어오면서부터 가정사가 복잡해졌습니다. 야곱에게는 12명의 아들이 있었는데, 아이들의 어머니가 4명이나 되었습니다. 이렇게 복잡한 가정은 화약고와 같이 항상 긴장감이 맴돌고 불안합니다. 그런데 하나님은 이렇게 복잡한 가정의 12명의 자녀를 통해 이스라엘 12지파를 만들어 주셨습니다.

야곱은 외삼촌 라반에게 속아서 사랑하지 않는 여자와 결혼해 불행한 출발을 했습니다. 그러나 야곱은 거기서 굴복하지 않고 7년을 더 일하기로 하고 사랑하는 여자와 결혼했습니다. 그들의 결혼 생활에는 아마도 자매인 레아와 라헬, 두 여자의 갈등이 끊이지 않았을 것입니다. 또 야곱은 장인 라반이 자신을 속였기 때문에 장인을 생각할 때마다 마음이 편하지 않았을 것입니다. 이런 여러 가지 갈등 속에 있는 복잡한 가정의 문제들을 주변 사람들도 다 알고 있었을 것입니다.

그런데 하나님은 왜 이렇게 복잡하고 혼란한 가정을 축복의 가정으로 택해 주셨을까요? 여기에 하나님의 비밀이 담긴 섭리와 사랑이 있습니다. 하나님은 자격 없는 자를 부르셔서 자격 있게 하시고, 믿음 없는 자를 믿음의 조상으로 삼아 주시고, 희망 없는 사람을 불러서 희망의 사람으로 만들어 주십니다. 바로 그런 사람들을 구원과 축복의 자녀로 만들어 주신다는 은혜가 이 메시지에 담겨 있습니다. 혹시 우리 가정에 부끄럽고 어려운 사정이 있다 할지라도 야곱을 바라보면서 희망과 축복과 위로를 같이 누릴 수 있습니다.

여호와께서 레아가 사랑받지 못함을 보시고 그의 태를 여셨으나 라헬은 자녀가 없었더라(창 29:31).

레아는 결혼하긴 했지만 불행하게도 남편의 사랑을 받지 못했습니다. 과거에는 레아같이 불행하게 산 여자가 많았고, 지금도 종종 있습니다. 레아는 불행하고 한이 서려 있는 여인의 표상입니다. 그녀는 아버지 라반에 의한 사기 결혼에 동조해 불행한 결혼을 하고 말았습니다.

아마도 그녀는 '내가 적극적으로 노력하면 남편의 사랑을 받을 수 있을 것이다'라고 생각했을 것입니다. 한 남자를 얻기 위해 결혼 전에 동거를 받아들여서라도 그를 붙잡고 싶어 하는 사람들이 있습니다. 그러나 그들은 곧 자기 뜻대로 되지 않는다는 사실을 알게 될 것입니다. 레아가 바로 그러했습니다. 레아는 아무리 노력해도 야곱의 마음을 돌이킬 수가 없었고, 시간이 갈수록 절망과 좌절감만 싹트고 상처와 한이 쌓여 갔습니다.

그러나 우리는 여기서 놀라운 사실을 발견하게 됩니다. 인간의 절망은 하나님의 희망의 시작이라는 사실입니다. 남편에게 상처 받고, 절망하고, 좌절했기 때문에 레아는 하나님께 하소연함으로써 조금씩 조금씩 하나님을 찾아갔습니다. 이러한 레아의 모습은 시편 27편 10절을 떠올리게 합니다.

내 부모는 나를 버렸으나 여호와는 나를 영접하시리이다(시 27:10).

아마도 레아는 이렇게 생각했을 것 같습니다. '자기가 낳은 자식도 버리는 부모가 있지만 하나님은 나를 버리시지 않는다. 남편은 나를 버렸지만 하나님은 나를 버리시지 않는다.' 레아는 어려운 상황 속에서도 어떻게 해서든지 남편의 마음을 돌이켜 보고 싶었습니다. 그래서 눈물을 흘리며 하나님께 나아가 기도하며 이런 고백을 했을 것입니다.

레아가 임신하여 아들을 낳고 그 이름을 르우벤이라 하여 이르되 여호와께서 나의 괴로움을 돌보셨으니 이제는 내 남편이 나를 사랑하리로다 하였더라(창 29:32).

하나님은 놀랍게도 레아의 기도에 응답하셨습니다. 레아의 태를 열어 주신 것입니다. 그리고 라헬의 태는 열어 주시지 않았습니다. 왜냐하면 라헬은 남편을 의지했고, 레아는 하나님을 의지했기 때문입니다. 우리 하나님은 눈물을 뿌리며 간절히 기도하는 사람의 기도를 응답해 주시는 분입니다. 눈물을 흘리며 기도하십시오. 금식하며 하나님께 고통의 소리를 질러 보십시오. 하나님은 우리의 기도를 들어주십니다.

레아가 잉태해 아들을 낳았는데, 이름을 '르우벤'이라 지었습니다. 르우벤은 야곱의 12명의 아들 중 큰아들입니다. 르우벤의 이름 뜻은 '하나님이 나의 괴로움을 권고하셨다. 하나님이 나의 고통의 소리를 들으셨다'입니다. 아들을 얻고 난 레아에게는 남편이 자기를 사랑하리라는 자신감이 생겼습니다. 그러나 남편은 자신에게 돌아오지 않았습니다. 다시 한번 레아는 실망과 좌절을 겪었습니다.

그가 다시 임신하여 아들을 낳고 이르되 여호와께서 내가 사랑받지 못함을 들으셨으므로 내게 이 아들도 주셨도다 하고 그의 이름을 시므온이라 하였으며(창 29:33).

이제 둘째 아들을 낳았는데 그 이름이 '시므온'입니다. 시므온의 이름 뜻은 '하나님이 들으셨다'입니다. 남편이 레아를 멀리하고 있으며 사랑하지 않는다는 사실을 하나님이 아셨다는 뜻입니다. 레아는 시므온을 낳았을 때 이제는 남편이 자신에게 돌아올 것이라고 생각했지만, 여전히 야곱의 마음은 돌아오지 않았습니다.

그가 또 임신하여 아들을 낳고 이르되 내가 그에게 세 아들을 낳았으니 내 남편이 지금부터 나와 연합하리로다 하고 그의 이름을 레위라 하였으며(창 29:34).

셋째 아들, 제사장 족속의 조상인 레위가 태어났습니다. 레위의 이름 뜻은 이 아들만 태어나면 '남편과 나는 연합할 것이다'입니다. 생각해 보십시오. 아이 셋을 낳을 때까지도 이 여자의 한이 얼마나 깊었는지를 말입니다. 남편의 사랑을 얻는 것이 그녀의 인생의 목표였습니다. 무척이나 안쓰럽고 가슴 아픈 일입니다. 남편의 사랑을 얼마나 받지 못했으면 이렇게까지 했겠습니까? 그러나 또다시 그녀의 꿈은 산산조각 나고 말았습니다.

그가 또 임신하여 아들을 낳고 이르되 내가 이제는 여호와를 찬송하리로다 하고 이로 말미암아 그가 그의 이름을 유다라 하였고 그의 출산이 멈추었더라(창 29:35).

넷째 아이가 태어났습니다. 그 아이의 이름은 '유다'입니다. 그런데 넷째 아이가 태어날 때부터 레아의 마음에 변화가 일어났습니다. 남자 아이 셋을 연년생으로 낳았어도 3년이고, 조금 터울을 두고 낳았으면 5년 내지 6년이 걸렸을 것입니다. 넷째 아이가 태어나기까지 그렇게 기다렸지만 남편에게서는 아무 반응이 없었습니다. 레아의 마음은 지칠 대로 지치고, 상처받을 대로 상처받고, 희망은 꺾일 대로 꺾였습니다. 그제야 레아는 '남자를 의지한다는 것이 별볼 일 없구나'라고 깨닫기 시작했습니다. 레아는 남편을 의지하고 사는 결과는 배신밖에 없고 허무뿐이라는 사실을 알게 되었습니다.

넷째 아이를 낳을 무렵, 결국 레아는 남편에 대한 실망과 절망과 포기의 단계까지 들어갔습니다. 그리고 그 마음이 하나님께로 향하기 시작했습니다. '내가 의지할 대상은 하나님밖에 없구나'라고 생각했습니다. 그래서 아이의 이름을 짓는 방식도 달라졌습니다. 즉 셋째 아이까지는 '남편과 연합하리라'라는 표현을 담은 이름을 지었지만, 넷째 아이 유다를 낳은 후에는 '여호와를 찬송하리라'라는 의미가 담긴 이름을 지어 주었습니다. 남편의 사랑에 얽매여 있는 자신이 얼마나 불쌍하고 허무한 존재인지를 깨닫고 하나님을 찬양하는 마음으로 바뀐 것입니다.

우리는 여기서 '남편'을 '세상'으로 생각할 수 있습니다. 남편, 물질, 성공, 인간적인 사랑을 얻으면 행복할 줄 알지만 얻는 것은 아무것도 없고 기대는 산산조각 납니다.

우리는 한 여자에게서 영적 성숙의 단계를 발견하게 됩니다. 부질없고, 세상적이고, 인간적인 것을 포기하고 영원한 것을 붙잡는 한 여인의 모습입니다. 그녀가 변했을 때 태어난 아이가 놀랍게도 12지파 중에서 가장 복 받은 지파의 조상인 유다입니다. 왜냐하면 유다 지파에서 메시아가 태어나시기 때문입니다.

우리는 레아라는 여인을 통해 몇 가지 교훈을 얻을 수 있습니다.

첫째, 세상에서, 특별히 가까운 사람에게 버림받았을 때는 하나님께로 돌아오라는 것입니다. 레아는 남편에게 버림받았을 때 하나님을 만났습니다.

둘째, 하나님께 나아갈 때 비록 자신의 과거에 실수나 상처가 있을지라도 눈물과 통곡과 간절한 마음으로 나아가면 하나님이 외면하시지 않는다는 것입니다. 레아의 기도는 남편을 통해서는 이루어지지 않았습니다. 하지만 하나님이 그녀의 태를 열어 주심으로써 응답되었습니다.

예수님이 겟세마네 동산에서 하셨던 기도가 생각납니다. 예수님은 십자가에 못 박혀 돌아가셔야 했기 때문에 땀이 피가 되도록 기도하셨습니다. 그런데 놀라운 사실은, 같이 기도하러 갔던 베드로와 제자들은 열심히 졸았다는 사실입니다. 저는 예전에는 그들이 너무하다고 생각했는데, 생각을 바꾸기로 했습니다. "졸아도 좋으니 기도하라"라고 말입니다. 그렇게 했던 한 사람이 생각납니다. 얼마 전에 하나님 나라로 가신 고(故) 곽규석 목사입니다. 부도가 나고 삶이 완전히 폐허가 되었을 때 그는 예수님을 만났고, 저를 만나서 성경 공부를 하게 되었습니다. 그는 빚을 갚을 때까지 많은 고생을 했습니다. 심지어는 방송국 프로그램에 출연하고 출연료를 받으면 빚쟁이가 옆에서 기다리고 있다가 모두 가져가 버리기도 했습니다. 아무것도 남은 것이 없었던 그는 하나님만을 붙잡았고 철야기도회에 빠지지 않았습니다. 분장을 지우지 못하고 의상도 갈아입지 못한 채 밤 11시나 12시에 교회에 와서는 설교를 듣다가 한 번도 예외 없이 잠이 들어 버렸습니다. 그 모습이 너무나 안쓰러웠습니다.

그러나 그 모습을 보면서 하나님은 무척 기뻐하셨을 것입니다. 그는 그렇게 몇 년을 기도했고, 그 기도는 모두 응답되었습니다. 그는 선교사와 목사로서 생애를 마쳤고, 그의 딸은 목사 아내, 아들은 전도사가 되었습니다. 저는 그를 통해서 배운 것이 하나 있습니다. "졸더라도 기도하라. 통곡하며 드리는 그 기도를 하나님은 들어주신다"입니다.

셋째, 사람의 위로와 인정과 보상과 칭찬을 받으려고 하지 말라는 것입니다. 참된 칭찬과 위로는 하나님에게서 옵니다. 우리가 하나님의 관심을 받는다면 그것이 복입니다.

여호와는 마음이 상한 자를 가까이하시고 충심으로 통회하는 자를 구원하시는도다(시 34:18).

자기의 죄를 숨기는 자는 형통하지 못하나 죄를 자복하고 버리는 자는 불쌍히 여김을 받으리라(잠 28:13).

레아처럼 버림받고 무시당했을지라도 하나님께 꾸준히 나아가는 자는 하나님의 구원을 경험합니다. 예수님의 족보를 이루는 유다 지파를 낳는 것과 같은 은총을 받는 것입니다. "여호와와 그의 능력을 구할지어다 항상 그의 얼굴을 찾을지어다"라는 역대상 16장 11절 말씀을 기억하십시오. 예수님도 마태복음 7장 7절에서 "구하라 그리하면 너희에게 주실 것이요 찾으라 그리하면 찾아낼 것이요 문을 두드리라 그리하면 너희에게 열릴 것이니"라고 말씀하셨습니다. 눈물로 기도하며 하나님께 나아가는 자를 하나님은 결코 박대하시지 않습니다.

진짜 좋은 가문은 '하나님의 가문'이다

저는 야곱의 열두 지파 중 본문 말씀에 등장하는 르우벤, 시므온, 레위, 유다 지파 가운데서 특별히 르우벤 지파에 대해 이야기하고 싶습니다. 르우벤은 레아의 첫아들이고 야곱의 장자입니다. 장자에게는 복된 장자권이 있지만 르우벤은 결정적인 실수를 해서 장자권을 잃어버리고 말았습니다. 창세기 35장 22절은 르우벤의 이런 실수를 설명합니다.

> 이스라엘이 그 땅에 거주할 때에 르우벤이 가서 그 아버지의 첩 빌하와 동침하매 이스라엘이 이를 들었더라 야곱의 아들은 열둘이라 (창 35:22).

빌하는 라헬의 몸종이자 야곱의 아내 중 하나입니다. 르우벤이 아버지의 침상을 더럽힌 사건은 부끄러운 일이었습니다. 있어서는 안 될 일이 이 집안에 일어난 것입니다. 사람은 누구에게나 이렇게 부끄러운 일이 있을 수 있습니다. 창세기 49장 3 – 4절은 이 사건을 이렇게 다시 기록하고 있습니다.

> 르우벤아 너는 내 장자요 내 능력이요 내 기력의 시작이라 위풍이 월등하고 권능이 탁월하다마는 물의 끓음 같았은즉 너는 탁월하지 못하리니 네가 아버지의 침상에 올라 더럽혔음이로다 그가 내 침상에 올랐었도다 (창 49:3-4).

아버지의 마음이 굉장히 상처받고 괴로웠다는 것을 보여 줍니다. 역대상 5장 1절을 보면 르우벤에 대해 다음과 같이 말합니다.

이스라엘의 장자 르우벤의 아들들은 이러하니라 (르우벤은 장자라도 그의 아버지의 침상을 더럽혔으므로 장자의 명분이 이스라엘의 아들 요셉의 자손에게로 돌아가서 족보에 장자의 명분대로 기록되지 못하였느니라)(대상 5:1).

르우벤은 장자권을 빼앗긴 것입니다. 야곱에게는 장자권에 대한 아픈 기억이 있었습니다. 장자의 명분을 소홀히 했다가 빼앗긴 에서에 대한 기억 때문에 자기의 큰아들에게도 이런 수치와 불행이 있다는 사실이 그의 상처를 다시 건드려서 마음을 굉장히 아프게 했을 것입니다.

여기서 우리가 배울 수 있는 또 다른 교훈이 있습니다. 인간의 족보란 별것 아니라는 사실입니다. 족보가 이야기하는 것이 멋있어 보이기는 하지만 사실 따지고 보면 수치스럽고 부끄러운 사실이 드러납니다. 예수님의 족보도 마찬가지입니다. 예수님의 족보에는 5명의 여인들이 나옵니다. 그중 한 여자 마리아는 순결한 여자이지만 나머지 여자들은 부끄러운 전력을 가진 사람들입니다. 다말은 시아버지와 관계를 맺었고, 라합은 기생이었고, 룻은 이방인이었으며, 우리아의 아내 밧세바는 다윗과 간통해서 아들을 낳았습니다. 이것이 예수님의 족보입니다. 무엇을 의미합니까? 족보와 혈통이 사람을 구원하지 않는다는 것입니다.

신화와 끝없는 족보에 몰두하지 말게 하려 함이라 이런 것은 믿음

안에 있는 하나님의 경륜을 이룸보다 도리어 변론을 내는 것이라
(딤전 1:4).

인간은 족보를 의지할 뿐만 아니라 학벌이나 지연에도 의지해서 지역 간, 계층 간의 갈등을 만들고, 학벌을 만들고, 족벌을 만듭니다. 그런 것들에 간신히 의지해서 자기의 위신과 체면을 세우고 자기 위상을 확인해 보려는 연약하고 어리석은 존재가 인간입니다. 족보에 의지하지 말고 하나님을 의지하십시오. 진짜 좋은 가문은 '하나님의 가문'입니다.

하나님은 12지파를 가슴에 품은 보석처럼 생각하신다

우리는 12지파에 대한 이야기를 출애굽기 28장에 나오는 제사장의 옷을 통해 새롭게 발견하게 됩니다. 제사장은 하나님께 나아가야 했기 때문에, 그들에게는 구별된 특별한 옷이 입혀졌습니다. 겉옷과 속옷이 따로 있었고 에봇이라는 겉옷도 있었습니다. 에봇은 금색 실과 청색, 자색, 흰색의 꼰 실과 가는 베실로 만들어진 아주 정교한 옷입니다. 앞판과 뒤판으로 구분된 조끼 같은 옷이었기 때문에 앞과 뒤를 연결하는 옥으로 만든 견대가 있었습니다.

그런데 놀라운 사실은 보석으로 만든 견대에 이스라엘 12지파의 이름이 새겨져 있었다는 것입니다. 제사장의 두 어깨 위에 12지파

가 있는 것입니다. 더 놀라운 사실은 에봇 앞에도 가로, 세로 한 뼘씩 되는 흉패에 12지파를 상징하는 12개의 금으로 주변을 싼 찬란한 보석을 박게 되어 있었습니다. 제사장의 앞가슴에도 12지파가 있는 것입니다. 제사장이 제사를 드리려고 속죄소에서 하나님 앞에 나아갈 때 제일 앞에 보이고 나아가는 것이 가슴입니다. 르우벤과 같은 자녀가 있는 수치스러운 가족이었지만 하나님은 이 12지파에게 복을 주시고 구원해 주셔서 복된 12지파로 삼으셨다는 사실이 우리를 놀라게 합니다.

12개의 보석은 각각 이러했습니다.

유다 지파 – 홍보석(사르디스) / 잇사갈 지파 – 황옥(토파즈) / 스불론 지파 – 녹주옥(카본클) / 르우벤 지파 – 석류석(에메랄드) / 시므온 지파 – 남보석(사파이어) / 갓 지파 – 홍마노(다이아몬드) / 에브라임 지파 – 호박(리큐) / 므낫세 지파 – 백마노(아가테) / 베냐민 지파 – 자수정(아메티트) / 단 지파 – 녹보석(베델) / 아셀 지파 – 호마노(오닉스) / 납달리 지파 – 벽옥(야스퍼)

인간이 발견한 가장 찬란한 보석들을 대제사장의 에봇 위에 붙였다는 사실은 하나님이 12지파를 보석처럼 여기셨음을 의미합니다. 12지파를 제사장의 가슴에 품게 하시고 두 어깨 위에 두어 영광스럽고 자랑스럽게 만드셨다는 것입니다.

우리의 영원한 대제사장은 예수 그리스도이십니다. 그분의 가슴에 찬란한 보석처럼 빛나는 우리의 이름이 있고, 두 어깨에 가장 아름답고 귀한 우리 이름이 새겨져 있습니다. 할렐루야! 저는 이 사실을 생각하면 감사하지 않을 수가 없습니다. '하나님은 우리를 이렇게 사랑하시는구나. 쓰레기와 같고 상처투성이인 나, 과거를 말하고 가정에 대해서 말하기 부끄러운 배경을 가진 나를 부르셔서 보석처럼 생각하시는구나.' 우리 이름을 가슴과 두 어깨에 붙이시고 매우 사랑스럽게 여기시는 예수님이 떠오릅니다.

예수님은 우리를 가슴에 품은 보석처럼 생각하십니다. 12개의 보석은 하나도 같은 것이 없습니다. 우리는 예수님의 가슴에 있는 보석입니다. 우리가 보석이라면 더 이상 손가락에 보석을 낄 필요가 없습니다. 우리 자신이 보석인데 무엇 때문에 그처럼 시시한 보석을 손가락에 낍니까? 보석이 있으면 다 팔아서 가난한 사람에게 나눠 주기를 바랍니다.

이제는 몸에 치장한 보석이 우리의 가치를 높여 주지 않고 직위를 나타내지도 않습니다. 우리 자신이 하나님의 보석이기 때문입니다. 하나님은 우리를 보석같이 사랑하시고 귀하게 여기십니다. 그래서 하나님의 아들, 독생자 예수 그리스도를 십자가에 못 박혀 죽게 하셨습니다.

12

그럼에도 하나님은
은혜를 베푸십니다

창세기 30:1-8

'그럼에도 불구하고' 주시는 사랑

야곱의 12아들은 이스라엘의 12지파를 이루고, 12지파는 예수님의 12제자와 요한계시록의 24장로와 연결됩니다. 우리의 관심은 '하나님이 어떻게 12아들을 축복과 약속의 12지파로 만드셨는가?' 하는 것입니다.

구약 시대의 대제사장은 이스라엘의 모든 죄를 대신해 피를 들고 지성소로 나아갔습니다. 하나님께 나아가는 대제사장의 두 어깨와 가슴 한복판에는 이스라엘 12지파의 이름이 새겨진 보석이 있었습니다. 12개의 보석은 이름도, 가치도 달랐습니다. 가슴에 새겨진 12개의 보석은 4줄로 질서 정연하게 박혀 있어서 '이스라엘 지파를 하나님께 제물로 바친다'는 의미가 담겨 있었습니다. 그런데 이보다 더 놀라운 일은 우리의 영원한 대제사장이신 예수 그리스도의 두 어깨와 가슴에 우리의 이름이 새겨져 있다는 것입니다. 하나님은 우리를 보석처럼 생각하셔서 가슴에 안고 다니십니다. 그리고 이렇게 말씀하십니다. "너는 보석보다 더 귀한 존재다. 나는 너를 매우 사랑하기 때문에 너를 내 가슴에 안고 다닌다."

그러나 사실 이스라엘 12지파는 대제사장이 가슴에 새기고 다닐 만큼 훌륭하고 위대한 사람들로 시작되지 않았습니다. 12지파의 시조는 창피하고, 부끄럽고, 허물 많은 과거를 가진 사람들인 야곱의 12아들이었습니다. 그들은 정말 허물이 많은 사람들이었습니다. 그러나 그럼에도 불구하고 하나님은 그들의 과거와 허물을 보시지 않고 보석처럼 소중하게 여겨 주셨습니다.

우리도 마찬가지입니다. 우리는 하나님께 사랑받을 만한 가치가 없습니다. 우리는 본질상 진노의 자녀이며 과거를 돌아보면 사랑받을 만한 구석이라곤 하나도 없습니다. 하지만 하나님은 그런 우리를 태초부터 하나님의 사랑을 받기 위해 태어난 사람으로 여겨 주시고 복을 주셨습니다.

여기서 우리는 야곱의 12아들이 어떤 사람들이었는지를 생각해 볼 필요가 있습니다.

첫째, 야곱의 12자녀를 낳은 어머니들이 별로 적절하지 못한 신분을 가진 여인들이라는 사실이 우리를 놀라게 합니다. 첫째 부인 레아는 남편의 사랑을 받지 못했고, 둘째 부인 라헬은 남편의 사랑을 받았지만 임신하지 못했고, 셋째 부인 실바는 레아의 몸종이었고, 넷째 부인 빌하는 라헬의 몸종이었습니다. 4명 모두 적절하지 못한 면을 가지고 있어서 '복의 조상'이라고 일컫기에는 다소 부끄럽습니다.

이 사실을 통해 깨닫게 되는 것은 우리가 생각하는 만큼 조상은 중요하지 않다는 것입니다. 학벌, 가문 자랑은 인간의 추악한 죄악을 덮는 위선에 불과합니다. 그것이 우리를 구원하지 못합니다. 예수님의 조상으로 계보에 오른 5명의 여인 중 4명은 각각 기생, 이 방인, 시아버지와 관계를 가진 여자, 부정한 여자였다는 사실이 이를 입증해 줍니다.

불행한 환경이나 불행한 부모에게서 태어났다고 해서 모든 것이 불행한 것은 아닙니다. 불행한 가정에서 출생했다는 사실이 우리의 미래를 결정하지 못하고 복을 가로막는 것도 아닙니다. 하나님이 우리에게 복을 주기로 결정하셨다는 약속이 중요합니다. 하나님은 반드시 그 약속을 지키십니다. 성폭행을 통해 태어나 아버지가 누구인지 모르는 사람일지라도, 하나님은 그 사람에게 복을 주시고 그를 눈동자처럼 사랑하신다는 사실을 믿기 바랍니다. 그를 통해서 위대한 역사를 이루시는 분이 하나님이시라는 사실을 야곱의 12아들의 어머니들을 통해 발견할 수 있습니다.

둘째, 야곱의 12명의 아들 대부분이 똑똑하거나 훌륭하지 않았다는 사실입니다. 우리는 앞 장에서 르우벤이라는 첫째 아들에 대해 이미 살펴보았습니다. 여기서 몇 가지만 다시 보겠습니다. 르우벤은 야곱의 첫째 아들이지만 서모인 빌하와 간통을 했습니다. 그 사건으로 인해 장자권을 잃었습니다. 그러나 비록 장자권을 잃어버리기는 했지만, 르우벤 지파의 이름은 대제사장의 가슴에 하나의 보석으로 찬란하게 빛나고 있습니다. 이로 볼 때 실수가 곧 실패는 아니라는 사실을 알 수 있습니다. 과거에 아버지의 침상을 더럽혔던 르우벤이지만 하나님은 그를 버리시지 않았고 제사장의 가슴에 박힌 보석으로 귀하게 여겨 주셔서 복의 조상의 지류를 만드셨습니다.

하나님의 복은 참으로 이해하기 어려운 신비다

야곱의 다른 아들들을 살펴보겠습니다. 야곱의 둘째 아들은 시므온이고, 셋째는 레위입니다. 이들의 이름에는 한이 서려 있습니다. 남편의 사랑을 받지 못한 레아가 기도해서 하나님께 얻은 아들들이기 때문입니다. 창세기 49장을 보면 야곱이 죽기 전에 아들들에 대한 예언을 했는데, 이 예언이 그들의 특성을 잘 나타내 주고 있습니다. 창세기 49장 5 – 7절은 시므온과 레위를 함께 묶어서 말합니다.

> 시므온과 레위는 형제요 그들의 칼은 폭력의 도구로다 내 혼아 그들의 모의에 상관하지 말지어다 내 영광아 그들의 집회에 참여하지 말지어다 그들이 그들의 분노대로 사람을 죽이고 그들의 혈기대로 소의 발목 힘줄을 끊었음이로다 그 노여움이 혹독하니 저주를 받을 것이요 분기가 맹렬하니 저주를 받을 것이라 내가 그들을 야곱 중에서 나누며 이스라엘 중에서 흩으리로다(창 49:5-7).

시므온과 레위를 향한 이 예언은 심상치가 않고 살벌한 느낌을 줍니다. 두 사람에게는 '폭력의 도구'라는 별명이 붙었으며, 어렵고 고통스러운 예언이 나왔습니다. 이런 예언이 나오게 된 배경을 창세기 34장에서 찾을 수 있습니다.

야곱은 12명의 아들을 낳고 딸 하나를 낳았습니다. 딸 디나는 아름다운 여인이었습니다. 어느 날 그녀가 밖에 나갔다가 하몰이라는 이방인 남자한테 강간당하는 수치를 겪었습니다. 그리고 하몰은 디나를 자기한테 달라고 요구했습니다. 아버지 야곱은 이 상황에 적절하게 대처하지 못했습니다. 이때 디나의 두 오빠인 시므온과 레위가 분노를 참지 못하고 자기 누이한테 수치를 준 하몰을 향한 음모를 꾸몄습니다. 그들은 하몰에게 디나와 결혼시켜 주는 조건으로 할례를 받으라고 요구했습니다. 하몰은 디나와 결혼하기 위해서 자기뿐만 아니라 가족들과 부족원들 모두 할례를 받게 했습니다. 그리고 그들의 할례 받은 상처가 아물기 전에 시므온과 레위가 하몰을 포함해 그의 모든 부족을 죽였습니다.

그런데 하나님은 이렇게 잔인한 시므온과 레위도 버리시지 않았습니다. 그들이 '폭력의 도구'라는 별명이 붙을 정도의 과거를 가졌다 할지라도 하나님은 그들을 용서하시고, 버리시지 않고, 하나님의 가슴에 품은 보석처럼 소중히 여기셨습니다. 시므온은 12지파에 들어갔고 레위는 12지파에 들어가지 않았습니다. 그러나 이는 하나님이 레위를 버리신 것이 아닙니다. 레위 지파에게는 더 놀라운 직책을 주셨습니다. 하나님께 제사를 드리는 특별한 직무를

수행하는 지파로 삼으신 것입니다.

넷째 아들의 이름은 유다입니다. 창세기 49장 8 - 12절을 보면 유다에 대한 예언이 나옵니다.

유다야 너는 네 형제의 찬송이 될지라 네 손이 네 원수의 목을 잡을 것이요 네 아버지의 아들들이 네 앞에 절하리로다 유다는 사자 새 끼로다 내 아들아 너는 움킨 것을 찢고 올라갔도다 그가 엎드리고 웅크림이 수사자 같고 암사자 같으니 누가 그를 범할 수 있으랴 규 가 유다를 떠나지 아니하며 통치자의 지팡이가 그 발 사이에서 떠 나지 아니하기를 실로가 오시기까지 이르리니 그에게 모든 백성이 복종하리로다 그의 나귀를 포도나무에 매며 그의 암나귀 새끼를 아 름다운 포도나무에 맬 것이며 또 그 옷을 포도주에 빨며 그의 복장 을 포도즙에 빨리로다 그의 눈은 포도주로 인하여 붉겠고 그의 이 는 우유로 말미암아 희리로다(창 49:8-12).

아름답고 감동적인 예언입니다. 유다는 형제의 찬송이 되고, 그 에게 모든 사람이 순종하게 되고, 강하게 될 것이며, 통치자가 되 며, 포도주로 인해 얼굴이 붉어지고, 이는 우유로 말미암아 희어질 것이라고 했습니다. 첫째 아들부터 셋째 아들까지는 어디다 내놓 기에 부끄러운 아들들이었지만, 넷째 아들은 귀한 아들이었습니 다. 유다 지파가 귀한 이유는 먼 훗날 메시아가 유다 지파에서 태

어나시기 때문입니다. 그래서 르우벤 지파를 상징하는 보석이 박
힐 자리에 유다 지파가 자리하게 되었습니다.

유다가 태어난 후 두 아들이 더 태어났습니다.

라헬이 자기가 야곱에게서 아들을 낳지 못함을 보고 그의 언니를
시기하여 야곱에게 이르되 내게 자식을 낳게 하라 그렇지 아니하면
내가 죽겠노라(창 30:1).

레아는 단산을 했습니다. 하나님이 두 아들을 야곱에게 또 주셨
는데, 그들은 라헬의 몸종을 통해서 태어났습니다. 라헬의 몸종에
게서 두 지파가 태어나는 과정은 다음과 같습니다.

레아가 아들을 계속해서 넷씩이나 낳자 라헬에게는 마음의 고
통과 아픔이 있었습니다. 야곱의 사랑을 독차지하긴 했어도 자신
은 임신하지 못했기 때문입니다. 그래서 언니 레아를 질투했습니
다. 그녀는 견디기가 매우 힘들어서 야곱에게 자기로 아이를 낳게
하지 않으면 죽겠다고 말했습니다. 난감해질 대로 난감해진 사람
은 야곱이었습니다. 그는 라헬의 요구가 자기 능력 밖의 일이었기
에 어쩔 줄 몰라 했습니다.

야곱이 라헬에게 성을 내어 이르되 그대를 임신하지 못하게 하시는
이는 하나님이시니 내가 하나님을 대신하겠느냐(창 30:2).

야곱에게 문제가 있는 것이 아니라 라헬에게 문제가 있었습니다. 라헬이 아이를 낳지 못하게 하신 분은 하나님이셨습니다. 그래서 야곱은 화를 냈습니다.

라헬이 이르되 내 여종 빌하에게로 들어가라 그가 아들을 낳아 내 무릎에 두리니 그러면 나도 그로 말미암아 자식을 얻겠노라 하고 그의 시녀 빌하를 남편에게 아내로 주매 야곱이 그에게로 들어갔더니 빌하가 임신하여 야곱에게 아들을 낳은지라(창 30:3-5).

아내에게 화내지 마십시오. 믿음을 잃어버리기 쉽습니다. 그러고는 엉뚱한 일을 벌이게 됩니다. 라헬이 그러했습니다. 그녀는 믿음을 잃어버렸습니다. 라헬은 남편에게 혼이 나자 자존심이 상하고 화가 났습니다. 그래서 하나님의 섭리와 뜻을 따르지 못했습니다. 하나님의 섭리와 뜻은 기다림입니다. 기다려야 하나님의 뜻과 섭리가 이루어지는데, 라헬은 기다리지 못하고 불신앙적인 결정을 내렸습니다. '내가 아이를 낳지 못하면 내 몸종을 통해서라도 아이를 낳자'라고 결정했습니다. 하나님 앞에 오기와 자존심으로 나가지 않기를 바랍니다.

라헬은 자기의 몸종 빌하를 남편에게 첩으로 주어서라도 레아를 이기고 싶었습니다. 라헬은 자기 몸종을 통해 아기를 낳으면 그 아이가 자기 것이라고 생각했습니다. 질투심 때문에, 자기의 자존심을 살리기 위해 한 여자를 이용한 것입니다. 라헬은 그런 일을 서슴지 않고 저질렀습니다.

하지만 더 나쁜 사람은 야곱입니다. 야곱은 라헬의 잘못된 제안에 대해 아무런 갈등 없이, 비판하지 않고 받아들였습니다. 야곱은 화를 내고 질투하는 부인을 이해하고 설득해야 했습니다. 야곱은 라헬에게 "하나님이 아이를 주시지 않을 때는 그만한 이유가 있는 것이니, 우리 기도하면서 기다려서 하나님의 의를 이룹시다"라고 했어야 옳습니다. 그러나 대부분의 남자들이 그렇듯, 야곱은 라헬의 생각을 덜컥 받아들였습니다.

잘못된 생각을 받아들이는 것은 아주 쉬운 일이지만, 결과는 비참합니다. 그 결과 우리의 가정이 복잡해지고 갈등이 많아집니다. 하나님이 그렇게 만드신 것이 아니라 인간의 불신앙과 인간적인 생각이 그런 결과를 만들어 냅니다. 야곱은 라헬의 제안을 거절했어야 했고, 라헬은 아무리 속상해도 인간적인 혈기로 그런 제안을 해서는 안 되었습니다. 그 결과로 두 아들이 세상에 태어났습니다.

라헬이 이르되 하나님이 내 억울함을 푸시려고 내 호소를 들으사 내게 아들을 주셨다 하고 이로 말미암아 그의 이름을 단이라 하였으며(창 30:6).

단이라는 아이가 태어난 동기는 질투입니다. 부모의 축복 속에 태어난 것이 아니라 아이를 넷이나 낳은 언니에 대한 질투와 억울함을 참지 못해서 태어난 아이가 단입니다. 창세기 49장 16 - 18절은 단에 대해 이렇게 예언합니다.

> 단은 이스라엘의 한 지파같이 그의 백성을 심판하리로다 단은 길섶의 뱀이요 샛길의 독사로다 말굽을 물어서 그 탄 자를 뒤로 떨어지게 하리로다 여호와여 나는 주의 구원을 기다리나이다(창 49:16-18).

단은 뱀이요, 독사 같아서 다른 지파를 공격하는 싸움꾼 같은 지파로 변했습니다. 싸움꾼은 편할 날이 없습니다. 단 지파에서 태어난 유명한 사람이 삼손입니다. 그리고 단 지파는 훗날 우상 숭배를 했습니다. 또 요한계시록의 14만 4천 중 단 지파는 빠져 있습니다. 단 지파는 이런 운명을 가지고 있었지만, 놀라운 사실은 단 지파도 보석 중의 하나로 대제사장의 가슴에서 빛나고 있다는 것입니다. 예수님은 지나온 과거나 행위로 보면 복 받을 수 없음에도 불구하고 우리를 버리시지 않고 보석처럼 가슴에 품고 다니십니다. 이 놀라운 사실을 기억하십시오.

단이 태어났지만 라헬의 분노와 질투심은 가라앉지 않았습니다. 라헬은 또 아이를 낳도록 몸종과 야곱을 부추겼습니다.

> 라헬의 시녀 빌하가 다시 임신하여 둘째 아들을 야곱에게 낳으매

라헬이 이르되 내가 언니와 크게 경쟁하여 이겼다 하고 그의 이름
을 납달리라 하였더라(창 30:7-8).

라헬이 여전히 분노를 삭이지 못해서 몸종이 낳은 아이가 납달
리입니다. 라헬은 "아이가 태어나서 하나님께 영광이다"라고 말
하지 않고 "내가 언니를 이겼다"라고 말했습니다. 라헬은 한이 맺
혀 있었기 때문입니다. 그렇게 태어난 납달리였지만, 그는 단과 달
리 복을 받았습니다. 하나님의 복은 참으로 이해하기 어려운 신비
입니다. 어떻게 이런 사람들에게 복을 주시는지 모르겠습니다. 창
세기 49장 21절에 납달리를 위한 축복의 표현이 나옵니다.

납달리는 놓인 암사슴이라 아름다운 소리를 발하는도다(창 49:21).

매우 시적인 표현입니다. 우리 안에 갇힌 암사슴은 슬픈 짐승이
지만, 우리에서 풀려난 암사슴은 산을 뛰며 노는 자유로운 짐승입
니다. 납달리는 들에서 뛰노는 자유로운 암사슴 같다고 말합니다.
모세는 신명기 33장 23절에서 납달리에 대해 다시 한번 다음과 같
이 예언했습니다.

납달리에 대하여는 일렀으되 은혜가 풍성하고 여호와의 복이 가득
한 납달리여 너는 서쪽과 남쪽을 차지할지로다(신 33:23).

납달리는 은혜를 받은 사람이요, 지파입니다. 축복의 말씀은 이루어집니다. 예수님이 자라나신 나사렛은 납달리가 거하던 땅이었습니다. 나사렛 서편에는 지중해가 있고, 남쪽에는 갈릴리 바다가 있습니다. 예수님이 갈릴리 바닷가에서 베푸셨던 수많은 기적과 설교는 암사슴이 뛰노는 것 같았고 아름다운 소리를 발하는 것 같았습니다. 그것은 은혜였고 여호와의 복이 쏟아지는 것과 같았습니다.

다시 시작하고, 다시 용기 낼 수 있는 이유

우리는 여기서 복이라는 개념에 혼동이 생깁니다. 사람들이 생각하는 복과 하나님이 생각하시는 복은 다릅니다. 사람들이 생각하는 복은 권선징악입니다. 착한 사람은 상 받고 나쁜 사람은 벌 받는 것입니다. 우리가 세상에서 가지고 있는 복의 개념은 '행한 대로 받는 것'입니다. 그러나 하나님의 개념은 다릅니다. 하나님이 우리가 행한 대로 갚으신다면 우리는 모두 죽어야 할 사람들입니다. 하나님이 주시는 복은 '그럼에도 불구하고 주시는 무조건적인 은혜'입니다. 자격이 있어서 주시는 은혜가 아니며, 복 받을 만한 행동을 해서 받는 복도 아닙니다. 물론 복 받을 만한 행동을 한 사람에게는 하나님이 복을 주실 것입니다. 그러나 그렇지 않을지라도 하나님은 우리를 버리시거나 포기하시지 않습니다.

하나님의 마음속에는 우리를 잘 봐 주시려는 마음이 있습니다. 자녀들이 나쁜 짓을 하고 망나니짓을 하는 것은 싫지만, 그렇다고 자식을 포기할 수 없는 것이 부모입니다. 그래서 부모에게는 자식을 좋게 생각하려는 마음이 있습니다. '어려서는 이렇지 않았다'라든가 '원래는 나쁜 아이가 아니다'라는 식으로 자꾸 좋게 생각하려고 하고, 잘못을 감춰 주려고 하고, 나쁜 동기로 행동했어도 좋은 동기로 생각하려는 것이 부모입니다. 그러나 사랑하지 않으면 '맞아도 싸다'라고 생각합니다. '저들이 나쁜 짓을 한 것에 대해서는 매 맞아야 된다'라는 것입니다. 그리고 내버려 둡니다. 이것이 저주입니다.

누군가 잘못했을 때는 용서해 주고 감춰 주어야 합니다. 그래야 잘못을 저지른 이가 살아납니다. "당신이 행한 대로 다 받아라." 요즘 세상에서 말하는 정의라는 것은 이렇습니다. 그러나 하나님은 그렇지 않으십니다.

인간을 가만히 놔두면 누구든지 다 죽습니다. 지상에는 떳떳한 인간이 하나도 없기 때문입니다. 예수님이 우리를 보호해 주시고, 변명해 주시고, 감싸 주시지 않으면 우리는 진노의 자식이고 쓰레기 같은 인간이기에 어느 누구도 하나님의 법 앞에서 살아남지 못합니다. 지성이나 학벌이나 가문 같은 것으로 우리 자신을 감싸고 있지만 사실 우리는 부끄러운 사람들입니다. 그러나 주님은 우리의 과거를 숨겨 주시고, 우리 죄를 눈과 같이 씻어 주시고, 우리의 허물을 못 본 척하셔서 희망을 주시고, 복의 자녀로 세워서 하나님의 나라를 이루어 가십니다.

예수님의 심장 한복판에 우리가 보석처럼 빛나고 있다는 사실을 기억하십시오. 그리고 다시 시작하십시오. 다시 용기를 가지십시오. 우리는 하나님이 쓰시는 도구입니다. 그리고 우리를 통해 하나님이 놀라운 영광을 받으실 것입니다.

13

야곱의 12지파 이야기는
나의 이야기입니다

창세기 30:9-21

인간이 실수하면 하나님은 수습해 주신다

예수님의 12제자가 복을 받은 사람들이듯이, 이스라엘의 12지파도 하나님의 복을 받았습니다. 예수님의 12제자 가운데도 베드로와 가룟 유다처럼 다양한 사람들이 있었던 것처럼, 야곱의 12명의 아들도 다양한 사람들이었습니다. 평범한 사람이었던 예수님의 12제자가 성령 세례를 받았을 때 로마와 세상을 변화시킨 사람들이 되었던 것처럼, 야곱의 12명의 아들은 별 볼 일 없는 사람들이었지만 하나님의 복과 기름 부으심을 받았을 때 복된 12지파로 변화되었습니다.

이스라엘의 12지파를 이룬 야곱의 12명의 아들은 어떤 사람들이었는지를 두 가지로 요약할 수 있습니다. 첫째, 12명의 아들이 한 어머니에게서 태어나지 않았다는 것입니다. 다시 말해, 그들은 복잡한 가정에서 태어나서 자란 사람들이었습니다. 둘째, 야곱의 12명의 아들은 모두 훌륭한 사람은 아니었습니다. 맏아들 르우벤은 아버지의 침상을 더럽혔고, 시므온과 레위는 '폭력의 도구'라는 말을 들을 만큼 성격상 문제가 있는 사람들이었습니다. 형제들 사이에 도덕적 편차가 있었습니다. 그러나 하나님은 그들 모두를 12지파의 조상으로 삼아 주셨습니다.

복잡한 가정에서 태어났고 허물이 많은 사람들이었지만, 하나님은 그들을 사랑하셔서 복을 주기로 약속하셨습니다. 그래서 그들을 버리시지 않고 하나님의 복된 지파와 자손이 될 때까지 돌봐주셨습니다. 특별히 12명의 아들의 이름은 대제사장의 두 어깨와 에봇 흉패의 보석 위에 기록되어 있습니다. 이것은 인류의 영원한 대제사장이신 예수 그리스도의 가슴 한복판에 구원받은 우리의 이름이 보석으로 박혀 있다는 사실을 의미합니다.

앞서 12지파 중 5개 지파에 대해서 이야기했습니다. 5개 지파 중 3개 지파는 레아가 낳은 4명의 아들 가운데 3명, 즉 르우벤, 시므온, 유다 지파입니다. 나머지 한 아들 레위는 12지파에 포함되지 않고 제사장 직분을 감당하는 지파로 남았습니다.

라헬은 언니가 아들을 4명이나 낳는 동안 자신은 한 명도 낳지 못했기 때문에 몹시 초조했습니다. 자존심이 상했고 마음에 상처를 입었습니다. 그래서 자기 몸종 빌하를 통해 야곱의 아이를 낳게 했습니다. 이렇게 해서 두 지파의 시조가 세상에 태어났습니다. 그들은 단과 납달리입니다. 레아가 낳은 지파 중에서 유다 지파가 복을 받은 지파라면, 빌하가 낳은 지파 중에는 납달리 지파가 복을 받은 지파입니다.

이제 새로운 두 지파를 살펴봅시다. 레아는 아들을 4명이나 낳았음에도 불구하고 라헬이 몸종 빌하를 통해서 두 아들을 낳자 위기와 질투심을 느꼈습니다. 그래서 그녀도 라헬이 썼던 수법을 그

대로 써서 자기 몸종 실바를 야곱에게 주어 아이를 낳게 했습니다.

> 레아가 자기의 출산이 멈춤을 보고 그의 시녀 실바를 데려다가 야
> 곱에게 주어 아내로 삼게 하였더니 레아의 시녀 실바가 야곱에게서
> 아들을 낳으매 레아가 이르되 복되도다 하고 그의 이름을 갓이라
> 하였으며(창 30:9-11).

라헬은 하나님이 자신으로 하여금 아기를 낳지 못하게 하심을
깨닫고 빌하를 통해서 아기를 낳았습니다. 그런데 레아마저 라헬
이 썼던 방법을 그대로 사용해서 몸종 실바를 통해 아기를 낳고 말
았습니다. 레아의 질투 때문에 갓이라는 한 사람의 인생이 시작되
었습니다.

인간은 실수로 아기를 낳고, 질투와 조바심과 경쟁심으로 아기
를 낳았지만 하나님은 이렇게 태어난 사람들을 받아들이시고, 복
을 주시고, 용납하십니다. 하나님은 인간이 저지른 실수와 문제를
수습해 주시고 정리해 주시곤 합니다. 마치 자녀들이 엉뚱한 짓을
할 때마다 부모가 항상 뒤치다꺼리를 하는 것과 같습니다.

레아와 라헬의 경우를 생각해 보십시오. 야곱은 레아보다 라헬
을 더 사랑했습니다. 남편의 사랑을 받지 못하는 여자의 상처는 매
우 큽니다. 한 남자의 편애 때문에 한 여자가 죽어 가고 있는 것입
니다. 같이 살면서 사랑하지 않고 돌보지 않을 때 여자는 말로 다

표현할 수 없는 패배감과 좌절감을 느낍니다. 그래서 레아는 애통함과 슬픔을 가지고 하나님께 "아들을 낳게 해 주셔서 저의 원통함을 풀어 주십시오"라고 기도했습니다. 그런데 놀랍게도 하나님은 그 기도를 들어주셨습니다. 이런 분이 우리 하나님이십니다. 하나님의 가슴은 넓고 큽니다. 인간이 실수로 저지른 일이라도 하나님은 그들을 돌보시고 보석처럼 만들어서 쓰십니다. 창세기 49장 19절에 기록된 갓에 대한 예언을 보십시오.

갓은 군대의 추격을 받으나 도리어 그 뒤를 추격하리로다(창 49:19).

갓 지파는 전쟁에 능한 지파, 즉 싸움꾼들이었습니다. 이 말씀은 아무리 공격을 받아도 갓 지파가 결국은 이긴다는 것입니다. 그래서 성경을 보면 갓 지파는 전쟁에 많이 참여하고 그때마다 승리를 거두곤 했습니다. 역대상 5장 18절을 보면, 이스라엘의 열두 지파 중 싸움에 능한 지파로 르우벤, 므낫세 반 지파와 바로 이 갓 지파를 묘사하고 있습니다.

르우벤 자손과 갓 사람과 므낫세 반 지파에서 나가 싸울 만한 용사 곧 능히 방패와 칼을 들며 활을 당겨 싸움에 익숙한 자는 사만 사천 칠백육십 명이라(대상 5:18).

갓은 비록 한 여인의 질투 때문에 몸종을 통해서 태어난 아들이지만, 하나님은 이렇게 용맹스럽고 전투에 강한 지파로 만들어 주셨습니다. 모세는 갓 지파에 대해 이렇게 축복했습니다.

> 갓에 대하여는 일렀으되 갓을 광대하게 하시는 이에게 찬송을 부를지어다 갓이 암사자같이 엎드리고 팔과 정수리를 찢는도다 그가 자기를 위하여 먼저 기업을 택하였으니 곧 입법자의 분깃으로 준비된 것이로다 그가 백성의 수령들과 함께 와서 여호와의 공의와 이스라엘과 세우신 법도를 행하도다(신 33:20-21).

모세는 갓 지파를 마치 웅크리고 숨어 있다가 지나가는 동물에게 덤벼들어서 팔과 정수리를 찢는 암사자와 같다고 표현했습니다. 각 지파에게는 아름다운 보석이 하나씩 주어졌는데, 갓 지파의 보석은 보석 중에 가장 단단한 보석인 다이아몬드(홍마노)입니다.

인생은 출생과 상관없이 펼쳐진다

레아의 몸종 실바가 야곱에게 또 다른 아들을 낳아 주었는데, 그의 이름은 아셀입니다.

> 레아의 시녀 실바가 둘째 아들을 야곱에게 낳으매 레아가 이르되

기쁘도다 모든 딸들이 나를 기쁜 자라 하리로다 하고 그의 이름을 아셀이라 하였더라(창 30:12-13).

야곱과 모세의 이야기를 종합해 보면 아셀 지파는 그렇게 눈에 띄는 지파는 아니지만 무척이나 행복한 사람들이었다는 사실을 알게 됩니다. 창세기 49장 20절은 아셀 지파에 대해 이렇게 예언합니다.

아셀에게서 나는 먹을 것은 기름진 것이라 그가 왕의 수라상을 차리리로다(창 49:20).

'아셀에게서 나는 먹을 것은 기름진 것'이라는 말은 그 땅이 비옥하고 아셀은 축복받은 지파였다는 것을 의미합니다. 아셀의 땅에서 나온 식물은 왕의 수라상을 차리는 음식이 되었다고 말합니다. 존귀한 자에게 음식을 드리는 지파가 아셀이었습니다. 모세는 신명기에서 아셀 지파에 대해서 이렇게 말했습니다.

아셀에 대하여는 일렀으되 아셀은 아들들 중에 더 복을 받으며 그의 형제에게 기쁨이 되며 그의 발이 기름에 잠길지로다 네 문빗장은 철과 놋이 될 것이니 네가 사는 날을 따라서 능력이 있으리로다 (신 33:24-25).

아셀 지파는 자녀의 복을 받고, 형제에게 기쁨이 되고, 땅이 기름지고, 그 문이 철과 놋쇠처럼 견고하며, 사는 동안에 하나님의 능력을 체험한 지파였습니다. 다른 말로 표현하면, 실속 있는 지파였습니다.

우리는 갓과 아셀 지파에 대한 이야기를 들으면서 인생은 출생과 상관없이 펼쳐진다는 사실을 깨닫습니다. 우리는 출생이 어둡고 힘든 배경을 가지면 인생 전체도 비참해질 것이라고 생각합니다. 그러나 성경은 그렇게 말하지 않습니다. "어떤 출생이든지 간에 하나님은 당신을 보석처럼 가장 복 받은 인생으로 만들어 주신다"라고 성경은 이야기합니다. 이것이 복음입니다. 세상에서는 혈통을 많이 따집니다. 그러나 하나님 나라에는 혈통이 없습니다. 오직 하나, 예수 그리스도로 말미암은 은혜가 있을 뿐입니다. 그래서 아셀 지파의 보석은 영광과 축복을 상징하며, '불꽃'이라는 이름을 가진 오닉스(호마노)입니다.

성경은 부끄러운 사실들을 숨기지 않는다

레아의 몸종에게서 두 아들이 태어난 이후 새로운 두 아들이 또 태어났습니다. 그 둘은 지금까지 4명의 아들을 낳고 더 이상 아이를 낳을 수 없을 줄 알았던 레아에게서 태어났습니다. 아이를 낳을 수 없다고 생각하지 마십시오. 하나님이 언제 아이를 주실지 모릅니다.

밀 거둘 때 르우벤이 나가서 들에서 합환채를 얻어 그의 어머니 레아에게 드렸더니 라헬이 레아에게 이르되 언니의 아들의 합환채를 청구하노라 레아가 그에게 이르되 네가 내 남편을 빼앗은 것이 작은 일이냐 그런데 네가 내 아들의 합환채도 빼앗고자 하느냐 라헬이 이르되 그러면 언니의 아들의 합환채 대신에 오늘 밤에 내 남편이 언니와 동침하리라 하니라(창 30:14-15).

슬픈 이야기입니다. 야곱의 집에 8명의 아이들이 자라고 있었습니다. 레아의 4명의 아들과 라헬의 몸종 빌하에게서 낳은 2명의 아들과 레아의 몸종 실바에게서 태어난 2명의 아들이었습니다. 라헬은 야곱의 사랑을 독차지하고 있었지만 자라나는 아이들을 보면서 자신에게는 아이가 없다는 점에 슬퍼했습니다. 라헬은 임신하고 싶었지만 하나님이 태를 막고 계셨습니다. 그러던 어느 날, 라헬이 소식을 들었습니다. 레아의 아들 르우벤이 맥추절에 들에 나가서 일을 하다가 합환채를 발견해서 자기 어머니 레아에게 주었다는 것입니다.

합환채는 오렌지 색깔의 작은 열매로, 일반적으로 최음제로 알려져 있지만 고대에는 불임 치료제로 쓰였습니다. 라헬은 이 열매를 꼭 갖고 싶어서 자존심도 다 포기하고 언니를 찾아가 합환채를 달라고 조르기 시작했습니다. 하지만 레아는 일언지하에 상처 주는 말로 거절했습니다. "네가 내 남편을 빼앗아 가더니 내 아들이 가져온 합환채까지 빼앗아 가려느냐"라고 말한 것입니다. 그런데 이 말은 틀렸습니다. 라헬이 레아에게서 야곱을 빼앗아 간 것이 아니라 레아가 야곱을 속여서 빼앗아 간 것이기 때문입니다. 인간은 거의 언제나 사실을 바꿔서 상대방을 공격하기 마련이고, 힘이 있을 때는 더 강하게 공격합니다. 라헬은 합환채를 얻는 것이 목적이어서 묵묵히 수모를 겪었습니다.

그런데 이 장면의 이면을 생각해 보면 레아가 라헬에게 점잖지 못한, 비열한 제안을 암시한 것 같습니다. 놀라운 사실은 이처럼 잔인한 조건을 라헬이 받아들였다는 것입니다. 그녀는 합환채를 얻고 야곱을 레아에게 들여보냈습니다.

> 저물 때에 야곱이 들에서 돌아오매 레아가 나와서 그를 영접하며 이르되 내게로 들어오라 내가 내 아들의 합환채로 당신을 샀노라 그 밤에 야곱이 그와 동침하였더라(창 30:16).

여기서 세 인물, 레아와 라헬과 야곱을 살펴봅시다. 라헬은 해서는 안 되는 굴욕적인 거래를 했습니다. 레아는 떳떳하지 못한 성취를 했습니다. 세 번째 인물인 야곱은 두 여자의 사랑싸움과 질투 때문에 이용당하고 농락당했습니다.

야곱이 들에 나가 일하고 집에 돌아왔는데 레아가 나와서 자신이 그를 샀다고 말했습니다. 그러자 야곱은 별다른 반발 없이 끌려

갔습니다. 이미 야곱은 남자로서의 자존심을 다 잃어버린 굴욕적인 존재로 스스로 자신을 비하시켜 버렸습니다. 그날 밤 레아가 임신한 아이가 잇사갈입니다. 그리고 잇사갈이 12지파의 한 사람이 되었다는 것이 성경의 이야기입니다. 놀라운 사실은 성경은 이 모든 사실을 숨기지 않고 다 공개한다는 것입니다.

> 하나님이 레아의 소원을 들으셨으므로 그가 임신하여 다섯째 아들을 야곱에게 낳은지라 레아가 이르되 내가 내 시녀를 내 남편에게 주었으므로 하나님이 내게 그 값을 주셨다 하고 그의 이름을 잇사갈이라 하였으며(창 30:17-18).

잇사갈은 말 그대로 '값을 지불하고' 얻은 아들입니다. 야곱은 아들 잇사갈에 대해서 이렇게 예언했습니다.

> 잇사갈은 양의 우리 사이에 꿇어앉은 건장한 나귀로다 그는 쉴 곳을 보고 좋게 여기며 토지를 보고 아름답게 여기고 어깨를 내려 짐을 메고 압제 아래에서 섬기리로다(창 49:14-15).

복잡하게 얽힌 상황 속에서 태어난 잇사갈이라는 아이가 자라는 모습을 보면 맑고 깨끗합니다. 어떤 사람을 보면 부모는 형편없는데 아이는 부모의 영향을 받지 않고 착하고, 곱고, 아름답게 자랍니다. 잇사갈이 그러했습니다. 그에게서는 생명력이 분출했고, 그는 안식과 쉴 곳을 좋게 여겼습니다. 노동을 하는 자만이 안식을 누립니다. 잇사갈은 땅을 귀하게 여겼고, 노동과 휴식을 알았으며, 특별히 어깨를 내려 짐을 메며 섬기고 다른 사람에게 봉사하는 지파였습니다. 모세는 신명기 33장 18절에서 "스불론에 대하여는 일렀으되 스불론이여 너는 밖으로 나감을 기뻐하라 잇사갈이여 너는 장막에 있음을 즐거워하라"라고 스불론 지파와 잇사갈 지파를 묶어서 이야기했습니다. 스불론 지파는 밖으로 나가는 것을 좋아했고, 반대로 잇사갈 지파는 장막 안에 거하는 것을 즐거워했습니다.

아이를 키워 보면 어떤 아이는 밖에 나가는 것을 즐거워하고, 어떤 아이는 내보내도 안 나가는 아이가 있습니다. 야곱의 12명의 아들도 서로 달랐습니다. 르우벤은 아버지의 침상을 더럽힌 아들이었고, 유다는 메시아를 낳은 지파의 조상이었고, 스불론은 밖으로 나도는 것을 좋아하는 역마살이 붙은 아들이었으며, 잇사갈은 항상 집에서 섬기는 은사를 가진 아들이었습니다. 잇사갈의 보석은 황옥이라고 하는 토파즈입니다. 아름다움, 지혜, 장수를 상징하는 보석입니다.

여기서 또 배울 수 있는 것은, 잇사갈의 출생은 어두웠지만 그의 삶은 아름다웠다는 것입니다. 우리의 출생이 어떻든지 간에 우리의 삶은 보석처럼 아름다운 삶이 될 것입니다. 왜냐하면 예수 그리스도가 우리의 주인이시기 때문입니다.

레아는 또 아들을 낳았습니다.

> 레아가 다시 임신하여 여섯째 아들을 야곱에게 낳은지라 레아가 이
> 르되 하나님이 내게 후한 선물을 주시도다 내가 남편에게 여섯 아
> 들을 낳았으니 이제는 그가 나와 함께 살리라 하고 그의 이름을 스
> 불론이라 하였으며 그 후에 그가 딸을 낳고 그의 이름을 디나라 하
> 였더라(창 30:19-21).

레아는 여섯째 아들을 얻었을 때 "하나님이 후한 선물을 주셨
다"라고 말했습니다. 창세기 49장 13절은 스불론에 대해 다음과
같이 예언했습니다.

> 스불론은 해변에 거주하리니 그곳은 배 매는 해변이라 그의 경계가
> 시돈까지리로다(창 49:13).

스불론은 밖으로 나도는 성격을 가진 지파였습니다. 그리고 스
불론이 차지한 땅은 시돈까지 미치는, 주로 바닷가 지역이었습니
다. 놀라운 사실은 스불론이 점령한 땅이 바로 먼 훗날 예수 그리
스도가 다니신 갈릴리 해변이라는 점입니다. 예수님이 가장 많은
시간을 보내신 땅이 스불론 지파와 납달리 지파가 점령한 땅이었

습니다. 모세는 스불론 땅에 대해서 이렇게 말했습니다.

> 그들이 백성들을 불러 산에 이르게 하고 거기에서 의로운 제사를
> 드릴 것이며 바다의 풍부한 것과 모래에 감추어진 보배를 흡수하리
> 로다(신 33:19).

스불론 지파는 밖에 나가서 사람들을 많이 불러와서 의로운 제사를 드리게 하고 바다의 풍부한 것과 모래에서 보석을 발견하는 지파가 되었습니다. 그래서 누군가는 스불론 지파를 가리켜 '선교사 지파'라고 합니다. 교인들 중에도 은혜를 받고 자꾸 바깥으로 나가 전도하고 봉사하는 사람이 있고, 그와 달리 안에서 청소하고 봉사하는 사람이 있습니다. 이스라엘의 12지파는 제각기 다양한 모습을 가졌지만 모두가 하나님의 사랑을 받았습니다. 하나님은 야곱의 12지파를 차별하시지 않고 가슴에 안은 보석처럼 기름을 부어 주시고 복을 주셨습니다. 예수님의 가슴속에는 구원받은 우리의 이름이 빛나고 있을 것입니다.

제가 12지파의 이야기를 연이어서 했더니 어떤 분이 와서 "이제 그만하시면 안 되겠습니까?"라고 말했습니다. 왜냐하면 야곱의 12지파의 이야기는 별로 재미가 없기 때문입니다. 그러나 저는 이렇게 답변했습니다. "우리도 한 다리 건너면 다 이와 비슷한 사연을 갖고 있습니다." 성경은 부끄러운 사실들을 숨기지 않습니다.

제가 결점에 관심을 갖게 된 것도 우리 가정은 아무 문제가 없는 것 같지만 한 다리 건너서 친척들을 바라보면 다 문제가 있다는 사실을 발견했기 때문입니다. 그것이 인간입니다. 처음부터 끝까지 흠 없는 인생은 없습니다. 사람은 누구나 상처와 아픔이 있습니다. 그러나 하나님은 이처럼 복잡하고 허물 많은 사람이라 할지라도 그 출생과 삶을 연결시키시지 않고 복을 주셔서 예수 그리스도 안에서 새로운 피조물로, 보석처럼 여겨 주십니다. 이 놀라운 이야기가 바로 야곱의 12지파 이야기입니다.

과거와는 상관없이 하나님이 예비하신 아름다운 복을 누리기 바랍니다. 그리고 지나온 과거가 무엇이든지 간에 하나님이 예비하신 놀라운 은혜를 누리기 원합니다.

14

야곱의 아들에게서
하나님의 섭리를 발견합니다

창세기 30:22-24

하나님은 우리를 절대 잊지 않으십니다

야곱에게는 12명의 아들이 있었습니다. 이 중 2명인 요셉과 베냐민은 야곱의 노년에 태어난 아들로서, 임신이 불가능했던 여인, 야곱이 가장 사랑하는 여인 라헬에게서 태어났습니다.

야곱에게는 4명의 아내가 있었습니다. 라헬을 제외한 3명의 여인은 별다른 어려움 없이 임신해서 아들을 낳았습니다. 라헬의 언니 레아에게는 6명의 아들과 1명의 딸이 있었고, 레아의 몸종 실바와 라헬의 몸종 빌하에게는 각각 2명의 아들이 있었습니다. 이들에게는 아이 낳는 것이 어려운 일이 아니었지만, 라헬의 경우는 아무리 기다리며 노력해도 아이가 생기지 않았습니다.

라헬은 다른 세 여인의 아들들이 자라나는 모습을 지켜보면서 말로 다할 수 없는 상처와 아픔을 겪었습니다. 그녀는 어떤 방법을 써서라도 아이를 낳고 싶었습니다. 라헬은 언니 레아가 불임 치료제로 알려진 합환채를 얻었다는 소식을 듣고서 남편을 언니와 동침시키는 대가를 지불하고 그 약을 얻어 내기도 했습니다. 그렇지만 이 모든 인간적인 노력은 결국 실패하고 말았습니다.

하나님이 문을 닫으시면 열 자가 없고, 하나님이 문을 여시면 닫을 자가 없습니다. 이럴 때는 인간적인 노력을 하면 할수록 허사가 된다는 사실을 알아야 합니다. 하나님이 라헬의 태를 열지 않으셨기 때문에 아무리 인간적으로 애쓰고 노력해도 라헬은 임신하지 못했습니다. 그러나 하나님이 드디어 라헬의 태를 열어 주셨습니다.

> 하나님이 라헬을 생각하신지라 하나님이 그의 소원을 들으시고 그의 태를 여셨으므로(창 30:22).

'하나님이 라헬을 생각하셨다'라는 말은 '하나님이 라헬을 잊지 않으셨다'라는 뜻입니다. 우리는 기다림을 거절로 해석할 때가 많습니다. 그것은 거절이 아니라 기다림일 뿐입니다. 눈물을 흘리며 안타깝게 드렸던 기도들이 이루어지지 않으면 우리는 쉽게 좌절하고, 거절당했다고 생각해 상처를 받습니다. 라헬도 예외는 아니었을 것입니다. 그러나 하나님은 라헬을 생각하고 계셨습니다. 드디어 하나님이 라헬의 기도에 응답하셔서 그 태를 열어 주셨습니다.

하나님은 단지 우리가 원하는 때에 우리가 원하는 방법으로 응답하시지 않을 뿐이지 우리를 포기하신 것이 아닙니다. 우리가 고난을 겪고 위기를 만났을 때 하나님이 능력이 없어서 그냥 두시는 것이 아닙니다. 하나님이 사랑하는 자녀가 안타깝게 몸부림치며 기도하는 기도 제목을 일찍 들어주시지 않고 시간을 끄시는 이유는 불가능한 상황까지 끌고 가시려는 의도입니다. 우리가 받은 기도 응답은 인간의 의지와 노력과 수단과 방법으로 이루어지는 것이 아니라 하나님의 능력과 선물이라는 사실을 가르쳐 주시기 위함입니다.

어떤 경우, 하나님이 특별히 주시는 아기는 일반적인 상태에서 태어난 아기와는 다르다는 점을 가르쳐 주실 필요가 있었습니다. 육체적으로는 임신이 불가능하지만 하나님의 특별한 섭리가 있어서 아기를 주셨음을 알게 하시기 위해 오랜 시간 기다리게 하시는 것입니다.

그 예가 아브라함과 사라입니다. 아브라함과 사라는 하나님을 만나서 "아이를 낳으리라"라는 약속을 받은 지 25년 만에 이삭을 낳았습니다. 그때 이미 사라는 생리가 끊어진 상태였고, 아브라함은 100세에 이르렀습니다. 그렇게 불가능한 상황 가운데 아이를 얻었을 때 아브라함은 하나님이 그 아이를 주셨음을 확실히 알게 되었습니다. 이렇게 태어난 이삭이 리브가와 결혼한 때가 나이 40세였습니다. 그들에게도 20년 동안 아이가 없었습니다. 그러나 20년 만에 기도의 응답으로 쌍둥이인 에서와 야곱을 얻었습니다.

야곱도 마찬가지였습니다. 험난한 인생을 살았던 야곱에게는 아내가 4명이나 있었습니다. 그중 3명의 아내는 쉽게 아이를 낳았는데 유독 야곱이 제일 사랑하는 라헬만은 그렇지 못했습니다. 하나님이 그렇게 하신 이유는 라헬이 어렵게 낳은 아이는 하나님이 특별히 주신 아이라는 사실을 알게 하시기 위해서였습니다.

오랜 기다림 끝에 특별한 아들, 요셉이 태어나다

> 그가 임신하여 아들을 낳고 이르되 하나님이 내 부끄러움을 씻으셨
> 다 하고 그 이름을 요셉이라 하니 여호와는 다시 다른 아들을 내게
> 더하시기를 원하노라 하였더라(창 30:23-24).

드디어 라헬에게서 아들이 태어났습니다. 그가 바로 그 유명한 요셉입니다. '요셉'의 이름 뜻은 '하나님이 부끄러움을 씻어 주셨다'입니다. 요셉은 12명의 아들 중에서 가장 탁월한 아들이요, 예수님을 가장 많이 닮은 사람입니다. 예수님은 레아가 네 번째로 낳은 아들인 유다 가문에서 태어나셨지만, 예수님을 가장 많이 닮은 사람은 유다가 아니라 요셉입니다. 그래서 요셉은 우리에게 많은 감동을 주는 인물입니다.

창세기는 아브라함이나 이삭이나 야곱보다도 요셉에게 더 많은 지면을 할애합니다. 12지파 중 요셉에게만은 두 지파의 몫을 주셨습니다. 그래서 요셉 지파 대신에 요셉의 두 아들 므낫세와 에브라임이 열두 지파에 들어갑니다. 그만큼 요셉은 큰 복을 받았습니다.

흉년이 들기 전에 요셉에게 두 아들이 나되 곧 온의 제사장 보디베라의 딸 아스낫이 그에게서 낳은지라 요셉이 그의 장남의 이름을 므낫세라 하였으니 하나님이 내게 내 모든 고난과 내 아버지의 온

집 일을 잊어버리게 하셨다 함이요 차남의 이름을 에브라임이라 하였으니 하나님이 나를 내가 수고한 땅에서 번성하게 하셨다 함이었더라(창 41:50-52).

'므낫세'라는 이름은 '나로 나의 모든 고난과 나의 아버지의 집안의 모든 일을 잊어버리게 했다', 즉 '하나님이 나의 수치와 부끄러움을 다 씻으셨다'라는 의미입니다. 요셉은 므낫세를 낳기 전까지 험난한 세월을 살았습니다. 그는 30대가 되기까지 고독하고 어려운 시기를 겪었던 것입니다.

사람들은 그를 오해하고 모함해서 웅덩이에 빠뜨리기도 했고, 감옥에 집어넣기도 했습니다. 그런데 놀랍게도 요셉은 어떤 일을 만나도 원망하거나 불평하지 않고 꿈을 잃어버리지 않았습니다. 어려운 상황 가운데 있을 때 어떤 사람들은 매사에 불평과 원망으로 맞섭니다. 하지만 요셉은 타고나기를, 유머가 넘치는 사람처럼 보입니다. 그래서 요셉을 보면 예수님을 만나는 것 같고 희망과 용기를 얻게 됩니다.

요셉에게서 므낫세가 태어난 후 요셉은 "내 고통과 억울함과 모든 수치는 이 아이가 태어남으로써 끝났다"라고 말했습니다. 요셉의 아버지 야곱은 아내를 넷이나 두고, 형을 속여 집에서 쫓겨나는 등 말하기 부끄러운 과거가 많았습니다. 누구든지 인간의 과거는 부끄러운 면이 있는 법입니다. 그런데 므낫세가 태어남으로써 그 모든 수치와 고통이 끝났다고 요셉은 말했습니다.

우리는 예수 그리스도를 영접함으로 말미암아 과거로부터 비롯된 수치와 아픔이 다 끝났음을 믿습니다. 황충이 먹어 버린 듯, 기억하기도 싫은 과거나 부모의 수치스런 과거 등이 예수님을 만남으로 사라졌다고 믿는 것입니다.

므낫세의 동생 '에브라임'의 이름 뜻은 '하나님이 내가 수고한 땅에서 번성하게 하셨다'라는 뜻입니다. 므낫세가 '부끄러운 과거와의 단절'이라는 의미를 가지고 있다면, 둘째 아들 에브라임은 '수고한 땅에서 번성한 열매를 얻게 될 것'이라는 의미를 갖고 있습니다. 예수님을 믿게 된 우리의 상태가 이와 비슷합니다. 과거에는 하는 일마다 제대로 되지 않았습니다. 하지만 예수님을 믿고 깨달은 사실은 "이제는 하는 일들마다 30배, 60배, 100배의 열매를 맺어 복이 넘치리라"라는 것입니다. 이렇게 므낫세와 에브라임이 태어났고, 이들을 통해 요셉 대신에 두 지파가 탄생했습니다.

야곱은 임종이 가까웠을 때 자식들을 축복했습니다. 그런데 므낫세와 에브라임을 축복할 때 당혹스러운 사건이 발생했습니다. 창세기 48장 10-16절을 보면, 야곱이 임종할 때가 되어서 자녀들을 축복할 때 요셉이 아니라 그의 두 아들을 축복했습니다. 이스라엘에서는 장자를 축복할 때 오른손을 그 머리 위에 얹습니다. 그래서 요셉은 큰아들을 야곱의 오른손 앞으로 데려갔습니다. 그런데 축복하는 순간에 갑자기 야곱이 손을 엇갈려서 아이들의 머리에 없었습니다. 즉 오른손을 차남인 에브라임에게 얹고, 왼손을 장남인 므낫세에게 얹은 것입니다. 야곱이 아무리 늙었다고는 하나 갑자기 이상한 상황이 연출되었습니다. 당황한 요셉은 상황을 바로 잡으려고 했습니다.

> 그의 아버지가 허락하지 아니하며 이르되 나도 안다 내 아들아 나도 안다 그도 한 족속이 되며 그도 크게 되려니와 그의 아우가 그보다 큰 자가 되고 그의 자손이 여러 민족을 이루리라 하고 그날에 그들에게 축복하여 이르되 이스라엘이 너로 말미암아 축복하기를 하나님이 네게 에브라임 같고 므낫세 같게 하시리라 하며 에브라임을 므낫세보다 앞세웠더라(창 48:19-20).

우리는 이 사건을 통해서 놀라운 진리 하나를 발견하게 됩니다. 사람들은 '모든 일이 인간적이고 세상적인 방법과 질서대로 되어야 한다'는 고정 관념을 가지고 있습니다. 하나님을 믿을 때 갈등이 생기는 이유 중 하나는 이처럼 자기 식으로 응답해 달라고 하는 데 있습니다.

요셉도 '큰아들에게 장자권이 있다'는 세상적인 질서대로 하려고 했습니다. 그런데 하나님이 그 방법을 바꾸시면 사람들은 당황합니다. 하나님 중심으로 생각하지 않기 때문입니다. 그러나 하나님은 하나님의 방법대로 하십니다. 하나님 나라의 질서는 '형이 동생을 섬길 수 있다'는 것입니다. 나이 어린 아랫사람이 나이가 더 많은 윗사람을 섬기는 것은 세상적이고 상식적인 질서입니다. 그러나 하나님 나라에서는 윗사람이 아랫사람을 섬길 수도 있다는 진리를 알게 됩니다.

직장인들 가운데 많은 사람이 다니던 회사를 그만두고 독립해서 자기 사업을 하기 원합니다. 그래서 독립해서 성공하면 그것으로 "복 받았다"고 말합니다. 그러나 성경은 다른 사람 밑에서 일하는 것도 복이라고 합니다. 이런 경우도 있습니다. 직장에서 자기보다 늦게 입사한 사람이 진급을 빨리 해서 상관이 되는 경우입니다. 그 밑에서 섬겨야 하기에 자존심이 상하고, 상처받고, 괴로워하는 사람들을 주변에서 흔히 봅니다.

므낫세는 장자인 자신이 받아야 할 복이 동생한테 주어짐으로써 자존심이 상했을 것입니다. 하나님이 불공평하시다고 이야기할 수도 있었습니다. 하지만 므낫세는 불평하지 않고 현실을 받아들였습니다. 므낫세는 에브라임보다 상대적으로 적은 복을 받았지만 불평하지 않았습니다.

'얼마나 많이 가졌느냐'가 행복을 결정하지 않습니다. 또한 '어떤 자리에 있느냐'에 행복이 달려 있지 않습니다. 우리는 높은 자리에 올라가고 책임자가 되어야만 하나님이 우리에게 복을 주셨다고 생각합니다. 종종 우리는 "꼬리가 되지 말고 머리가 되게 하옵소서"라는 기도를 드리기도 합니다. 그러나 하나님 나라에서는 위치나 소유가 중요하지 않습니다. 대부분의 사람들은 독립해서 자기 사업을 해야만 성공했다고 생각하지만 독립보다 더 중요한 것은 '연합'입니다. 자신이 지도자가 되지 않은 상태라도 하나님을 위해서 봉사하고 섬기는 것은 아름다운 복을 받은 것이라는 사실을 므낫세를 통해서 깨닫게 됩니다.

세상에서 일어나는 갈등은 간단합니다. 모두가 질서와 관련된 문제입니다. '누가 윗사람이 되는가'가 매우 중요하게 간주됩니다. 그래서 '높은 자리에 오르기 위해서 모든 고생을 참는다'고 생각합니다. 그러다가 그 질서가 깨지면 배신당했다고 생각하고, 인생에서 패배했다는 생각을 합니다. 그리고 삶에 의미가 없다고 생각해 스스로를 괴롭히는 경우가 많습니다.

저는 야곱의 12지파 가운데 이런저런 다양한 군상들의 이야기가 들어 있다는 사실이 놀랍습니다. 르우벤은 아버지의 침상을 더럽혔고, 시므온과 레위는 살인한 사람들이지만 하나님은 이런 사람들도 사용하셨습니다. 예수님이 태어나신 지파인 유다도 하나님의 자녀요, 르우벤도 하나님의 자녀요, 첩의 자식들도 다 하나님의 자녀입니다. 몸종에게서 태어났든지, 본처에게서 태어났든지 모두 대제사장의 가슴에서 보석으로 빛나고 있습니다. 여기서 천국의 놀라운 비밀, 구원의 비밀을 발견하게 됩니다.

얼마나 많은 사람이 자기의 과거와 출생 때문에, 그리고 자신이 실패했다는 것 때문에 스스로를 괴롭히고 열등감과 분노와 상처를 가지고 살아갑니까? 그러나 예수 그리스도 안에 있는 자에게는 모든 것이 합력하여 선을 이룹니다. 어떤 자리에 있든지, 어떤 출생이든지 중요하지 않습니다.

세상 질서와는 다른 하나님 나라

그런즉 누구든지 그리스도 안에 있으면 새로운 피조물이라 이전 것은 지나갔으니 보라 새것이 되었도다(고후 5:17).

이것이 12지파의 이야기입니다. 과거의 실패나 서열상 낮은 자리로 밀려났다는 것 때문에 인생을 낭비하거나 자신을 괴롭히지 마십시오. 하나님이 허락하신 일이면 받아들이십시오. 억울한 상황에서도 감사와 찬송과 영광을 올려 드리면 그것이 큰 복입니다. 윗사람이 아랫사람을 섬기고도 평안하다면, 그런 상황인들 어떻습니까? 적게 받고도 많이 받은 사람을 시기하거나 질투하거나 원망하지 말아야 합니다. 우리는 동생 밑에서 일하는 것을 부끄럽게 생각하지 않는 므낫세를 보면서 하나님의 놀라운 섭리를 발견하게 됩니다. 모세는 므낫세 지파에 대해서 이렇게 말했습니다.

땅의 선물과 거기 충만한 것과 가시떨기나무 가운데에 계시던 이의 은혜로 말미암아 복이 요셉의 머리에, 그의 형제 중 구별한 자의 정수리에 임할지로다 그는 첫 수송아지같이 위엄이 있으니 그 뿔이 들소의 뿔 같도다 이것으로 민족들을 받아 땅 끝까지 이르리니 곧 에브라임의 자손은 만만이요 므낫세의 자손은 천천이리로다 (신 33:16-17).

므낫세는 집안의 모든 저주를 끊으며 태어나서 동생을 섬기는 지파가 되었습니다. 한편 에브라임은 동생이지만 므낫세 대신 장자의 복을 받았습니다. 이후로부터는 성경에 에브라임의 이름이 먼저 나옵니다. 에브라임은 어떻게 므낫세 대신에 장자의 복을 받게 되었을까요? 에브라임이 무슨 일을 잘했다거나 자격이 있다거나 므낫세가 어떤 실패를 했기 때문이 아닙니다. 이것은 하나님의 뜻입니다. 그것밖에 해답이 없습니다.

우리는 지위의 높고 낮음에 가치를 두기 때문에 문제를 일으킵니다. 세상의 가치에 기준을 두기 때문에 하나님이 실수하셨다고 생각하는 것입니다. 우리는 하나님이 주시는 대로 받으면 됩니다. "왜 형은 크게 주고 저는 적게 줍니까?"라고 말하면 안 됩니다. 이것은 세상적인 법칙입니다. "형을 더 많이 주세요. 저 사람에게 더 많은 복을 주세요. 제가 섬기겠습니다." 이것이 예수님의 마음입니다. 세상은 이런 사람을 불행하게 만들지 못합니다. '나는 작아져도 좋고, 섬겨도 좋고, 안 받아도 좋다. 병들어도 좋고, 누군가 나를 알아주지 않아도 괜찮다'라고 마음먹은 사람은 불행해지지 않습니다. 할렐루야! 이렇게 살아가십시오.

예수님은 1달란트 받은 사람, 2달란트 받은 사람, 5달란트 받은 사람의 비유를 말씀하셨습니다(마 25:14-30). 제각기 받은 달란트는 달랐지만 많이 받은 사람만이 더 복을 받은 것은 아니었습니다. 달란트의 차이는 하나님의 편애가 아닙니다. "왜 하나님은 저 사람에게는 능력을 많이 주시고 나에게는 적게 주시나?" 또는 "왜 어떤 사람은 크게 목회를 하는데 왜 나는 이렇게 작게 하나?" 하며 비교하지 마십시오. 이런 고민을 하지 않기를 바랍니다. 자기가 처한 상황대로 살면서 감사하십시오. 원망하지 마십시오.

예수님은 이런 비유를 말씀하셨습니다(마 20:1-16). 포도원 주인이 품꾼을 고용했는데 이른 아침에 온 사람이나 오후 5시에 온 사람이나 품삯을 똑같이 주었습니다. 그러자 먼저 온 사람들이 화가 나서 이렇게 말했습니다. "아침부터 고생한 내가 겨우 1시간 일한 사람과 똑같이 품삯을 받는 것은 불의합니다." 그러자 주인은 그것이 자신의 뜻이라고 대답했습니다. 주인은 불평하는 일꾼에게 자신은 처음에 약속한 대로 했을 뿐이며, 1시간 일한 사람에게 대접해 주고 싶은 자신의 긍휼한 마음은 비판의 대상이 아니라고 말했습니다.

비교하지 마십시오. 키 큰 사람은 키 큰 대로, 키 작은 사람은 키 작은 대로, 많이 배운 사람은 많이 배운 대로, 적게 배운 사람은 적게 배운 대로 감사하십시오. 하나님은 우리 모두를 똑같이 사랑하십니다.

요셉 이후 야곱에게 또 다른 아들이 태어났습니다. 베냐민입니다. 늦둥이 막내로 태어난 베냐민의 출생에는 슬픈 이야기가 있습니다.

> 그들이 벧엘에서 길을 떠나 에브랏에 이르기까지 얼마간 거리를 둔 곳에서 라헬이 해산하게 되어 심히 고생하여 그가 난산할 즈음에 산파가 그에게 이르되 두려워하지 말라 지금 네가 또 득남하느니라 하매 그가 죽게 되어 그의 혼이 떠나려 할 때에 아들의 이름을 베노니라 불렀으나 그의 아버지는 그를 베냐민이라 불렀더라(창 35:16-18).

베냐민을 낳을 때 라헬은 난산으로 죽고 말았습니다. 그래서 라헬은 '슬픔'이라는 의미로 아들의 이름을 '베노니'라고 불렀습니다. 그러나 야곱은 베노니가 아니라 '오른손의 아들', '강한 아들'이라는 뜻의 '베냐민'으로 이름을 바꾸었습니다. 이렇게 베냐민이 태어난 곳이 베들레헴입니다. 그래서 라헬은 베들레헴에서 장사되었습니다. 베들레헴에서는 베냐민 외에도 다윗과 예수님이 태어나셨습니다. 그리고 베냐민 지파 중에서 사울왕과 에스더서에 등장하는 모르드개, 그리고 신약 시대의 사도 바울이 태어났습니다.

베냐민 지파를 끝으로 이스라엘의 12지파 이야기가 마무리됩니다. 요셉의 2명의 아들이 12지파에 들어가는 대신 레위가 제사장 지파로 따로 구별되어서 12지파가 만들어졌습니다. 지파에 관련된 말 중에서 '므낫세 반 지파'라는 말은 므낫세 지파가 분배 받은 지역이 2개로 나뉘었기 때문에 '반'이라고 표현하는 것입니다.

하나님은 이렇게 야곱의 12명의 아들에게 복을 주셨습니다. 그들은 4명의 여인에게서 배다른 형제들로 태어나서 도덕적, 영적 수준이 제각기 달랐지만 하나님은 그들을 불러 세우셔서 12지파를 만드셨습니다.

마찬가지로 예수님의 12제자 중에는 베드로를 비롯한 여러 종류의 사람들이 섞여 있었지만, 하나님은 그들에게 성령을 부어 주셨습니다. 그러고는 그들을 예수님의 증인 삼으시고 땅 끝까지 파송하셔서 복음을 전하는 영광스런 사도들로 세워 주셨습니다. 그들은 세상을 변화시키는 주역이 되었습니다. 하나님은 우리도 불러서 구원하셨습니다. 우리에게는 출생이나 형제 사이의 문제나 위치와 지위 등이 문제가 될 수 없습니다. 이 복에 동참하기를 간절히 바랍니다.

15

하나님은 인간의
야망과 거짓을 다 아십니다

창세기 30:25-43

야곱과 라반의 갈등은 속고 속이는 세상과 같다

인간의 내면 깊은 곳은 야망과 거짓으로 가득 차 있습니다. 때로 우리는 이기적이고, 탐욕적이고, 교활하고, 거짓과 위선으로 가득 차 있는 자신을 발견하곤 합니다. 사람은 누구나 지성과 교양이라는 가면을 쓰고 있습니다. 야곱도 예외는 아니었습니다. 외삼촌 라반의 집에서 14년 동안 지낸 후에 사랑하는 아내 라헬이 아들을 낳자 야곱은 라반을 찾아가서 자기 속마음을 털어놓았습니다.

> 라헬이 요셉을 낳았을 때에 야곱이 라반에게 이르되 나를 보내어 내 고향 나의 땅으로 가게 하시되 내가 외삼촌에게서 일하고 얻은 처자를 내게 주시어 나로 가게 하소서 내가 외삼촌에게 한 일은 외삼촌이 아시나이다(창 30:25-26).

14년 동안 야곱은 순종하며 불만을 표현하지 않고 무상으로 봉사한 것처럼 보였습니다. 그러나 진실은 그렇지 않았습니다.

용서에 대해서 생각해 봅시다. 용서란 잊어버리는 것입니다. 그런데 우리는 용서했다고 하면서 용서했다는 사실까지 기억합니다. '이번이 두 번째야. 세 번째에 또 그러면 그때는 용서하지 않겠어'라고 생각합니다. 그것은 진정으로 용서하지 않았음을 의미합니다. 우리가 반항하지 않고 순종하며 살았다는 생각의 이면에는 순종한 것이 아니라 분노를 참고 기다리며 지내 온 삶이 있습니다. 그렇게 차츰차츰 쌓인 분노는 어느 날 더 이상 참지 못하고 터지고 맙니다.

야곱도 예외는 아니었습니다. 14년 동안 그는 분노와 억울함을 억누르며 살았습니다. 그러다가 사랑하는 여자가 아들을 낳아 자신감을 얻게 되자 할 말을 하고 만 것입니다. 야곱은 라반을 찾아가서 처자식을 데리고 고향으로 돌아가고 싶다고 말했습니다. 그는 14년 동안 고향을 그리워하며 살아왔지만 그 감정을 억누르며 표현하지 않고 있었습니다. 주변에서 말없이 잘 참는 사람이 있을 때 주의를 기울이십시오. 어쩔 수 없는 상황이라서 마음속에 분노를 억누르며 참고 있을지도 모릅니다. 야곱이 그러했습니다. 그는 14년 동안 자기가 떠나온 고향을 잊지 못하고 있었습니다.

그러나 야곱이 고향에 돌아간들 무엇이 좋겠습니까? 분노하며 저주를 품고 있는 형이 기다리고 있는 고향 아닙니까? 그곳에 돌아가도 행복해지기는 힘들 것입니다. 하지만 그래도 야곱은 고향으로 돌아가고 싶었습니다. 이것이 인간의 모습입니다. 뿌리와 본질에 대한 그리움, 힘들고 두려워도 고향으로 돌아가고 싶어 하는 마음을 야곱에게서 읽을 수 있습니다. 그만큼 야곱은 외롭고 고독했습니다.

야곱에게서 발견하는 또 다른 면모는 처자식에 대한 애착입니다. 처자식에 대한 애착은 누구나 가지고 있지만 특별히 더한 사람이 있습니다. 예를 들어, 이북에서 피난 온 사람은 가족을 특별히 아낍니다. 믿고 의지할 대상이 가족밖에 없다고 생각하기 때문입니다. 야곱은 철저하게 가족 중심적이고 처자식을 아끼고 챙기는 사람이었습니다. 이런 점은 그가 어떤 면에서는 소극적이고 자기중심적인 사람이라는 사실을 보여 줍니다.

야곱은 처자식을 데리고 고향으로 돌아가게 해 달라고 하면서 "내가 외삼촌에게 한 일을 다 알지 않습니까?"라고 말했습니다. 이 말에는 가시가 있습니다. '14년 동안 무보수로 일했다'는 사실을 은연중에 나타낸 것입니다. 윗사람은 아랫사람의 '무언의 언어'를 잘 들어야 합니다. 또 정부는 국민의 '말없는 소리'에 귀 기울일 줄 알아야 합니다.

라반은 야곱을 놓치고 싶지 않았습니다. 왜냐하면 야곱이 열의를 다해서 훌륭하게 일해 왔기 때문입니다. 어떤 사람은 있을 때는 별 볼 일 없게 느껴지는데, 없으면 굉장히 아쉽습니다. 또 어떤 사람은 옆에 있을 때는 꼭 필요한 사람인 것 같은데 막상 떠나고 보면 그렇지 않습니다. 라반에게는 야곱을 떠나보내는 것이 문제가 되었습니다. 야곱이 좋은 일꾼이기도 했지만, 자기 딸들, 그리고 외손자들과 헤어지는 것이 싫었기 때문입니다. 그는 계속해서 그들과 가까이 살고 싶었습니다. 야곱이 떠나면 딸들과 외손자들도 함께 떠날 텐데, 그 사실이 라반을 불안하게 했습니다.

라반이 그에게 이르되 여호와께서 너로 말미암아 내게 복 주신 줄
을 내가 깨달았노니 네가 나를 사랑스럽게 여기거든 그대로 있으라
또 이르되 네 품삯을 정하라 내가 그것을 주리라(창 30:27-28).

야곱을 떠나보내야 하는 상황이 닥치자 라반은 또 다른 사실을
깨닫게 되었습니다. 야곱이 하나님의 복을 가져오는 사람이라는
것입니다. 그래서 라반은 "여호와께서 너로 말미암아 내게 복 주
신 줄을 내가 깨달았노니"라고 말했습니다. 라반은 자신의 일이
잘된 이유를 생각해 본 뒤 '야곱이 있는 곳에는 하나님이 복을 주
셨다'는 사실을 깨달은 것입니다. 우리도 이런 말을 듣게 되기를
바랍니다. 우리 가족이, 직장이 우리로 인해 복을 받았다든가, "당
신은 복을 가져오는 사람입니다", "당신은 하나님이 함께하시는
사람입니다"라는 말을 듣게 되기를 바랍니다.

그래서 라반은 야곱에게 "네가 나를 사랑스럽게 여기거든 그대
로 있으라"라고 말하며 품삯을 주겠다고 했습니다. 오랜 세월 조
용히 인내하던 야곱에게 자신의 몫을 챙겨야겠다는 야망이 꿈틀
거리기 시작했습니다.

야곱이 그에게 이르되 내가 어떻게 외삼촌을 섬겼는지, 어떻게 외
삼촌의 가축을 쳤는지 외삼촌이 아시나이다 내가 오기 전에는 외삼
촌의 소유가 적더니 번성하여 떼를 이루었으니 내 발이 이르는 곳

마다 여호와께서 외삼촌에게 복을 주셨나이다 그러나 나는 언제나 내 집을 세우리이까(창 30:29-30).

야곱은 "외삼촌, 제가 14년 동안 그 많은 수모를 겪으면서 품삯을 받지 않고 종처럼 살지 않았습니까?"라고 가시 돋친 말을 했습니다. 부리는 사람은 몰랐지만 섬기는 사람은 마음속으로 자신의 처지에 대해서 계산을 하고 있는 법입니다. 그리고 야곱은 이어서 "외삼촌은 제가 오기 전에는 가난했지만 제가 있는 동안 부자가 되시지 않았습니까?"라고 말했습니다. 자기 덕분에 누군가 부자가 되었다고 생각하면 화가 납니다. '나도 고생하며 힘써 일했는데 왜 당신이 이익을 다 가져가는가?'라는 생각이 듭니다. 세상의 경제 원리와 이데올로기는 모두 이런 식입니다. 프롤레타리아가 부르주아에게 착취를 당한 불공평한 상황이기 때문에 자신의 몫을 가져갈 권리가 있다는 것입니다.

야곱은 "나는 이렇게 사는 것이 싫습니다. 나는 어느 때에나 내 집을 세우겠습니까?"라고 주장했습니다. 이러한 주장에는 일리가 있어서 라반도 예전과 같은 상태로는 야곱을 막을 수가 없다고 느꼈습니다. 그래서 라반은 야곱에게 떠나지 않고 머물 수 있는 조건을 제시하라고 말했습니다. 여기서 우리는 교활한 인간의 모습을 발견합니다. 라반과 야곱의 관계는 장인과 사위 관계이지만, 사실상 속고 속이며 이해를 따지는 관계였습니다.

하나님의 사람은 실패해도 또다시 시작한다

라반이 이르되 내가 무엇으로 네게 주랴 야곱이 이르되 외삼촌께서
내게 아무것도 주시지 않아도 나를 위하여 이 일을 행하시면 내가
다시 외삼촌의 양 떼를 먹이고 지키리이다 오늘 내가 외삼촌의 양
떼에 두루 다니며 그 양 중에 아롱진 것과 점 있는 것과 검은 것을
가려내며 또 염소 중에 점 있는 것과 아롱진 것을 가려내리니 이 같
은 것이 내 품삯이 되리이다(창 30:31-32).

라반은 야곱이 원하는 바를 수락하겠다고 말했지만, 사실은 야
곱을 속여서라도 떠나지 못하게 올가미를 씌우려는 속셈이었습니
다. 야곱도 마찬가지였습니다. 라반에게 그럴듯하게 말했지만 속
으로는 자기 것을 챙기고자 하는 야망이 있었습니다. 그러나 겉으
로는 솔직하게 표현할 수 없는 법입니다. "돈을 좋아한다"고 말할
사람은 많지 않을 것입니다. "돈 같은 것은 싫어한다"고 말할 것입
니다. 그래서 우리는 돈을 떳떳하게 드러내어 주고받지 못하고 몰
래 주고받습니다. 사람들은 모두 그 내면에 욕심과 더러운 욕망이
숨겨져 있고, 그것을 멋지게 포장하는 방법을 배웠기 때문에 드러
내지 않을 수 있을 뿐입니다.

야곱이 제안한 조건은 아주 단순하고 간단했습니다. 자신이 앞
으로도 라반의 양 떼를 돌보겠는데, 그 양과 염소 중에서 아롱진

것, 점 있는 것, 검은 것이 태어나면 그것만 자신의 몫으로 달라는 것입니다. 양과 염소 중에는 흰 것이 더 많고 아롱지고 점 있고 검은 것은 적기 때문에 라반은 자신에게 이득이 되는 제안이라고 생각했습니다. 그래서 선심 쓰는 척하면서 허락했습니다. 야곱도 모든 것을 양보하는 듯 말했지만 나름대로 속셈이 있었습니다.

이런 모습이 인간의 원래 모습입니다. 예수님을 믿는 사람도 마찬가지입니다. 우리는 예수님을 잘 믿는 척하기도 합니다. 선교사나 목사도 마찬가지입니다. 우리는 스스로가 어떻다고 생각합니까?

후일에 외삼촌께서 오셔서 내 품삯을 조사하실 때에 나의 의가 내 대답이 되리이다 내게 혹시 염소 중 아롱지지 아니한 것이나 점이 없는 것이나 양 중에 검지 아니한 것이 있거든 다 도둑질한 것으로 인정하소서(창 30:33).

야곱과 라반의 관계가 신뢰하는 관계가 아님을 알 수 있습니다. 믿는 척하고 사랑하는 척하면서 실제로는 자신의 유익만을 구하고 있습니다. 우리 주변에도 겉으로는 잘해 주는 척하면서 뒤에서 힘들게 하는 관계가 많이 있습니다.

라반이 이르되 내가 네 말대로 하리라 하고(창 30:34).

그들은 서로 양보해 주는 척하면서 속으로는 회심의 미소를 지었습니다. 인간은 누구나 자신의 실속과 자기 이익을 챙기려는 욕심을 가지고 있습니다. 정도의 차이가 있을 뿐입니다. 그러나 야곱이 얼마나 교활하고 계산적인 제안을 했는지는 여기에서도 아직 알 수가 없습니다.

그날에 그가 숫염소 중 얼룩무늬 있는 것과 점 있는 것을 가리고 암염소 중 흰 바탕에 아롱진 것과 점 있는 것을 가리고 양 중의 검은 것들을 가려 자기 아들들의 손에 맡기고 자기와 야곱의 사이를 사흘 길이 뜨게 하였고 야곱은 라반의 남은 양 떼를 치니라(창 30:35-36).

계약이 이루어지던 날부터 라반의 발걸음이 바빠졌습니다. 자기 소유의 모든 양 중에서 얼룩지고, 점 있고, 검은 양과 염소를 골라 자기 아들들한테 주어서 그 양과 염소 떼와 야곱이 돌보고 있는 양과 염소 떼 사이를 사흘 길을 가야 만날 수 있는 거리만큼 떨어뜨려 놓았습니다. 그렇게 해서 야곱에게는 흰 염소와 흰 양만 맡겨졌습니다. 바로 이런 모습이 우리 자신의 모습일 수도 있습니다. 우리도 라반처럼 그런 과정 속에서도 말은 그럴듯하게 하고, 약속도 멋있게 합니다. 어떤 경우는 이런 식으로 20년, 30년, 그보다 더 오랜 세월을 속고 속이기도 합니다.

양 중에서 얼룩지고, 점 있고, 검은 것이 있어야 교미했을 때 역시 얼룩지고, 점 있고, 검은 새끼가 나올 텐데 그런 양들을 모두 가져가 버리니 야곱으로서는 어찌해 볼 방법이 없어 보입니다. 그래도 야곱은 이처럼 불가능한 환경 가운데서 포기하지 않았습니다. 그는 불가능한 상황에서 다시 시작했습니다. 야곱은 아버지 집에서 쫓겨나서 방황하다가 하나님을 만났습니다. 그러고는 인생을 다시 시작했습니다. 이후 한 여자를 만나 사랑에 빠져서 결혼했는데, 첫날밤을 지내고 나서 보니 자기 곁에는 다른 여자가 있었습니다. 장인에게 속아서 사기 결혼을 당한 것입니다. 그러나 그는 절망하지 않고 다시 시작했습니다. 그리고 장인한테 또 속았습니다. 그러나 야곱은 포기하지 않고 또다시 시작했습니다.

우리는 여기서 하나님의 사람은 또다시 시작한다는 사실을 배웁니다. 사기를 당하는 등 어떤 어려움을 겪었습니까? 다시 시작하십시오. 불가능하지만 또다시 시작하십시오.

하나님의 선택받은 자에게는 기적이 일어난다

야곱이 버드나무와 살구나무와 신풍나무의 푸른 가지를 가져다가 그것들의 껍질을 벗겨 흰 무늬를 내고 그 껍질 벗긴 가지를 양 떼가 와서 먹는 개천의 물 구유에 세워 양 떼를 향하게 하매 그 떼가 물을 먹으러 올 때에 새끼를 배니 가지 앞에서 새끼를 배므로 얼룩얼룩한 것과 점이 있고 아롱진 것을 낳은지라(창 30:37-39).

야곱은 어떻게 해 볼 방법이 없는 불가능에 도전하기 시작했습니다. 말도 안 되는 일을 시작한 것입니다. 나무껍질을 벗겨서 양들이 물을 먹는 개울가에 세워서 양들이 보게 했습니다. 양 떼가 물을 먹으러 와서 새끼를 배면 얼룩지고 아롱지고 검은 것들이 태어났습니다. 이것은 유전 법칙을 파괴하는, 말도 안 되는 이야기처럼 보입니다.

그러나 여기에 놀라운 하나님의 비밀이 있습니다. 나무껍질을 뜯어다가 양들이 먹는 물에 놓았는데 어떻게 얼룩지거나 검거나 아롱진 양들이 태어날 수 있겠습니까? 이것은 자연의 섭리로 이루어진 일이 아니라 하나님의 능력으로 이루어진 기적입니다. 이처럼 어떤 때는 자연 섭리 가운데 하나님의 기적이 일어납니다. 구약 성경을 보면 이스라엘 민족이 광야에서 하나님께 불순종함으로 말미암아 독사에게 물려서 죽게 된 사건이 나옵니다. 사람들은 아우성쳤습니다. 지도자 모세가 하나님께 기도했더니 하나님이 방법을 가르쳐 주셨습니다.

불뱀을 만들어 장대 위에 매달아라 물린 자마다 그것을 보면 살리라(민 21:8).

이것은 사람이 보기에 말도 안 되는 방법 같습니다. 독사의 독으로 죽게 된 사람에게는 해독제를 주어야 마땅한데, 놋 뱀을 보면 산다는 것은 받아들이기 어려운 말입니다. 그러나 하나님은 모세에게 이렇게 하라고 가르쳐 주셨습니다. 모세가 놋 뱀을 만들어 장대 위에 달아 들어 올렸습니다. 이스라엘 백성에게는 두 가지 반응이 있었습니다. '이것은 말도 안 된다'라고 상식적이고 합리적으로 생각한 사람들은 놋 뱀을 보지 않아서 죽었습니다. 그러나 좀 무식하고 비합리적이더라도 지푸라기를 잡는 심정으로 놋 뱀을 본 사람은 모두 살아났습니다. 놀라운 사실은 예수님이 요한복음에서 이 이야기를 인용하면서 십자가를 말씀하셨다는 것입니다.

모세가 광야에서 뱀을 든 것같이 인자도 들려야 하리니 이는 그를 믿는 자마다 영생을 얻게 하려 하심이니라 하나님이 세상을 이처럼 사랑하사 독생자를 주셨으니 이는 그를 믿는 자마다 멸망하지 않고 영생을 얻게 하려 하심이라 하나님이 그 아들을 세상에 보내신 것은 세상을 심판하려 하심이 아니요 그로 말미암아 세상이 구원을 받게 하려 하심이라(요 3:14-17).

생각해 보면, 약 2,000년 전에 죽은 한 사람을 믿으면 영생을 얻고 구원받는다는 것은 말이 안 되는 것 같습니다. 이것은 독사에 물린 사람이 놋 뱀을 보면 살아난다는 것과 같은 이야기입니다. 그러나 그 당시에 놋 뱀을 보고 사람들이 살아난 것처럼, 지금 십자가를 보고 예수 그리스도를 믿는 사람은 영원한 생명을 얻을 것이고 그 피로 죄 사함을 받을 것입니다.

우리는 예수님을 믿지 않는 사람의 입장을 충분히 이해할 수 있습니다. 우리는 믿으니 다행이지만, 약 2,000년 전에 죽었다가 부활했다는 나사렛에서 태어난 한 청년의 이름을 믿으면 자신이 구원을 얻고 천국 간다는 말을 믿기란 쉬운 일이 아닙니다. 믿는 우리가 오히려 조금 이상한 듯 느껴질지 모릅니다. 하지만 우리에게는 그 모든 것이 믿어집니다. 또한 우리가 믿는 바는 진리입니다. 누구든지 놋 뱀을 본 자들은 다 살아난 것처럼 누구든지 예수 그리스도의 이름을 부르는 자는 다 살아날 것입니다.

하나님은 "다른 이로써는 구원을 받을 수 없나니 천하 사람 중에 구원을 받을 만한 다른 이름을 우리에게 주신 일이 없음이라"라고 사도행전 4장 12절에서 말씀하셨습니다. 예수님 외에는 구원이 없다는 것입니다. 이 말처럼 독선적이고 부담을 주는 말이 어디 있겠습니까? 예수님을 믿거나, 석가를 믿거나, 위대한 성현들 중 누군가를 믿어도 구원을 받는다면 마음에 부담이 없을 텐데, 굳이 예수님만 믿어야 구원을 얻는다니까 사람들이 부담스럽게 느끼는 것입니다. 그러나 진리는 부담스러운 법입니다.

우리는 또 다른 기적을 봅니다. 양과 염소들이 야곱이 마련한 나뭇가지 앞에서 새끼를 배었을 때 하나님이 자연 섭리 아래 있는 유전 법칙을 뛰어넘는 기적을 베푸셔서 얼룩진 양과 얼룩진 염소와 검은 양과 검은 염소가 태어났다는 사실입니다. 할렐루야!

> 야곱이 새끼 양을 구분하고 그 얼룩무늬와 검은 빛 있는 것을 라반의 양과 서로 마주 보게 하며 자기 양을 따로 두어 라반의 양과 섞이지 않게 하며 튼튼한 양이 새끼 밸 때에는 야곱이 개천에다가 양 떼의 눈앞에 그 가지를 두어 양이 그 가지 곁에서 새끼를 배게 하고 약한 양이면 그 가지를 두지 아니하니 그렇게 함으로 약한 것은 라반의 것이 되고 튼튼한 것은 야곱의 것이 된지라(창 30:40-42).

하나님의 기적이 일어나는 가운데서도 인간의 야망은 계속되었습니다. 우리는 주님의 뜻대로 산다고 하면서도 계속해서 자신의 이익을 추구합니다. 야곱이 그러했습니다. 야곱은 건강한 양이 새끼를 밸 것 같으면 자신이 만든 나뭇가지를 갖다 놓았고, 약한 양이 새끼를 밸 것 같으면 나뭇가지를 갖다 놓지 않았습니다. 이는 결과적으로 라반의 양은 약한 양들로, 야곱의 양은 튼튼한 양들로 채워지게 했습니다.

> 이에 그 사람이 매우 번창하여 양 떼와 노비와 낙타와 나귀가 많았더라(창 30:43).

이것이 하나님의 사랑이고, 선택이며, 약속입니다. 야곱같이 정직하지 못한 우리, 겉으로는 헌신하고 의로운 척하면서도 그 안에는 탐욕이 있는 우리의 모습을 하나님은 아십니다. 그럼에도 불구하고 하나님은 우리를 포기하시지 않고, 버리시지 않고, 속아 주시고, 불러 주시고, 복을 주십니다. 그렇게 하심으로써 결국은 야곱도 변화시키셔서 이스라엘로 만들어 주신 것입니다. 하나님은 우리도 그렇게 세워 주십니다. 그 하나님을 찬양합니다!

우리의 마음이 맑아서 하나님을 사랑한 것이 아니며, 우리에게 욕심이 없기 때문에 하나님이 우리를 선택해 주신 것이 아닙니다. 우리는 하나님의 기적을 보고서도 또다시 실수하는 인간입니다. 그렇지만 하나님은 우리를 대제사장이신 예수님의 어깨와 가슴에 박힌 보석처럼 품으시고 하나님의 형상에 이르기까지, 즉 예수 그리스도의 장성한 분량에 이르기까지 고치시고, 변화시키시고, 새롭게 하십니다.

16

또 도망가는 나를
하나님은 기다리십니다

창세기 31:1-20

떠나야 할 때 떠나지 않으면 괴로워진다

야곱은 도망가는 인생을 살았습니다. 아버지의 집과 라반의 집에서 도망을 갔습니다. 사람은 끊임없이 도망가는 존재인 듯합니다. 불량 학생은 교사로부터, 불효자식은 부모로부터, 범죄한 시민은 사회와 국가로부터 도망가려고 합니다. 사람들은 떳떳하지 못하거나 이유 없이 억압받고 학대당할 때 도망갑니다. 모든 사람이 문제없이 잘 살아가는 것처럼 보이지만, 우리 사회는 서로가 서로에게서 도망가는 사회입니다.

죄인은 하나님으로부터 도피합니다. 하나님께로 돌아가야 행복을 찾을 수 있는데 행복을 눈앞에 두고 자꾸 피합니다. 로마서 3장 23절은 "모든 사람이 죄를 범하였으매 하나님의 영광에 이르지 못하더니"라고 말합니다. 하나님과 우리 사이를 가로막는 장애물은 하나님의 실수로 생긴 것이 아니라 우리의 죄로 인한 것입니다. 도망자의 삶은 끝없이 어디론가 가야 하기 때문에 외롭고 고통스럽습니다. 사람은 하나님을 피하면 끝없이 방황해야 하는 존재가 됩니다. 그 대표적인 사람이 가인이었습니다. 그는 하나님께 죄를 짓고는 정처 없이 방황해야 했던 최초의 도망자였습니다.

야곱은 외삼촌 집에서 14년을 살았습니다. 그동안 4명의 아내를 통해 11명의 아들과 1명의 딸을 낳았습니다. 그 세월 동안 야곱이 받았던 고통과 외로움을 누가 알겠습니까? 그를 위로해 줄 사람은 아무도 없었습니다. 결국 야곱은 고향으로 돌아가야겠다고 결심했습니다. 그러나 아버지의 집에는 자기가 배신했던 형이 있었기 때문에 안락한 곳이 될 수 없었습니다. 그럼에도 야곱은 집으로 돌아가기로 했습니다.

그런데 라반이 만류하자 야곱은 라반의 집에 더 머물렀습니다. 떠나야 할 때 떠나지 못하면 고통이 따릅니다. 하지만 그가 떠나야 할 때 떠나지 못하고 머물 때조차도 하나님이 조건과 이유 없이 야곱에게 복을 주신 놀라운 일이 생겼습니다. 그때에도 야곱은 하나님의 오묘하고 놀라운 사랑의 섭리를 다 깨닫지 못했습니다.

하나님이 복을 주셔서 야곱의 재산이 불어나면서부터 문제가 발생하기 시작했습니다. 돈이 많아지기 시작하면 아울러 적도 생기기 마련입니다. 유명하지 않을 때는 아무렇게나 살아도 비난하는 사람이 없지만 유명해지면 적이나 모함하는 자들이 생기기 시작합니다.

야곱이 라반의 아들들이 하는 말을 들은즉 야곱이 우리 아버지의 소유를 다 빼앗고 우리 아버지의 소유로 말미암아 이 모든 재물을 모았다 하는지라(창 31:1).

야곱은 자기를 비난하는 소문을 듣게 되었습니다. 소문의 출처는 라반의 아들들이었습니다. 우리를 배신하는 사람과 자신을 욕하는 사람은 주변에 있는 사람입니다. 이들의 야곱을 향한 비난은 두 가지였으며, 그것들은 진실이 아니었습니다. 야곱의 양들은 건강하고 번식을 잘하는 반면 라반의 양들은 그렇지 못하니까 라반의 아들들은 질투가 나고 화가 났습니다. 그래서 "야곱이 부자가된 것은 우리 아버지의 소유를 다 빼앗았기 때문이다"라고 말하며사실과 다른 해석을 했습니다.

이 말을 들은 야곱은 억울했습니다. 더구나 윗사람에게서가 아니라 어린 사람에게서 그런 소리를 듣자 그동안 인내했던 것이 폭발하고 말았습니다. 떠나야 할 때 떠나지 않으면 괴로운 일들이 계속해서 생기는 법입니다.

> 야곱이 라반의 안색을 본즉 자기에게 대하여 전과 같지 아니하더라
> (창 31:2).

야곱을 대하는 라반의 태도가 달라졌고, 말에는 가시가 돋쳤습니다. 야곱은 라반의 아들들이 이런 소문을 퍼뜨린 것은 그들이 철이 없기 때문이라고 생각했을 것입니다. 그러나 막상 알고 보니 그 소문의 진원지는 라반이었습니다. 그래서 야곱은 더 상처를 받았습니다.

결국 야곱은 '이제는 떠나자' 마음먹었습니다. 라반과 야곱의 관

계는 사위와 장인의 관계로서 사랑과 존경의 관계가 되어야 하는데, 미움과 의심의 관계가 되어 버렸습니다. 야곱과 라반은 남을 속이는 습성을 가지고 있었기 때문입니다. 남에게 하는 대로 자신도 당하기 마련입니다. 이것은 법칙입니다. 남에게 잘하면 누군가 자기에게 잘하고, 남을 용서하면 누군가 자신을 용서합니다. 그러나 라반과 야곱은 서로를 원망하며 불행한 관계를 맺어 갔습니다. 겉으로는 친한 척, 서로를 존경하고 아끼는 척하지만, 속으로는 계산적으로 서로를 이용했습니다. 우리는 가끔 교회에서도 뒤돌아서서 남을 흠집 내는 사람들을 볼 수 있습니다.

하나님은 길고 긴 기다림을 기다리신다

> 여호와께서 야곱에게 이르시되 네 조상의 땅 네 족속에게로 돌아가라 내가 너와 함께 있으리라 하신지라(창 31:3).

고향으로 돌아갈 때가 지났음에도 야곱이 떠나지 않자 하나님이 직접 "돌아가라"고 말씀하셨습니다. 야곱은 하나님이 원하시지 않는 땅에 머물러 있었던 것입니다. 우리도 축복의 땅으로 빨리 돌아가야 합니다. 세상에 있을수록 더 많은 비극을 보게 됩니다.

사실 야곱은 믿음의 조상이 되기에는 인격적으로 문제점이 너무 많았습니다. 그러나 우리가 보는 시각과 하나님의 관점은 다릅니다. 이런 사람도 믿음의 조상이 될 수 있다는 것이 하나님의 관점입니다. 그래서 하나님은 야곱을 포기하시지 않았습니다. 이것은 마치 부모가 자식을 포기하지 않는 것과 같습니다. 부모는 자기 자식이 모범생이기 때문에 사랑하는 것이 아닙니다. 부모는 아이가 태중에 있을 때부터 이미 사랑하기로 결정했습니다. 이와 같이 하나님은 우리가 기도를 잘하고, 주일예배에 빠지지 않고, 헌금하고, 전도하고, 선교사로 갔기 때문에 우리를 사랑하시는 것이 아닙니다. 우리는 죄인이지만 하나님은 하나님의 사랑을 받기 위해 태어난 존재로 우리를 사랑하십니다. 그리고 하나님은 그 사랑을 결코 포기하시지 않습니다.

하나님은 야곱이 믿음의 조상이 되기에 부족한 사람이었기 때문에 훈련을 시키셨습니다. 고난과 역경 가운데 집어넣으신 것입니다. 그리고 하나님은 기다리셨습니다. 우리는 어떤 위기에 부딪히면 하나님께 기도하고 응답해 달라고 합니다. 응답이 없으면 너무나 속상해하며 "하나님, 제가 얼마나 기다렸는지 아십니까?"라고 말합니다. 그러나 우리의 기다림보다 하나님의 기다림이 더 깁니다. 하나님은 우리가 성숙한 사람이 될 때까지 기다리십니다. 우리는 자신의 고통이 크다고 생각하지만, 변하지 않는 우리를 지켜보시는 하나님의 고통은 이루 말할 수 없이 큽니다.

하나님은 야곱을 기다리기로 결정하셨습니다. 야곱이 정신 차려 하나님의 뜻을 깨달을 때까지 그를 포기하시지 않고 기다리셨습니다. 그래서 하나님께는 아픔이 있었습니다. 이것은 마치 아들을 군대에 보내는 부모의 마음과 비슷합니다. 부모는 고생을 하게 될 아들을 안타깝게 여기고 마음 아파하지만 아들이 군대라는 조직 속에서 어른이 되고 성숙한 사람이 되도록 기도합니다.

야망이 많은 사람은 겁도 많습니다. 야곱이 그러했습니다. 그래서 하나님은 야곱에게 "두려워하지 마라. 네가 약속의 땅으로 돌아올 때까지 내가 네 옆에 있어 주겠다"라고 말씀해 주셨습니다. 야곱은 드디어 떠나기로 결정했습니다. 그래서 제일 먼저 라헬과 레아를 불러서 떠나야 한다는 말을 했습니다.

> 야곱이 사람을 보내어 라헬과 레아를 자기 양 떼가 있는 들로 불러다가 그들에게 이르되 내가 그대들의 아버지의 안색을 본즉 내게 대하여 전과 같지 아니하도다 그러할지라도 내 아버지의 하나님은 나와 함께 계셨느니라(창 31:4-5).

야곱은 그동안의 자초지종을 아내들에게 이야기했습니다. 라반의 두 딸은 쉽게 동의하지 않았습니다. 아무리 아버지가 잘못을 했어도 자기 아버지를 비난하는 남편이 고울 리 없습니다. 라헬과 레아는 마음이 편하지 않았을 것입니다. 그래도 야곱은 계속 그들을 설득했습니다.

그대들도 알거니와 내가 힘을 다하여 그대들의 아버지를 섬겼거늘 그대들의 아버지가 나를 속여 품삯을 열 번이나 변경하였느니라 그러나 하나님이 그를 막으사 나를 해치지 못하게 하셨으며 (창 31:6-7).

야곱이 지난 세월 장인을 섬기며 고생했던 사실과 그의 품삯을 장인 라반이 여러 번 속여서 갈취했다는 사실은 누구나 다 아는 일이었습니다.

그가 이르기를 점 있는 것이 네 삯이 되리라 하면 온 양 떼가 낳은 것이 점 있는 것이요 또 얼룩무늬 있는 것이 네 삯이 되리라 하면 온 양 떼가 낳은 것이 얼룩무늬 있는 것이니 하나님이 이같이 그대들의 아버지의 가축을 빼앗아 내게 주셨느니라(창 31:8-9).

라반은 야곱에게 주기로 한 품삯을 열 번이나 바꾸면서까지 사위를 이용했습니다. 그러나 하나님이 이 상황에 개입하셨기에 라반의 방해에도 불구하고 야곱은 부유해질 수 있었습니다.

그 양 떼가 새끼 밸 때에 내가 꿈에 눈을 들어 보니 양 떼를 탄 숫양은 다 얼룩무늬 있는 것과 점 있는 것과 아롱진 것이었더라 꿈에 하나님의 사자가 내게 말씀하시기를 야곱아 하기로 내가 대답하기를 여기 있나이다 하매 이르시되 네 눈을 들어 보라 양 떼를 탄 숫양은 다 얼룩무늬 있는 것, 점 있는 것과 아롱진 것이니라 라반이 네게 행한 모든 것을 내가 보았노라 나는 벧엘의 하나님이라 네가 거기서 기둥에 기름을 붓고 거기서 내게 서원하였으니 지금 일어나 이곳을 떠나서 네 출생지로 돌아가라 하셨느니라(창 31:10-13).

하나님이 야곱에게 복을 주신 것을 살펴보면 복의 비밀을 알게 됩니다. 야곱은 복을 받을 만한 어떤 선한 일을 하지 않았습니다. 복이란 복 받을 만한 사람에게 주어지는 것이 아닙니다. 야곱이 복 받은 이유는 하나님이 복을 주기로 결정하셨기 때문입니다.

우리는 은혜로 복을 받습니다. 구원은 내가 잘나고 똑똑해서 받는 것이 아닙니다. 우리는 죄인이고 구원받을 만한 자격이 없지만 하나님이 무조건적으로 구원해 주신 것입니다. 내가 받을 만해서 받은 것은 감동도 없고 응당 받아야 할 것으로 여기기 마련입니다. 우리가 사랑받고 복 받기 위해서 태어난 사람임을 믿으십시오!

하나님은 불의하시고 공의가 없으신가?

이 점에서 보면 하나님께 공의가 없어 보이기도 합니다. 어떤 면에서는 그렇다고 할 수도 있습니다. 하나님은 외곬이시고 편애를 하십니다. 하나님은 한번 우리를 사랑하기로 결정하시면 포기하시지 않습니다. 우리가 실수하면 그 실수를 이용해서라도 복을 주십니다. 죄가 없어서 복을 주시는 것이 아니라 복을 주기 위해서 우리의 죄를 모두 없애 버리십니다. 그리고 우리를 복 받을 만한 그릇으로 만들어 가십니다. 이런 분이 하나님이십니다. 그래서 우리는 하나님 앞에서 할 말이 없습니다. 그 은혜와 사랑과 긍휼하심을 어찌 다 말로 설명할 수 있겠습니까?

자녀를 야단치지 마십시오. 야단치지 않으면 버릇이 나빠질 것이라고 생각하지만 그렇지 않습니다. 사람은 잘못한 것을 스스로 깨닫습니다. 그냥 있는 모습 그대로를 받아들여 주고, 인정해 주고, 사랑하면 사람은 변합니다. 남편의 버릇을 고치려고 애쓰지 마십시오. 남편을 인정하고, 격려해 주고, 사랑하면 남편은 스스로 알아서 자기의 잘못을 고쳐 나갑니다.

저는 야곱을 보면서 충격을 받은 것이 있습니다. 하나님이 그를 야단치시지 않았다는 점입니다. 야곱은 야단맞을 짓을 많이 저질렀는데도 하나님은 그를 야단치시지 않았습니다. 이것은 매우 놀라운 사실입니다. 하나님은 야곱에게 복을 주시기 위해 동물까지 움직이셨습니다. 그래서 야곱에게 유익이 되는 방향으로 양과 염소들이 새끼를 낳게 만드셨습니다. 하나님이 주시는 복은 바로 이런 것입니다. 하나님이 복 주기로 결정하시면 넘어져도 깨져도, 또 들어와도 나가도 복을 받습니다. 우리 모두가 그런 복을 받기를 간절히 바랍니다.

"하나님은 불의하시고 공의가 없으시다"라는 반론을 제기하고 싶습니까? 공의대로 말하자면 우리는 골백번 죽었어야 합니다. 하나님이 공의와 정의로 우리를 대하셨다면 우리는 아무도 구원받거나 사랑을 받지 못했습니다. 우리는 그럴 가치가 없는 존재들입니다. 그러나 그분은 우리의 허물을 눈감아 주십니다. 그래서 우리가 구원받은 것입니다. 하나님이 우리를 눈감아 주시고 용납해 주셨듯이 우리도 다른 사람의 잘못을 눈감아 주고 그 사람을 이해해 주어야 합니다. 그러면 우리 가정에 복이 옵니다.

하나님은 야곱에게 "나는 벧엘의 하나님이다"라고 말씀하셨습니다. 창세기 28장에서 야곱은 인생 중 가장 절망적이고 어두운 상황에 처해 있었습니다. 그는 들판에서 배고픈 창자를 움켜쥐고 새우잠을 자야 했습니다. 돌 하나를 뽑아다가 베개 삼고 누워 하늘을 보다가 잠이 들었을 때 그는 꿈을 꾸었습니다. 하늘의 사닥다리에 천사가 오르락내리락하고 그곳에 하나님이 계신 것을 보았습니다. 하나님이 그에게 이렇게 말씀하셨습니다.

또 본즉 여호와께서 그 위에 서서 이르시되 나는 여호와니 너의 조부 아브라함의 하나님이요 이삭의 하나님이라 네가 누워 있는 땅을 내가 너와 네 자손에게 주리니 네 자손이 땅의 티끌같이 되어 네가 서쪽과 동쪽과 북쪽과 남쪽으로 퍼져 나갈지며 땅의 모든 족속이 너와 네 자손으로 말미암아 복을 받으리라 내가 너와 함께 있어 네

가 어디로 가든지 너를 지키며 너를 이끌어 이 땅으로 돌아오게 할
지라 내가 네게 허락한 것을 다 이루기까지 너를 떠나지 아니하리
라 하신지라(창 28:13 - 15).

이 말씀을 들은 야곱은 놀랐습니다. 그때야말로 야곱이 야단맞
을 만큼 큰 잘못을 저지른 때였는데 하나님이 오셔서 야단을 치시
는 대신 위로와 격려를 해 주셨기 때문입니다. 이런 말씀을 듣고
살아나지 않을 사람이 어디 있겠습니까? 이렇게 자녀를 격려해 보
십시오. 하나님은 절대로 야곱을 야단치시거나 따지시지 않았습
니다. 우리가 기억해야 하는 메시지는 "하나님은 우리를 이렇게
무조건 사랑하신다"라는 것입니다.

그날 밤에 야곱은 너무 놀라서 잠에서 깨어나 한밤중에 돌베개
를 땅에 박고 예배를 드렸습니다. 그리고 기도하다가 자기도 모르
게 서원까지 했습니다.

하나님이 나와 함께 계셔서 내가 가는 이 길에서 나를 지키시고 먹
을 떡과 입을 옷을 주시어 내가 평안히 아버지 집으로 돌아가게 하
시오면 여호와께서 나의 하나님이 되실 것이요 내가 기둥으로 세운
이 돌이 하나님의 집이 될 것이요 하나님께서 내게 주신 모든 것에
서 십분의 일을 내가 반드시 하나님께 드리겠나이다(창 28:20-22).

이처럼 하나님을 만나면 예배드리고 찬양하게 됩니다. 그리고 서원도 합니다. 야곱은 가슴이 벅차오르는 감동으로 하나님께 약속했습니다. 그리고 때가 되자 하나님은 야곱의 서원을 상기시키셨습니다.

하나님은 우리가 정신없이 흥분해서 한 기도도 다 기억하십니다. 어린 시절 어느 날, 감격해서 선교사로 헌신한 것을 잊지 마십시오. 위급한 상황에 헌금하고 가난한 자를 돕겠다고 한 것도 하나님은 기억하십니다. 하나님이 직접 부르실 때도 있습니다. 그렇지만 우리가 은혜 받고 성령 안에 있을 때, 찬송하고 기도할 때, 자기도 모르게 감당할 수 없는 말을 할 때 하나님은 우리의 기도를 통해 말씀하십니다.

많은 사람이 하나님이 자신을 부르시는 직접적인 음성을 듣기를 바랍니다. 그래서 어떤 분은 하나님의 음성을 듣고 싶어서 남편을 출근시키고 아이들을 학교 보내고 나서 혼자 방에 앉아 기도했답니다. "주님, 말씀하옵소서. 제가 듣겠나이다." 그리고 가만히 들어 보니 옆집 라디오 소리만 잘 들렸다고 합니다. 우리가 은혜 받고 감동해서 기도하며 말하는 것이 하나님의 음성입니다. 그렇게 살라고 말씀하시는 것입니다. 그러나 우리는 때로 이성을 찾고 나면 자기가 한 기도에 대해 다시 생각합니다.

복을 회복하고 싶으면 서원을 지키십시오. 우리가 가장 어려울 때 하나님께 매달렸던 것을 생각하십시오. 하나님은 기억하고 계십니다. 너무 늦기 전에 약속을 회복하십시오. 서원한 것을 지키십시오. 우리의 상황이 아무리 불리하고, 어렵고, 힘들어도 하나님께 약속한 것을 지키면 하나님이 복을 주십니다.

> 라헬과 레아가 그에게 대답하여 이르되 우리가 우리 아버지 집에서 무슨 분깃이나 유산이 있으리요 아버지가 우리를 팔고 우리의 돈을 다 먹어 버렸으니 아버지가 우리를 외국인처럼 여기는 것이 아닌가 하나님이 우리 아버지에게서 취하여 가신 재물은 우리와 우리 자식의 것이니 이제 하나님이 당신에게 이르신 일을 다 준행하라(창 31:14-16).

드디어 라헬과 레아는 야곱에게 설득당했습니다. 그리고 아버지의 집을 떠나기로 결정했습니다. 야곱의 생애에는 하나의 특징이 있습니다. 항상 떳떳하지 못하게 몰래 떠난다는 것입니다. 아버지 집을 떠날 때도 그러했고, 라반의 집을 떠날 때도 그러했습니다. 야곱은 라반이 없을 때 자기 가족과 재산을 챙겨 몰래 떠났습니다. 게다가 아내 라헬은 아버지가 없을 때 아버지의 물건을 훔쳐 가지고 떠났습니다.

놀라운 사실은, 하나님은 이런 사람을 버리시지 않고 복을 주신다는 것입니다. 급할 때는 새벽마다 기도하며 살려 달라고 해 놓고, 잘되면 딴짓하는 사람이 바로 야곱 같은 사람입니다. 그런 우리를 하나님은 버리시지 않습니다. 우리가 하나님을 속인 것이 아닙니다. 하나님이 속아 주신 것입니다. 그리고 하나님은 우리가 진짜 믿음을 가질 때까지 기다리십니다. 이제 야곱은 라반에게 말하지 않고 떠났습니다.

> 야곱이 일어나 자식들과 아내들을 낙타들에게 태우고 그 모은 바 모든 가축과 모든 소유물 곧 그가 밧단아람에서 모은 가축을 이끌고 가나안 땅에 있는 그의 아버지 이삭에게로 가려 할새 그때에 라반이 양털을 깎으러 갔으므로 라헬은 그의 아버지의 드라빔을 도둑질하고 야곱은 그 거취를 아람 사람 라반에게 말하지 아니하고 가만히 떠났더라(창 31:17-20).

가만히 떠나고 싶다고 해서 상대방이 가만히 두겠습니까? 떳떳하지 못하게 몰래 떠나는 사람, 어쩌면 이 모습이 우리의 실상인지도 모릅니다. 우리는 그다지 훌륭한 사람들이 아닙니다. 헌신하고 봉사하면서도 우리 안에 이런 인간적인 요소가 있습니다. 이것이 예수님을 믿는 우리의 현주소입니다. 그런데 희한한 것은 그러면서도 하나님을 떠나지 못한다는 사실입니다. 왜냐하면 하나님이 우리를 놓지 않으시기 때문입니다.

17

속고 속이는 야곱에게서
내가 보입니다

창세기 31:21-42

하나님은 알지 못하는 사이에 위기를 막아 주신다

사람들이 서로 속고 속이는 이유는 탐욕 때문입니다. 라반의 탐욕은 야곱을 사위로 보지 않고 자기에게 이익을 가져다주는 존재로 보게 했습니다. 야곱도 장인을 장인으로 보지 않고 자기의 인생을 착취한 이기주의자로 보았습니다. 야곱과 라반 사이에 누가 더 이익을 얻느냐는 문제가 두 사람 사이에 흐르는 긴장의 원인이었고 이야기의 내용입니다.

라반은 야곱의 품삯을 열 번이나 바꾸었습니다. 그만큼 야곱을 많이 속였던 것입니다. 속았던 야곱은 말로 표현하지 못한 채 자기는 착취당했다고 생각했습니다. 그래서 처자식과 재산을 가지고 몰래 도망가야겠다고 생각했고, 결국 20년이나 같이 살았던 장인에게 인사도 없이 몰래 도망갔습니다. 이것이 야곱과 라반의 관계였습니다.

라반도 할 말이 많았고, 야곱도 할 말이 많았을 것입니다. 속고 속이는 관계에서는 서로 할 말이 많습니다. 자기의 실수는 보지 않고 다른 사람의 허물만 보기 때문입니다. 피해를 입었다고 생각하는 사람들은 언제나 자기가 다른 이들에게 피해 준 것은 생각하지 않고 피해 받은 것만 생각합니다. 그래서 사랑하고 격려하기보다는 미워하고 비판하기 마련입니다.

그가 그의 모든 소유를 이끌고 강을 건너 길르앗산을 향하여 도망한 지 삼 일 만에 야곱이 도망한 것이 라반에게 들린지라(창 31:21-22).

야곱은 라반 모르게 그 집을 떠나 도망을 갔습니다. 그런데 야곱의 도피 소식이 사흘이나 지나서 라반에게 알려졌습니다. 창세기 30장 36절을 보면, 라반은 야곱을 신뢰하지 않고 착취하려고 했기 때문에 야곱의 거처를 자신과 사흘간 가야 할 거리만큼 떨어뜨려 놓았습니다. 그런데 이것이 화근이 되어서 야곱이 도망했다는 소식을 듣는 데도 3일이나 걸린 것입니다. 자기가 친 덫에 자기가 걸린 것입니다.

3일이나 늦게 소식을 들은 라반은 자신이 야곱에게 잘못했던 것은 하나도 생각하지 않고 야곱을 괘씸하게 생각했습니다. 야곱이 자기를 속였다는 생각에 분노로 가득 차서 일꾼들과 자기 친척들을 데리고 야곱을 잡으러 갔습니다.

라반이 그의 형제를 거느리고 칠 일 길을 쫓아가 길르앗산에서 그에게 이르렀더니(창 31:23).

야곱은 정상적인 속도로 길을 갔을 것입니다. 라반이 그 소식을 듣는 데 3일 걸렸고, 야곱이 떠난 지점에 이르는 데 3일이 걸렸을 것입니다. 그때는 이미 야곱이 3일 길을 더 간 후였습니다. 따라서 라반은 야곱과 같은 속도로 가서는 야곱의 일행을 따라잡을 수 없었습니다. 그런데 라반이 7일 만에 야곱 일행을 따라잡았다는 것은 라반이 분노로 가득 차서 새벽 일찍 일어나서 밤늦게까지 추적했다는 사실을 암시합니다.

이것은 마치 우리 인생의 단면과 같습니다. 우리는 삶의 대부분을 일찍 일어나고, 늦게 자고, 아우성을 치면서 죽을 둥 살 둥 애를 쓰고 노력하며 삽니다. 마치 라반처럼 말입니다. 결국 라반은 야곱을 따라잡았습니다.

밤에 하나님이 아람 사람 라반에게 현몽하여 이르시되 너는 삼가 야곱에게 선악 간에 말하지 말라 하셨더라(창 31:24).

라반은 야곱을 바로 덮치지 않았습니다. 야곱이 진을 친 바로 근처에 머물러 다음 날 아침에 야곱을 공격하려고 준비했습니다. 우리는 당시 라반의 모습을 직접 보지는 못하지만, 그 모습이 눈에 선합니다. 분노로 가득 차서 노기를 띠며 잠을 이루지 못했을 것이 뻔합니다.

그러던 중 라반이 잠시 눈을 붙였는데 하나님이 그 틈을 이용해 꿈에 라반에게 나타나셨습니다. 놀라운 것은 하나님이 라반에게 하신 말씀입니다. "라반아, 너는 야곱을 만날 때 삼가 선악 간에 아무 말도 하지 말라"라고 쐐기를 박으셨습니다.

하나님은 야곱이 실수를 많이 했고 잘못했음에도 불구하고 야곱이 위기에 처했을 때 그 상황 가운데 개입하셨습니다. 부모는 자녀가 잘못했든 잘했든 상관없이 위기에 부딪히면 그 일에 개입합니다. 하나님은 우리가 위기에 부딪혔을 때 우리가 훌륭하고, 믿음이 있고, 매사에 무엇인가를 잘하기 때문이 아니라 우리를 사랑하시기 때문에 우리가 알지 못하는 사이에 장애물을 제거해 주시고 위기를 막아 주십니다. 야곱도 하나님이 자신을 보호해 주신다는 것을 모르고 있었습니다. 누군가가 나에게 해 준 만큼 하는 것은 사랑이 아닙니다. 그가 나에게 해 준 것이 아무것도 없다 해도 일방적으로 베푸는 것이 사랑입니다.

하나님은 라반에게 "야곱에게 선악 간에 말하지 말라"고 말씀하셨는데, 이 말은 야곱이 잘못했든 잘했든 따지지 말라는 뜻입니다. 우리의 문제 가운데 한 가지는 잘못한 것을 꼭 밝히고 싶어 한다는 것입니다. 그러나 하나님은 그렇게 하시지 않습니다. 잘했든지 잘못했든지 덮어 두라고 하십니다.

다시 말하지만, 자녀들을 너무 심하게 야단치지 마십시오. 자녀들이 잘했든지 잘못했든지 상관없이 부모가 자신을 사랑한다는 것을 느낄 수 있게 해 주십시오. '잘했을 때는 부모로부터 칭찬을 듣고, 잘못하면 야단을 맞는다'라는 권선징악의 개념은 성경적이지 않습니다. 우리가 자녀에게 보여 줄 것은 자녀가 잘못한 상황이라도 "내가 너를 사랑한다"라고 말해 주는 것입니다. 이렇게 하신

분이 하나님이십니다. 인간이 잘못했을지라도 사랑해 주시고 복을 주시는 것입니다.

혹시 주변 사람 중에 선악 간에 잘못한 일이 있거든 따지지 말고 그냥 넘어가 주십시오. 그렇게 해도 더 많은 잘못된 일이 일어나지 않습니다. 사랑하면 모든 것이 없어집니다.

왜 하나님은 야곱을 편애하실까?

> 라반이 야곱을 뒤쫓아 이르렀으니 야곱이 그 산에 장막을 친지라 라반이 그 형제와 더불어 길르앗산에 장막을 치고 라반이 야곱에게 이르되 네가 나를 속이고 내 딸들을 칼에 사로잡힌 자같이 끌고 갔으니 어찌 이같이 하였느냐(창 31:25-26).

하나님이 라반에게 선악 간에 말하지 말라고 하셨는데, 라반은 참지 못하고 따지기 시작했습니다. 라반은 야곱에게 "왜 몰래 도망갔느냐? 왜 알리지 않고 떠났느냐? 너하고 나하고 20년을 함께 살았는데 어떻게 이럴 수가 있느냐? 너는 왜 내 딸들을 강도같이 끌고 갔느냐?"라고 말했습니다.

언뜻 들으면 라반의 말이 맞는 것 같습니다. 그러나 자세히 살펴보면 틀린 말입니다. 라반의 처지에서는 야곱이 강도처럼 자기 딸들을 칼로 위협해서 잡아가는 것처럼 보일 수 있습니다. 해석은 자유입니다. 그러나 우리는 어떤 사건에 대해서 해석을 잘못해서 진실을 왜곡할 때가 많습니다. 자신이 섭섭하고 상처를 받았기 때문에 진실과 정반대의 해석을 하는 것입니다. 라헬과 레아는 야곱이 칼로 위협해서 강제로 끌고 간 것이 아닙니다. 두 사람 모두 야곱에게 동의해서 기쁨으로 동행한 것입니다. 그러나 그들의 아버지 라반의 감정은 사실을 왜곡했습니다.

> 내가 즐거움과 노래와 북과 수금으로 너를 보내겠거늘 어찌하여 네가 나를 속이고 가만히 도망하고 내게 알리지 아니하였으며 내가 내 손자들과 딸들에게 입 맞추지 못하게 하였으니 네 행위가 참으로 어리석도다(창 31:27-28).

야곱이 떠나겠다는 사실을 알렸다면 라반이 정말 기쁘게 보냈을까요? 야곱이 자신에게 알리지 않고 떠난 것에 대해 분노해 힐문하는 그의 말은 진실이지만, 축복하며 보냈으리라는 말은 거짓입니다. 라반은 자기를 미화시키고 있습니다. 사람은 언제나 자기의 행위를 미화시킵니다. 이런 면에서 글 쓰는 사람이 제일 위험한 사람일지 모릅니다. 사람들은 시나 소설을 쓸 때 자기가 만들어 놓은 가상의 세계 속에서 가상의 인물을 통해 자기를 미화하곤 합니다. 그리고는 그것이 정말 자신의 모습이라고 생각합니다. 우리는 그렇게 아름다운 사람들이 아닙니다. 인간은 쓰레기 같은 존재입니다. 다 멋있고 훌륭해 보이지만 마음속 깊은 곳에는 더러운 것이 있습니다.

구약에 등장하는 나아만 장군은 나병이 걸려서 항상 제복을 입고 살았습니다. 옷을 벗으면 자신이 나병에 걸렸다는 사실이 드러나니까 옷을 통해서 자신의 추악한 모습을 감추었던 것입니다. 사람들은 이처럼 옷을 멋있게 차려입고는 자기가 그렇게 멋있는 사람이라고 착각합니다. 회장, 위원장 등과 같은 직위의 옷을 입고 살지만 사실 옷을 벗겨 놓고 보면 아무것도 아닌 것입니다.

라반은 자기 행위를 미화시키기 시작했습니다. 그리고 야곱에게 "나로 내 손자와 내 딸들에게 입 맞추지 못하게 했다"라고 말했습니다. 이것은 어느 정도는 사실입니다. 사위는 밉더라도 자기 딸들이나 손자들과는 헤어질 때 입맞춤이라도 하고 싶은 것이 할아버지의 마음일 것입니다. 우리는 여기서 라반이 지금 진실과 거짓을 섞어서 이야기하고 있다는 것을 발견하게 됩니다. 처음부터 진실을 말했거나 거짓말만 했다면 차라리 괜찮을지 모릅니다. 그런데 사람들은 편리에 따라 진실을 말했다가 거짓을 말하기 때문에 그 사람이 하는 말이 진실인지 거짓인지 분간하기가 어렵습니다.

그리고 라반은 야곱에게 "네 행위가 참으로 어리석구나"라고 말했습니다. 이 말은 라반에게는 옳게 생각되는 말이지만 야곱의 입장에서도 그렇지는 않습니다. 사람들은 자기 생각을 남에게 강요합니다. 나의 해석이 옳으니 따르라고 합니다. 라반의 입장에서 보면 야곱이 괘씸합니다. 그러나 야곱의 입장에서 보면 라반이 괘씸합니다. 피장파장입니다. 두 사람은 서로 속고 속이는 관계이지, 누가 옳고 누가 틀린 관계가 아닙니다.

> 너를 해할 만한 능력이 내 손에 있으나 너희 아버지의 하나님이 어젯밤에 내게 말씀하시기를 너는 삼가 야곱에게 선악 간에 말하지 말라 하셨느니라(창 31:29).

라반은 "내가 너 정도는 얼마든지 이길 수 있다"라고 말했습니다. '너희 아버지의 하나님'이라는 표현을 보십시오. 이것을 보면 라반의 마음속에 하나님에 대한 두려움이 있었다는 것을 알 수 있습니다. 라반은 이런 의문을 가졌을 것입니다. '왜 하나님은 야곱을 편애하실까? 왜 하나님은 야곱을 사랑하실까?'

참사랑은 공정하지 않습니다. 참사랑은 편애입니다. 일방적으로 편들어 주고 사랑합니다. 하나님의 사랑에는 악인과 선인에게 똑같이 햇빛을 주시는 공의도 있지만, 하나님의 사랑의 깊은 곳에는 일방적이고 조건 없는 사랑이 있다는 것을 알게 됩니다.

하나님이 우리를 공정히 사랑하셨다면 우리 가운데 구원받을 만한 사람은 하나도 없습니다. 우리는 다 본질상 진노의 자녀요, 불순종의 아들이었기 때문에 하나님의 공의로 따진다면 살아남을 수가 없습니다. 하나님이 우리에게 속아 주셨기 때문에 우리가 구원받은 것입니다. 하나님은 우리를 편애하시고, 일방적으로 봐주시고, 실수했어도 실수하지 않은 사람처럼 봐 주십니다. 여기에 하나님의 위대한 사랑이 있습니다.

거짓말, 그래도 사랑하시는 하나님

> 이제 네가 네 아버지 집을 사모하여 돌아가려는 것은 옳거니와 어찌 내 신을 도둑질하였느냐 야곱이 라반에게 대답하여 이르되 내가 생각하기를 외삼촌이 외삼촌의 딸들을 내게서 억지로 빼앗으리라 하여 두려워하였음이니이다 외삼촌의 신을 누구에게서 찾든지 그는 살지 못할 것이요 우리 형제들 앞에서 무엇이든지 외삼촌의 것이 발견되거든 외삼촌에게로 가져가소서 하니 야곱은 라헬이 그것을 도둑질한 줄을 알지 못함이었더라(창 31:30-32).

여기서 우리는 라반이 야곱에 대해 분노한 이유는 자기가 그렇게 아끼는 가호 신(家護 神)을 잃어버렸기 때문이라는 것을 알 수 있습니다. 야곱은 결코 라반의 가호 신을 훔치지 않았다고 말했습니다. 그리고 만약 가호 신인 드라빔을 훔친 것이 사실이라면 어떤 대가를 치르더라도 달게 받겠다고 했습니다. 그는 아내 라헬이 드라빔을 훔쳤을 것이라고는 전혀 생각하지 않았기 때문입니다. 우리는 가끔 이런 일을 겪습니다. 나는 잘못하지 않았는데, 집안 식구 중 누군가가 실수를 한 것입니다. 그래서 큰소리치다가 뚜껑을 열어 보면 사실이 드러나고 맙니다.

야곱의 말을 듣고 난 라반은 자신의 드라빔을 찾기 위해 장막을 뒤지기 시작했습니다.

> 라반이 야곱의 장막에 들어가고 레아의 장막에 들어가고 두 여종의 장막에 들어갔으나 찾지 못하고 레아의 장막에서 나와 라헬의 장막에 들어가매 라헬이 그 드라빔을 가져 낙타 안장 아래에 넣고 그 위에 앉은지라 라반이 그 장막에서 찾다가 찾아내지 못하매 라헬이 그의 아버지에게 이르되 마침 생리가 있어 일어나서 영접할 수 없사오니 내 주는 노하지 마소서 하니라 라반이 그 드라빔을 두루 찾다가 찾아내지 못한지라(창 31:33-35).

라반은 의기양양하게 야곱의 장막에 들어가고, 레아와 두 여종의 장막에 들어가서 드라빔을 찾아보았지만 발견하지 못했습니다. 그리고 마지막으로 라헬의 장막에 들어갔습니다. 라헬은 드라빔을 얼른 낙타 안장 아래에 숨기고 그 위에 앉았습니다. 그러고는 생리가 있어 움직이지 못한다고 거짓말을 했습니다. 아버지는 자기 딸이 생리가 있다는데 잔인하게 사실 여부를 조사해 볼 수는 없었을 것입니다. 그래서 라헬의 거짓말에 속았습니다. 믿음의 조상 야곱의 아내이자 믿음의 사람 요셉의 어머니인 라헬도 이렇듯 별 볼 일 없는 사람이었습니다. 사람에게는 누구든지 이런 모습이 있습니다. 우리가 라헬에게서 보게 되는 또 다른 모습은 라헬은 단연코 남편의 편이었다는 사실입니다.

라헬만 거짓말하는 것이 아니라 우리도 합니다. 로마서 3장 10-12절은 "기록된 바 의인은 없나니 하나도 없으며 깨닫는 자도 없고 하나님을 찾는 자도 없고 다 치우쳐 함께 무익하게 되고 선을 행하는 자는 없나니 하나도 없도다"라고 말합니다. 사람이란 이렇게 거짓되고 의롭지 못한 존재입니다.

야곱은 훌륭한 남자가 아니었습니다. 라헬도 그렇게 멋있는 여자가 아니었습니다. 우리 모두와 비슷한 사람이었습니다. 그러면 야곱의 특징은 무엇입니까? 하나님이 일방적으로 그를 사랑하신 것입니다. 아브라함의 경우도 그렇습니다. 아브라함이 위대한 사람이 아니라 하나님이 위대하신 분입니다. 하나님이 아브라함을 위대한 믿음의 사람으로 만들어 주신 것이지, 아브라함이 위대하기 때문에 하나님이 아브라함을 택하신 것이 아닙니다.

우리가 흠 없고 완벽하기 때문에 하나님이 우리를 구원하신 것이 아닙니다. 우리의 의는 다 쓰레기 같고 걸레 같습니다. 스스로 보기에는 자기가 괜찮고, 훌륭하고, 의인 같지만 실제로 우리 인간은 그렇게 훌륭한 존재가 아닙니다. 그럼에도 하나님은 라헬과 야곱을 들어 쓰시고 믿음의 조상으로 삼아 주셨다는 데 감동이 있습니다.

야곱이 노하여 라반을 책망할새 야곱이 라반에게 대답하여 이르되 내 허물이 무엇이니이까 무슨 죄가 있기에 외삼촌께서 내 뒤를 급히 추격하나이까 외삼촌께서 내 물건을 다 뒤져 보셨으니 외삼촌의 집안 물건 중에서 무엇을 찾아내었나이까 여기 내 형제와 외삼촌의 형제 앞에 그것을 두고 우리 둘 사이에 판단하게 하소서 내가 이 이십 년을 외삼촌과 함께하였거니와 외삼촌의 암양들이나 암염소들이 낙태하지 아니하였고 또 외삼촌의 양 떼의 숫양을 내가 먹지 아니하였으며 물려 찢긴 것은 내가 외삼촌에게로 가져가지 아니하고 낮에 도둑을 맞았든지 밤에 도둑을 맞았든지 외삼촌이 그것을 내 손에서 찾았으므로 내가 스스로 그것을 보충하였으며 내가 이와 같이 낮에는 더위와 밤에는 추위를 무릅쓰고 눈 붙일 겨를도 없이 지냈나이다 내가 외삼촌의 집에 있는 이 이십 년 동안 외삼촌의 두 딸을 위하여 십사 년, 외삼촌의 양 떼를 위하여 육 년을 외삼촌에게 봉사하였거니와 외삼촌께서 내 품삯을 열 번이나 바꾸셨으며 우리 아버지의 하나님, 아브라함의 하나님 곧 이삭이 경외하는 이가 나와 함께 계시지 아니하셨더라면 외삼촌께서 이제 나를 빈손으로 돌려보내셨으리이다마는 하나님이 내 고난과 내 손의 수고를 보시고 어젯밤에 외삼촌을 책망하셨나이다(창 31:36-42).

라반이 드라빔을 찾지 못하자 야곱은 일대 반격을 시도했습니다. 그런데 야곱의 말이 다 맞습니까? 야곱의 입장에서는 맞습니다. 그러나 드라빔을 훔쳐 간 것은 사실이었습니다. 라헬은 아버지의 것을 훔치고 생리가 있다며 거짓말했습니다. 라헬은 마음속으로 '아버지가 내 남편을 20년간 고생시키며 다 착취해 갔으니까 이정도 훔친 것쯤은 별것 아니야'라고 생각하며 오히려 떳떳했을지도 모릅니다. 라헬에게는 자신의 잘못을 인식하는 마음이 보이지 않습니다. 이런 것이 인간의 모습입니다. 바로 우리의 모습입니다.

부부 싸움도 이런 것입니다. 의로운 남편이 어디 있고, 의로운 아내가 어디 있습니까? 다 자기 말이 옳다고 주장하지만, 나중에 사실이 드러나면 남는 것이 없지 않습니까? 부모가 자식을 야단칠 때도 마찬가지입니다. 자식이 모르는 부모의 잘못이 얼마나 많습니까? 부부 사이의 잘못을 서로 모를 뿐이지 잘못이 없는 것이 아닙니다. 그러나 우리는 마치 자신에게는 잘못이 없는 것처럼 주장하고, 따지고, 공격합니다.

사람들은 자신에게 정의감이 있고 자신은 의롭다고 주장합니다. 그렇게 주장하면서도 불안한 까닭은 자신도 똑같은 죄인이기 때문입니다. 이런 주장을 할 수 있는 분이 한 분 계십니다. 예수 그리스도이십니다. 그분만이 영원히 의로우시고 옳으십니다. 그래서 그리스도는 우리의 허물과 실수와 용서받을 수 없는 죄와 거짓말을 다 용서해 주셨습니다. 그리고 하나님은 우리를 죄짓지 않은 사람처럼 대해 주시고 보석 같은 하나님의 자녀로 불러 주셨습니다. 그렇기 때문에 우리는 할 말이 없습니다. 로마서 5장 8절을 보면 이 사실을 명확하게 알 수 있습니다.

> 우리가 아직 죄인 되었을 때에 그리스도께서 우리를 위하여 죽으심
> 으로 하나님께서 우리에 대한 자기의 사랑을 확증하셨느니라(롬 5:8).

야곱의 하나님을 찬양합니다. 그래서 야곱은 믿음의 조상이 될 수 있었습니다. 우리에게 허물과 실수와 거짓이 있다 할지라도 하나님은 그것들을 감추어 주시고 하나님의 자녀로 불러 주십니다. 이러한 놀라운 은총을 찬양하기 바랍니다.

18

먼저 하나님과 화해하고
사람과 화해합니다

창세기 31:43-55

우리는 두 개의 돌기둥을 세워야 한다

라반과 야곱은 장인과 사위 관계임에도 불구하고 지난 20년 동안 서로 속고 속이는 관계를 유지해 왔습니다. 두 사람은 앞에서는 친한 척했습니다. 우리 주변에도 겉으로는 친한 척하지만 속으로는 갈등하고 미워해서 틈만 나면 상대방의 뒤통수를 치려는 사람이 많이 있습니다. 이런 관계의 특징은 서로 비난할 말이 많다는 것입니다. 또 문제의 책임은 상대방에게 있다며 서로가 서로에게 책임을 미룹니다.

야곱과 라반도 그런 관계였습니다. 야곱은 라반이 모르게 도주했다가 라반에게 추적당해 위기에 빠졌습니다. 라반은 야곱을 공격하려고 마음먹었지만, 야곱을 사랑하시는 하나님이 꿈속에 나타나셔서 "야곱에게 선악 간에 말하지 말라"라고 지시하셨습니다. 우리는 여기서 하나님은 하나님이 사랑하시는 사람은 조건 없이 사랑하시고 보호하신다는 놀라운 사실을 발견하게 됩니다.

사랑은 편애입니다. 공정한 것이 아닙니다. 만일 하나님이 우리를 공정하게 사랑하셨다면 우리 가운데 하나님의 사랑을 받을 사람은 하나도 없습니다. 행한 대로 사랑을 받았다면 구원받을 사람이 없습니다. 우리의 구원은 하나님의 조건 없는 사랑 덕분입니다.

부모의 자식을 향한 사랑은 편애입니다. 자기 자녀에 대한 사랑은 다른 집 아이를 향한 사랑과 절대로 같지 않습니다. 잘났든 못났든 상관없이, 아무런 조건 없이 사랑하는 것이 부모의 사랑이고 하나님의 사랑입니다.

야곱은 위기에 빠졌습니다. 야곱이 라반에게 죽게 되었을 때 하나님이 그 상황 가운데로 뛰어드셨습니다. 인간은 서로가 적대 관계를 만들지만 하나님은 우리를 선한 길로 인도하십니다. 인간의 특징은 죄를 짓는 것이고, 하나님의 특징은 용서하시는 것입니다. 하나님은 우리를 끊임없이 용서해 주시고 받아 주십니다. 라반은 야곱이 못마땅했지만 하나님의 지시 때문에 말로는 분풀이를 했으나 더 이상은 싸우지 않기로 결정했습니다. 다시 말해서 라반은 평화 조약을 맺기로 결심했습니다.

라반이 야곱에게 대답하여 이르되 딸들은 내 딸이요 자식들은 내 자식이요 양 떼는 내 양 떼요 네가 보는 것은 다 내 것이라 내가 오늘 내 딸들과 그들이 낳은 자식들에게 무엇을 하겠느냐(창 31:43).

감정을 가라앉히면 상황이 제대로 보입니다. 대부분의 경우 우리가 상황을 제대로 보지 못하는 이유는 우리 안에 있는 분노, 섭섭함, 증오 등의 감정 때문입니다. 라반도 마찬가지였습니다. 그러나 라반은 정신을 차리고 현실로 돌아왔습니다. 그렇게 하고 보니까 야곱은 적대시할 상대가 아니라 사위이며 가족이라는 사실이 눈에 들어왔습니다. 야곱이 자기 사위라는 사실을 20년 만에 자각하게 된 것입니다. 사실상 야곱에게 속한 것, 즉 야곱의 아내들은 라반의 딸들이었으며, 야곱의 자식들은 라반의 손자들이었고, 야곱의 양 떼도 모두 라반이 준 것이었습니다.

우리가 눈을 뜨게 되기를 간절히 바랍니다. 따지고 보면 우리가 싸우고 있는 대상은 다 우리 가족입니다. 그런데 어쩌다 보니 서로 싸우고 죽이는 관계가 되고 만 것입니다. 우리가 그렇게 원수라고 생각했던 대상이 바로 우리의 형제이며, 우리가 사랑해야 할 대상입니다. 라반은 바로 그 사실, 즉 자기의 딸들과 손자들을 자기 손으로 죽이려고 했다는 사실을 깨달았습니다. 여기까지 생각이 미치자 라반은 정신을 차렸습니다. 라반은 더 이상 사위와 싸우지 않기로 결심했고, 화해를 생각했습니다.

우리의 경우, 이제 남북이 화해할 때가 되었고 동서 간의 지역 갈등과 모든 계층 간의 갈등을 여기서 끝내야 합니다. 더 이상 지금과 같은 식으로 상황을 끌고 가면 모두가 어려워집니다. 이 사실을 깨닫지 못하면 싸움과 갈등은 계속됩니다. 서로가 원수요, 적이라고 생각하기 때문입니다.

이제 오라 나와 네가 언약을 맺고 그것으로 너와 나 사이에 증거를 삼을 것이니라(창 31:44).

드디어 라반은 화해의 몸짓을 보였습니다. 그래서 서로 언약을 세워 불가침조약을 체결하자고 제안했습니다. 야곱도 이 시점에서는 갈등을 멈추고 싶었는데, 마침 라반이 그런 제안을 해 왔습니다. 사람들 가운데는 화해를 하고 싶어 하면서도 먼저 말하지 못해서 화해하지 못하는 경우가 많습니다.

> 이에 야곱이 돌을 가져다가 기둥으로 세우고 또 그 형제들에게 돌을 모으라 하니 그들이 돌을 가져다가 무더기를 이루매 무리가 거기 무더기 곁에서 먹고(창 31:45-46).

이 구절에는 많은 의미가 담겨 있습니다. 야곱이 돌을 가져다가 기둥을 세웠다는 구절에서 그가 화해를 굉장히 원하고 있었다는 사실이 느껴집니다. 만약 야곱이 화해할 마음이 없었다면 시간을 많이 끌었을 것입니다. 그런데 야곱은 즉시 돌을 가져다가 기둥을 세우고 형제들에게 돌을 모으라고 해서 큰 돌무더기를 세웠습니다. 고대에는 계약이 성사된 뒤 음식을 나누며 그 계약을 축복했습니다. 그들이 돌무더기를 다 만들어 놓고 먹었다는 이야기는 그들이 화해했음을 보여 줍니다.

야곱이 세운 이 돌기둥은 그의 생애에 있어 두 번째로 세운 돌기둥입니다. 그가 첫 번째로 세운 돌기둥은 창세기 28장 18절에 나옵니다. 야곱은 형을 속이고 도망하던 중 들녘에서 하룻밤을 지내다가 꿈속에서 하나님을 만나 복을 받고는 잠에서 깨어나 돌기둥을 세웠습니다. 그리고 거기에 기름을 붓고 예배를 드리며 서원했습니다. 두 번째로 세운 돌기둥은 인간끼리의 화해 언약으로 세워졌습니다. 우리에게는 2개의 돌기둥이 필요합니다. 하나는 하나님과의 화해의 돌기둥이며, 다른 하나는 사람들과의 사이에 세워지는 화해의 돌기둥입니다.

> 라반은 그것을 여갈사하두다라 불렀고 야곱은 그것을 갈르엣이라 불렀으니(창 31:47).

'여갈사하두다'라는 말은 아람어로 '증거의 무더기'라는 의미입니다. 야곱과 라반이 서로 증거의 돌무더기를 세우며 계약을 했다는 이야기는 그동안 서로를 얼마나 불신했는지를 보여 줍니다. 돌을 쌓고 계약을 하지 않으면 안 될 만큼 둘 사이는 믿을 수 없는 관계였음을 알 수 있습니다.

화해의 돌무더기는 두 사람 모두에게 유익했습니다. 라반의 경우는 화해를 하면서 체면과 자존심을 유지할 수 있었습니다. 사람들은 갈등을 끝낼 때 체면과 자존심을 차리기 바라고 명분을 세우기 원합니다. 야곱에게도 내심 좋은 일이었습니다. 사실 장인에게 말도 없이 도망가다가 걸린 것은 껄끄럽고 어색한 일이었습니다. 그런데 이제 화해하게 되어 고향으로 돌아갈 떳떳한 명분이 생긴 것입니다.

라반의 말에 오늘 이 무더기가 너와 나 사이에 증거가 된다 하였으
므로 그 이름을 갈르엣이라 불렀으며(창 31:48).

'갈르엣'이라는 말은 '너와 나 사이에 증거가 되었다'라는 뜻으
로, 서로 화해할 시간이 되었으며 화해할 근거가 마련되었다는 의
미입니다. 우리 역시 인생에서 2개의 돌기둥을 세우기를 원합니
다. 하나님과 우리 사이의 돌기둥과 사람과 우리 사이의 돌기둥 말
입니다.

또 미스바라 하였으니 이는 그의 말에 우리가 서로 떠나 있을 때에
여호와께서 나와 너 사이를 살피시옵소서 함이라(창 31:49).

그 장소를 또한 '미스바'라고 이름 붙였습니다. 미스바란 감시를
하기 위해 있는 망대 같은 것입니다. 라반이 그곳을 미스바라고 이
름 붙인 이유는 '지금은 서로 계약을 맺었지만 서로 떨어져 있으면
마음이 어떻게 변할지 모르기 때문에 하나님이 우리를 지켜보고
계신다는 것을 늘 기억하자'는 의미를 갖습니다. 이것은 두 사람 사
이의 깊은 불신을 보여 줍니다. 서로가 믿는다면 계약이 뭐가 필요
하겠습니까? 그런데 너무나 불신이 깊기 때문에 돌무더기도 만들
고, 이름도 붙이고, 서로 확인에 확인을 거듭한 것입니다. 20년 동
안의 불신의 관계는 이렇게 무서운 것입니다. 그러니 불신의 벽을

높이지 마십시오. 시간이 지나면 지날수록 해결하기가 어려워집니다.

> 만일 네가 내 딸을 박대하거나 내 딸들 외에 다른 아내들을 맞이하면 우리와 함께할 사람은 없어도 보라 하나님이 나와 너 사이에 증인이 되시느니라 함이었더라(창 31:50).

라반은 야곱과 화해 조약을 맺을 때 두 가지 부탁을 했습니다. 먼저, 딸들을 잘 대해 달라고 부탁했습니다. 다음으로는, 다른 여자를 아내로 얻지 말라고 부탁했습니다. 우리는 여기서 아버지로서의 라반을 보게 됩니다. 야곱을 이용하던 모습에서 장인으로서 사위를 대하는 모습이 나타납니다.

> 라반이 또 야곱에게 이르되 내가 나와 너 사이에 둔 이 무더기를 보라 또 이 기둥을 보라 이 무더기가 증거가 되고 이 기둥이 증거가 되나니 내가 이 무더기를 넘어 네게로 가서 해하지 않을 것이요 네가 이 무더기, 이 기둥을 넘어 내게로 와서 해하지 아니할 것이라 아브라함의 하나님, 나홀의 하나님, 그들의 조상의 하나님은 우리 사이에 판단하옵소서 하매 야곱이 그의 아버지 이삭이 경외하는 이를 가리켜 맹세하고(창 31:51-53).

라반은 돌무더기를 가리켜 '경계선'이라고 불렀습니다. 이 말은 라반이 야곱을 두려워한다는 것을 보여 줍니다. 현재는 라반이 야곱보다 힘이 있지만 훗날 야곱이 힘을 키워서 돌아올 것을 라반은 염려했습니다.

하나 되는 것은 하나님이 우리에게 주신 숙제다

여기서도 우리는 두 사람 사이에 존재하는 극도의 불신을 보게 됩니다. 이것은 인간관계의 전형적인 모습입니다. 겉은 그럴듯해도 속이 불신으로 가득한 관계는 일그러지기 마련입니다. 이것이 우리가 살고 있는 세상입니다. 신뢰란 매우 중요합니다. 이것은 세상살이에서 매우 중요합니다. 부부 사이에도 마찬가지입니다. 같이 산다고 부부가 아니라 서로 신뢰해야 진정한 부부입니다. 아이까지 낳고 같이 살면서 서로 신뢰하지 못하고 의심하는 부부들이 무척 많습니다. 서로 한 식탁에서 식사를 나누지만 마음은 찢어지고 흩어진 가족들이 많습니다.

야곱이 또 산에서 제사를 드리고 형제들을 불러 떡을 먹이니 그들이 떡을 먹고 산에서 밤을 지내고(창 31:54).

라반은 강요가 아닌 부탁을 했습니다. 라반이 돌무더기를 쌓아 경계를 삼자고 제안했을 때 드디어 야곱의 마음이 녹았습니다. 부탁을 해야 사람의 마음이 녹지, 명령한다고 될 일이 아닙니다. 명령하면 오히려 강퍅해질 수 있습니다. 똑같은 일과 상황에서 겸손하게 다가가면 상대방이 마음을 열 수 있지만 교만하게 대하면 마음을 닫습니다.

라반은 그동안 윗사람으로서 교만하게 명령하고 강요했습니다. 라반이 그러면 그럴수록 야곱은 상처를 입고, 마음을 닫고, 벽을 쌓아 갔습니다. 그러나 이 자리에서부터 야곱은 마음을 풀기 시작했습니다. 분위기가 매우 부드러워졌습니다. 라반이 아버지로서 솔직하게 마음을 표현하고 야곱이 공격해 올 것에 대한 두려움을 표시한 데 대해 야곱은 경외하는 아버지 이삭의 하나님을 향해서 맹세했습니다. 그리고 야곱과 라반은 그 산에서 제사를 드렸습니다. 제사를 드리고 난 다음에는 형제들을 불러 모아 음식을 나누었습니다. 그리고 그들과 함께 밤을 보냈습니다. 드디어 해빙기가 찾아왔습니다. 마음이 열리기 시작했습니다.

저는 이 모습을 보면서 우리가 평화 조약을 맺는 것이 정말 어렵다는 생각을 했습니다. "주님, 남북 간 이데올로기의 대립 관계가 무너지게 하소서. 동서 간의 지역 갈등도 조금씩 해빙기가 이루어지게 하옵소서. 계층 간의 모든 갈등도 무너지게 하옵소서"라고 기도했습니다.

서로 간의 갈등이 해소되는 일은 쉬운 것이 아닙니다. 그러나 어젯밤까지도 죽일 듯이 싸우던 사람들이 함께 제사를 드리고 음식을 나누는 아름다운 모습을 보면서 소망이 있다는 생각이 듭니다. 우리 민족에게 일어나야 할 가장 중요한 일은 화해입니다. 남북이 하나 되고, 서로 이해관계가 달랐던 사람들이 하나 되는 것, 이것은 하나님이 우리에게 주신 숙제입니다.

화해자 예수님을 따라 화해자가 되라

라반과 야곱의 관계를 보면서 몇 가지 사실을 깨달았습니다.

첫째, 화해하려는 의지가 있어야 한다는 것입니다. 이것이 제일 중요합니다. 얼마나 어려운가, 쉬운가를 따져서는 안 됩니다. '아무리 어렵고 힘들어도 우리는 어떻게 해서든지 화해하고 하나가 되어야 한다'라는 의지와 비전이 필요합니다.

좋은 모델을 보여 준 사람이 있습니다. 아브라함과 롯입니다. 삼촌과 조카 사이였던 두 사람 사이에 갈등이 일어났습니다. 이때 아브라함이 롯을 찾아가서 "우리는 한 친족이다. 내 목자와 네 목자가 서로 싸우게 하지 말자"라고 말했습니다. 아브라함에게 화해할 의지가 있었기 때문에 화해가 시작된 것입니다. 화해는 윗사람이 먼저 시작해야 합니다. 이것이 화해의 원칙입니다. 갈등과 싸움이 일으킬 죽음과 멸망에 대한 인식을 가져야 합니다. 한꺼번에 갈등이 해결되지 않는다고 할지라도 시작해야 합니다. 아브라함과 롯의 경우를 보면, 당사자 간에 싸운 것이 아니라 그들이 부리던 목자들끼리 서로 싸웠습니다. 그러나 사실상 윗사람들이 서로 싸우게 만든 것입니다. 아브라함은 솔직했습니다. "네 목자와 내 목자가 서로 싸우게 하지 말자"라는 말로 아랫사람의 책임이 아니라 자신들의 책임임을 인정했습니다.

화해가 안 되는 이유는 화해를 방해하는 장애물이 있기 때문입니다. 장애물을 제거하지 않으면 아무리 좋은 말을 해도 화해는 이루어지지 않습니다. 제일 큰 장애물은 자존심입니다. 대부분의 사람들은 "네가 사과하면 나도 화해하겠다"라고 말합니다. 자신은 절대로 먼저 화해하지 않겠다는 것입니다.

자존심이라는 장애물을 제거해야 합니다. 쉽게 말하면, 조금 창피를 당해야 합니다. 명분이 상처를 받아야 합니다. 윗사람이었던 아브라함이 먼저 롯을 찾아갔습니다. 그들이 살던 문화는 동양 문화권입니다. 이 문화권에서 윗사람의 권위는 매우 중요하게 여겨졌습니다. 그런데 윗사람인 아브라함이 먼저 찾아가서 화해를 청했습니다.

갈등과 미움을 버리고 화해하는 데 있어서 또 하나의 장애물은 손해 보지 않으려는 마음입니다. 사람들은 "협상은 하겠다. 그러나 손해는 보지 않겠다"라고 다짐합니다. 손해 보지 않으려고 하기 때문에 협상이 이루어지지 않습니다. 그러면 화해하기가 쉽지 않습니다. 왜냐하면 '이것을 빼앗기면 다 죽는다'라고 생각하기 때문입니다.

그러나 성경의 원리는 "그런즉 너희는 먼저 그의 나라와 그의 의를 구하라 그리하면 이 모든 것을 너희에게 더하시리라"(마 6:33)라는 말씀에 나옵니다. 즉 손해를 보면 오히려 더 이익을 보게 된다는 것입니다. 우리는 성경의 진리가 사실인 줄 알면서도 믿지 못합니다. 그래서 먼저 자신의 이익을 챙기고 자신의 자리를 차지하려고 합니다. 그래서 남북 간의 갈등, 계층 간의 갈등, 지역 간의 갈등이 풀리지 않습니다. 어느 집단도 손해를 보겠다는 의식이 없기 때문입니다.

화해하려면 두 가지를 버려야 합니다. 자존심과 이익을 챙기려는 마음입니다. 그러면 하나님이 놀랍게 역사하십니다.

둘째, 야곱과 라반이 화해하는 모습을 통해서 또 하나 발견하게 되는 사실이 있습니다. 화해와 평화를 위해서는 하나님이 개입하셔야 한다는 것입니다. 인간끼리의 관계에서는 화합이 그리 오래 가지 못합니다. 계약을 맺고도 나중에 뒤엎어 버리면 어떻게 합니까? 그래서 언제나 화해와 평화의 조약에는 하나님의 은총이 개입되어야 합니다. 하나님이 양쪽을 치유해 주시고 복을 주셔야 화해가 영원히 지속됩니다.

야곱과 라반은 함께 제사를 드리고, 떡을 나누고, 밤을 새웠습니다. 얼마나 아름다운 모습입니까? 불신의 벽과 미움이 무너지는 아름다운 모습을 볼 수 있습니다. 야곱이 도망가던 들판 한가운데서 이런 일이 일어난 것입니다.

> 라반이 아침에 일찍이 일어나 손자들과 딸들에게 입 맞추며 그들에
> 게 축복하고 떠나 고향으로 돌아갔더라(창 31:55).

전날 밤에는 상상하지 못했던 이야기입니다. 라반은 밤새도록 야곱의 가족과 함께 음식을 나누고 회포를 풀고 딸들을 부탁했고, 아침에 일찍이 일어나 손자들과 딸들에게 입 맞추며 헤어졌습니다. 아마도 라반의 눈에 눈물이 고였을 것입니다.

이런 일이 우리 가정에 있기를 원합니다. 부모, 부부, 또는 직장에서의 갈등이 깨어지기를 원합니다. 하루하루를 가장 위대하게 보내는 방법은 갈등을 해결하고 지나가는 것입니다. 화해하십시오. 자존심을 버리고 손해 보기를 결심하십시오. 그리고 화해를 신청하십시오. 용서를 구하십시오. 함께 식사를 나누며 화해의 자리를 마련하십시오. 찾아오기를 기다리지 말고 먼저 찾아가십시오. 전화 오기를 기다리지 말고 먼저 전화하십시오. 그리고 하나님의 은총을 기다리십시오. 그때 하나님의 평강이 우리 안에 가득할 것입니다.

예수 그리스도는 하나님과 우리 사이의 화해를 위해 오셨습니다. 그래서 예수님은 손해를 보시고 십자가를 지셨습니다. 손해를 보지 않고는 화해가 이루어지지 않습니다. 예수님은 하나님과

동등하셨지만 인간의 모습으로 오셨기에 우리를 구하실 수 있었습니다. 우리의 위치에서 내려앉지 않으면 화해는 이루어지지 않습니다. 손해를 볼지라도 '아브라함처럼 먼저 찾아가서 화해하리라!' 결단하십시오. 정말 멋있는 인생을 맞이하는 복이 있기를 간절히 기도합니다.

3부

다시는 야곱이라 부르지 말라

창세기 32:1-35:15

지금까지 가지고 있던 옛 사람, 야곱과 같은 인생을 벗어 버리고
새사람, 새 피조물로 살기를 간절히 바랍니다.
이제 하나님이 주시는 복된 새 이름,
새 예루살렘, 새 하늘과 새 땅을
누리기를 기도합니다.

19

모든 두려움,
하나님께 내어 맡깁니다

창세기 32:1-12

오랜 갈등을 해결해야 행복할 수 있다

야곱은 형 에서를 향한 두려움과 갈등을 갖고 있었습니다. 이 갈등과 두려움과 미움의 관계를 해결하기 전에는 야곱의 마음에 평강이 있을 수 없었습니다. 우리도 마찬가지입니다. 빠른 시일 내에 우리에게 있는 관계의 어려움이 해결되기를 바랍니다. 갈등을 가지고 하루를 맞지 마십시오. 하나님이 특별한 뜻이 있으셔서 화해와 용서에 대한 말씀을 주셨다고 생각합니다.

야곱이 외삼촌이자 장인인 라반의 집에서 살았던 20년은 갈등의 세월이었습니다. 그는 가까스로 외삼촌의 집에서 도망치다시피 나왔습니다. 그러나 라반에게 추격당해서 그와 다시 만나는 난처한 상황이 생겼습니다. 이 와중에 라반은 야곱을 해치려고 했습니다. 그러나 하나님이 야곱을 사랑하셨기 때문에 이 상황에 개입하셨고, 덕분에 야곱은 어려움을 모면했습니다.

드디어 하나님의 도우심으로 야곱은 처자식과 재산을 모두 이끌고 그토록 그리워하던 아버지의 집으로 돌아가는 여정에 올랐습니다. 그러나 그토록 그리워했던 고향 땅이었지만 그곳으로 가는 것이 즐겁지만은 않았습니다. 멀리 있을 때는 그립기만 했던 아버지의 집에 가까이 다가갈수록 야곱은 두려움으로 떨었습니다.

심지어 절망감마저 느낄 정도의 상황이 되었습니다. 왜냐하면 20년 전 집을 떠나올 때 형에게 사기를 쳐서 장자권을 빼앗았기 때문입니다. 그래서 야곱이 집으로 돌아가고자 했을 때 제일 마음에 걸린 것은 형 에서였습니다.

에서는 야곱에 대한 분노를 품고 그를 죽이려 했습니다. 야곱이 집에서 도망 나올 때 어머니 리브가는 "네 형의 분노가 풀려 네가 자기에게 행한 것을 잊어버리거든 내가 곧 사람을 보내어 너를 거기서 불러오리라 어찌 하루에 너희 둘을 잃으랴"(창 27:45)라고 말했습니다. 그러나 야곱이 스스로 고향으로 돌아가야겠다고 결단하고 라반의 집을 떠날 때까지도 리브가에게서는 끝내 아무 소식이 없었습니다. 리브가로부터 아무 소식이 없었다는 것은 형 에서가 마음을 풀지 않아서 그동안 계속 동생에 대한 감정이 나빴다는 것을 의미합니다.

야곱은 이미 라반의 집으로 돌아갈 수 없는 상황이었습니다. 어렵게 라반의 집을 떠나온 데다가 라반과 계약을 맺어서 서로의 땅을 침범하지 않겠다고 약속한 상황이었기 때문입니다. 더구나 하나님이 야곱에게 아버지의 집으로 돌아가라는 명령을 내리셨기 때문에 야곱은 어쩔 수 없이 아버지의 집으로 돌아가야만 했습니다. 그런데 그곳에는 무서운 형이 기다리고 있었기 때문에 야곱은 심각한 고민을 하지 않을 수 없었습니다.

사실 이런 갈등은 우리 가족과 형제들 사이에도 있고, 직장에도 있습니다. 겉으로는 서로가 다 편안해 보여도 속에서는 갈등과 증오가 들끓고 있는 것입니다. 가족이란 서로 보지 않을 수도 없고, 헤어질 수도 없는 사이입니다. 그렇지만 가족끼리 서로 사랑하지 않을 뿐만 아니라 복수하거나 죽이고 싶어 하는 경우를 종종 보게 됩니다.

누가복음 15장의 돌아온 탕자도 이런 맥락에서 이해할 수 있습니다. 아버지의 재산을 가지고 집을 떠난 탕자는 아버지의 집을 떠나 아버지의 간섭을 피하면 행복해지리라고 생각했습니다. 또 돈이 있으면 행복하리라고 여겼습니다. 그러나 막상 아버지의 집을 멀리 떠나 돈을 다 쓰고 나자 불행이 시작되었습니다. 그는 돼지치기가 되어 돼지 밥을 먹고 살아야 하는 신세가 되었을 때에야 비로소 후회하며 아버지의 집을 그리워하기 시작했습니다. 그는 아버지에게 돌아가고 싶었지만 아버지가 용서하고 받아들여 줄 것인지 고민했습니다. 결국 그는 아버지의 아들로는 아니더라도 품꾼으로는 받아들여질 것이라고 생각해 집으로 돌아갈 것을 결심했습니다. 아마도 아버지의 집으로 돌아가는 한 걸음, 한 걸음이 불안했을 것입니다. 야곱의 마음도 그러했을 것입니다.

야곱에게는 갈등이 많았습니다. 그는 이 갈등을 해결하지 않으면 결코 행복할 수 없었습니다. 인간관계의 갈등을 가지고서는 돈도, 명예도 소용없습니다. 부모, 친구, 형제 사이의 갈등이 풀리지 않으면 다 필요없습니다.

이런 의미에서 하루빨리 우리 안에 있는 모든 갈등과 미움과 화해되지 않은 문제가 예수님의 이름으로 풀리기를 원합니다. 모든 갈등이 다 해결되게 해 달라고 기도하십시오. 그리고 갈등 관계에 있는 이들을 찾아가십시오. 야곱은 이런 갈등이 있었기 때문에 아버지의 집으로 가는 길이 즐거우면서도 한편으로는 두려웠습니다.

> 야곱이 길을 가는데 하나님의 사자들이 그를 만난지라 야곱이 그들을 볼 때에 이르기를 이는 하나님의 군대라 하고 그 땅 이름을 마하나임이라 하였더라(창 32:1-2).

하나님은 언제나 야곱보다 한 걸음 앞서가셨습니다. 야곱이 하나님을 사랑하는 것보다, 하나님이 야곱을 더 많이 사랑하셨습니다. 야곱이 썩 잘한 일도 없고 하나님의 마음에 들게 처신한 것도 아닌데, 하나님은 야곱을 무조건 사랑하셨습니다. 야곱이 위기에 처했을 때도 라반의 꿈에 나타나 야곱을 도우셨습니다. 그리고 에서를 만날 야곱의 두려움을 아시기에 천사를 보내 동행하게 하셨습니다. 야곱은 복을 받은 사람입니다. 우리도 복을 받은 사람들입니다. 우리가 하나님의 마음에 차지 않아도 하나님은 우리를 정말 사랑하십니다. 그래서 그분의 조건 없는 사랑에 감사를 드립니다.

야곱은 하나님의 군대를 만났는데, 그것이 무척 인상적이어서 그곳에 '마하나임'이라는 이름을 붙였습니다. 마하나임은 '하나님의 큰 무리'라는 뜻입니다. 천사들은 야곱과 하나님의 약속대로 고향에 갈 때까지 야곱과 동행했습니다.

화해하기 원한다면 가장 먼저 기도하라

야곱은 형 에서와 화해하기를 원했습니다. 그렇다면 화해는 어떻게 이루어지는 것일까요? 용서할 수 없는 사람, 화해할 수 없는 관계에 화해와 용서가 이루어지는 과정을 야곱을 통해서 발견할 수 있습니다.

화해와 용서의 첫 번째 단계는 기도입니다. 생각하면 사람이 움직이지만 기도하면 하나님이 움직이십니다. 특별히 인간관계에서는 어떤 수를 쓰거나 인간적인 방법을 사용하기 시작하면 관계가 더 깨지고 어려워집니다. 인간적인 방법으로는 인간관계가 풀리지 않습니다. 인간관계는 하나님이 풀어 주실 수 있습니다. 야곱은 하나님께 이처럼 어려울 때를 맞이해서 기도했을 것입니다. 그때 하나님이 천사를 보내 주셨습니다. 어떤 화해든지 기도하고 시작하십시오.

야곱이 세일 땅 에돔 들에 있는 형 에서에게로 자기보다 앞서 사자들을 보내며 그들에게 명령하여 이르되 너희는 내 주 에서에게 이같이 말하라 주의 종 야곱이 이같이 말하기를 내가 라반과 함께 거

류하며 지금까지 머물러 있었사오며 내게 소와 나귀와 양 떼와 노
비가 있으므로 사람을 보내어 내 주께 알리고 내 주께 은혜 받기를
원하나이다 하라 하였더니(창 32:3-5).

기도보다 앞서는 것이 있어서는 안 됩니다. 인간의 생각과 의지
가 기도보다 앞서면 일이 깨어집니다. 기도는 충분히, 그리고 깊이
할수록 좋습니다. 기도하면 하나님이 감동하시고 움직이십니다.

두 번째 단계는 직접 화해를 요청하는 것입니다. 야곱은 화해의
메신저를 보냈습니다. 상처를 준 자가 상처를 받은 자에게 먼저 화
해를 신청해야 하는 법입니다. 대부분의 사람들은 갈등이 있는 상
태에서 "네가 먼저 이야기하면 나도 이야기하겠다"고 말합니다. 자
신이 먼저 화해를 청하지는 않겠다고 생각합니다. 용서와 화해의
제일 큰 방해자는 자존심입니다. 자존심을 무너뜨리면 화해는 쉽게
이루어집니다. 아브라함과 롯의 경우가 그러했습니다. 아브라함은
롯과 갈등이 일어났을 때 먼저 찾아가서 화해를 청했습니다.

화해할 때는 적극적이어야 합니다. 나이 많은 사람이 윗사람이 아
니라 먼저 사과하는 사람이 윗사람입니다. 적극성을 가진 사람이
문제의 해결자입니다. 사과하는 사람은 복을 받은 사람입니다. 우
리가 먼저 사과하는 사람이기를 바랍니다. 적극적으로 문제를 해결
하고자 하는 행동과 의지를 발휘하는 사람이 되기를 바랍니다.

야곱은 에서와의 문제에 있어서 머뭇거리지 않고 사람을 내세

워서 화해의 메시지를 전했습니다. 야곱이 메신저를 통해 전한 말을 살펴보면, 에서에게 '내 주'라고 말할 정도로 깍듯한 예우를 갖추었습니다. 야곱과 에서는 쌍둥이 형제로서 누가 윗사람이라 할 것도 없었지만 야곱은 최대한 예우를 갖추었습니다.

대부분 인간관계의 갈등은 교만에서 비롯됩니다. 성경은 "하나님이 교만한 자를 물리치시고 겸손한 자에게 은혜를 주신다"(약 4:6)라고 말합니다. 겸손보다 위대한 전략과 힘은 없습니다. 겸손보다 더 큰 정책은 없습니다. 겸손한 자는 어느 누구도 밉게 보지 않습니다. 자신보다 나이 어린 사람이나 지위가 낮은 사람에게 겸손한 태도로 다가가면 상대방은 마음을 열고 받아들이기 마련입니다. 우리가 하는 말에 논리가 없고 정의감이 없어서 상대방이 듣지 않는 것이 아니라, 우리의 태도가 교만하기 때문에 받아들이지 않는 것입니다.

겸손하면 틀린 이야기도 받아들이고, 오만하면 맞는 이야기도 받아들이지 않습니다. 화해자가 되고 싶다면 말을 거칠게 하거나, 오만하게 하거나, 명령하듯 말하지 마십시오. 남을 지배하듯이 말하지 마십시오. 겸손하게 말하는 것에서부터 화해가 시작됩니다.

화해하기 원한다면 겸손과 순수함으로 나아가라

야곱은 메신저를 보내고 예우를 갖추는 것과 함께 또 다른 화해의 단계의 모습을 보여 주었습니다. 야곱은 자신에게 재산이 있다는 말을 전했습니다. 이 말을 한 이유는 에서에게 신세를 지러 가는 것이 아님을 밝히기 위해서였습니다. 많은 경우 화해가 되지 않는 이유는 신세를 지는 태도를 보이기 때문입니다. 그래서 관계의 어려움이 해결되지 않습니다. 대개 화해한 뒤에 어떤 요구를 받기 때문에 화해를 순수하게 받아들이지 않으려는 것입니다. 사랑이 받아들여지지 않는 이유도 그 사랑이 순수하지 않기 때문입니다.

그래서 야곱은 자신의 재산이 많으므로 형에게 신세지지 않을 것이라는 사실을 알렸습니다. 화해하고 싶을 때는 어떤 현실적인 요구도 하지 마십시오. 화해는 순수하게 화해여야 합니다. 푸는 것은 조건 없이 풀어야 합니다. 이것이 관계 회복의 열쇠입니다. 그렇게 하고 나서 야곱은 에서에게 "은혜 받기를 원한다"라고 말했습니다.

사자들이 야곱에게 돌아와 이르되 우리가 주인의 형 에서에게 이른즉 그가 사백 명을 거느리고 주인을 만나려고 오더이다(창 32:6).

불안한 소식이 들려왔습니다. 화해를 신청하러 사람을 보냈더니 에서가 400명이나 되는 사람들을 거느리고 야곱을 만나러 온다는 전갈을 가지고 왔습니다. 그런데 이 말씀을 보면, 에서가 400명을 이끌고 환영하러 오는 것인지, 혹은 싸우러 오는 것인지에 대한 어떤 묘사도 없습니다. 분명하지 못한 메시지를 듣자 야곱은 제 발이 저려 에서가 자신을 죽이러 온다고 생각하며 두려워했습니다.

야곱은 순간적으로 마음이 흔들렸습니다. 그래서 순식간에 자기를 지켜야겠다고 생각해 재산을 두 떼로 나누었습니다. 에서의 공격에 반이라도 살아남아야겠다는 계산을 한 것입니다. 야곱은 바로 이런 사람이었습니다.

> 야곱이 심히 두렵고 답답하여 자기와 함께한 동행자와 양과 소와 낙타를 두 떼로 나누고 이르되 에서가 와서 한 떼를 치면 남은 한 떼는 피하리라 하고(창 32:7-8).

야곱은 주도면밀하게 대처했습니다. 만일의 사태에 대비하기 위함이었습니다. 이것은 야곱이 극도로 불안해하고 있다는 것을 보여 줍니다. 야곱은 두려움이 지나쳐서 절망감에 빠져 있을 정도였습니다. 야곱은 에서의 마음을 사기 위해서 선물을 보냈습니다. 선물로 사람의 마음을 사고자 했습니다. 그것도 부족하게 느껴서 자식들과 아내들을 먼저 보냈습니다. 아내들을 보낼 때는 몸종 출신의 아내들부터 보내고, 다음으로 레아를 보내고, 사랑하는 아내 라헬을 마지막으로 보냈습니다. 그리고 자기는 가지 않았습니다. 이것이 야곱입니다.

그는 사랑하는 아내가 죽어도 자기는 죽지 않겠다고 생각할 만

큰 극도로 이기적인 사람이었습니다. 그는 자기만을 믿었습니다. 그래서 야곱은 이런 위급한 상황이 닥쳐서야 비로소 하나님께 진지하게 기도했습니다. 사람은 급하면 하나님을 찾습니다. 인간의 절망은 하나님에 대한 발견으로 이어집니다. 마음이 가난해야 하나님을 찾습니다. 인간적인 방법과 의지가 모두 소용없어질 때 하나님을 찾고 매달리게 됩니다.

> 야곱이 또 이르되 내 조부 아브라함의 하나님, 내 아버지 이삭의 하나님 여호와여 주께서 전에 내게 명하시기를 네 고향, 네 족속에게로 돌아가라 내가 네게 은혜를 베풀리라 하셨나이다(창 32:9).

야곱의 기도는 순수했습니다. 우리는 여기서 처음으로 야곱의 순수한 모습을 보게 됩니다. 야곱은 기도 중에 자신의 할아버지까지 들먹였습니다. "내 조부 아브라함의 하나님, 내 아버지 이삭의 하나님"이라고 했습니다. 그런데 자기의 하나님은 없습니다. 그는 조부와 아버지의 하나님까지 찾을 만큼 다급했던 것입니다.

그런 그의 모습은 귀여워 보이리만큼 순수합니다. 그는 너무 당황하고 힘이 들었던 것입니다. 사실 하나님에 대한 야곱의 믿음은 별로 대단하지 않았습니다. 이때까지만 해도 하나님과 야곱의 관계는 하나님이 일방적으로 야곱을 돌보셨지, 야곱이 하나님을 찾는 법은 없었습니다. 그러니까 '나의 하나님'이라는 말을 하지 못했던 것입니다. 그러나 그런 식으로나마 하나님을 찾았으니 다행입니다.

저의 경우도 생각해 보면 부모님의 기도와 신앙이 저에게 많은 도움을 주었습니다. 제가 누리고 있는 것도 먼저 하나님 나라에 가신 부모님의 기도 덕분인 것 같습니다. 이처럼 중보 기도는 중요합니다. 이런 경우가 많습니다. 아내는 신실한데 남편은 믿음이 없어 아내가 남편을 위해 많이 기도합니다. 그런데 그 기도가 남편에게 큰 도움이 되는 것입니다. 친구의 기도도 마찬가지입니다.

야곱은 하나님을 부른 뒤 하나님의 약속을 붙잡았습니다. 이것이 하나님의 약점입니다. 그는 고향에 돌아갈 때까지 지켜 주리라고 하셨던 하나님의 약속을 붙잡았습니다. 야곱은 참 약은 사람입니다. 그런데 우리는 하나님께 이렇게 요구하고 싶어도 성경을 읽지 않으면 약속이 어디 있는지 모르니 그 약속을 붙잡을 수가 없습니다. 그래서 성경을 많이 읽고 기도도 많이 해야 합니다. 하나님의 약속을 알게 되는 것이 성경을 읽는 즐거움입니다. 성경을 보면서 하나님의 약속을 붙잡고 하나님께 요구하십시오.

나는 주께서 주의 종에게 베푸신 모든 은총과 모든 진실하심을 조금도 감당할 수 없사오나 내가 내 지팡이만 가지고 이 요단을 건넜더니 지금은 두 떼나 이루었나이다(창 32:10).

야곱은 자신의 무능력을 고백했습니다. 그러고는 하나님께 손을 내밀고 도움을 요청했습니다. 야곱은 하나님께 나아갈 때 "저는 무익하고 하나님의 은총과 진리를 감당할 수 없는 사람입니다. 하나님이 저를 도와주시지 않으면 저는 아무것도 할 수 없는 사람입니다"라고 기도했습니다. 또한 야곱은 하나님이 베풀어 주신 복을 기억했습니다. 하나님이 주신 은혜를 기억하고 붙잡으십시오.

이처럼 야곱은 하나님을 불렀고, 하나님의 약속을 붙잡았습니다. 그리고 자신이 무능한 사람임을 고백했고, 자신에게 베푸신 하나님의 은혜를 기억했습니다.

> 내가 주께 간구하오니 내 형의 손에서, 에서의 손에서 나를 건져 내시옵소서 내가 그를 두려워함은 그가 와서 나와 내 처자들을 칠까 겁이 나기 때문이니이다(창 32:11).

야곱은 자신의 현실 문제를 솔직하게 내놓았습니다. "형이 나를 죽이고 처자식을 빼앗아 가면 어떻게 합니까?"라며 자신이 두려워하는 현실을 이야기했습니다.

> 주께서 말씀하시기를 내가 반드시 네게 은혜를 베풀어 네 씨로 바다의 셀 수 없는 모래와 같이 많게 하리라 하셨나이다(창 32:12).

그리고 야곱은 하나님의 말씀을 기억했습니다. 하나님은 "네 형을 두려워하지 마라. 내가 네게 큰 은혜를 베풀어 주겠다"라고 말씀하셨습니다. 이것이 약속이며 축복입니다. 예수님은 누군가 우리에게 허물이 있다면 "일곱 번뿐 아니라 일곱 번을 일흔 번까지라도"(마 18:22) 용서하라고 말씀하셨습니다. 또한 "예물을 제단에 드리려다가 거기서 네 형제에게 원망 들을 만한 일이 있는 것이 생각나거든 예물을 제단 앞에 두고 먼저 가서 형제와 화목하고 그 후에 와서 예물을 드리라"(마 5:23-24)라고 말씀하셨습니다. 하나님은 우리가 기도하면 응답하시는 분입니다.

산다는 것이 두렵고 미래가 불안하면 하나님께 나아가십시오. 야곱처럼 기도하십시오. 하나님의 약속을 붙잡으십시오. 죽은 자가 아닌 산 자의 하나님을 붙잡고 우리 자신의 무능함을 고백하며 하나님의 복을 기억하십시오. 하나님이 말씀하십니다. "내가 네게 큰 은혜를 베풀리라."

20

이제야
진짜 하나님을 만납니다

창세기 32:13-24

아무리 주도면밀하게 작전을 세워도 불안하다

사람은 평소에는 이상과 믿음으로 상황에 대처하다가도 다급해지면 상식과 이성으로 돌아가고 눈에 보이는 세상과 사람들을 의지하기 마련입니다. 야곱은 아버지의 집으로 돌아가는 과정에서 어려움에 부딪혔습니다. 아버지의 집에는 야곱을 미워하고 죽이려는 형 에서가 기다리고 있었기 때문입니다. 야곱은 형 에서가 무서웠기 때문에 외롭고 답답한 심정으로 하나님께 기도했습니다. 드디어 야곱이 기도를 배우게 된 것입니다. 사람은 위기에 빠졌을 때 기도를 배웁니다.

야곱의 조부와 아버지는 하나님과 매우 가까웠지만, 정작 야곱은 기도하지 않았습니다. 그런데 절망에 빠지자 간절히 기도하기 시작했습니다. 인간의 절망은 하나님을 찾는 시작입니다. 인간의 기도는 하나님이 움직이시는 시작이 됩니다. 하나님은 야곱의 기도에 응답하셨습니다. 그로 하여금 번성하게 해 주겠다는 약속을 하셨습니다. 그러나 야곱 자신에게 믿음이 없었기 때문에 하나님의 위로와 약속의 말씀을 듣고도 그는 염려하고 또 의심했습니다. 하나님이 아무리 위로와 약속의 말씀을 주셔도 우리 자신에게 믿음이 없으면 자꾸만 흔들립니다.

야곱이 거기서 밤을 지내고 그 소유 중에서 형 에서를 위하여 예물을 택하니 암염소가 이백이요 숫염소가 이십이요 암양이 이백이요 숫양이 이십이요 젖 나는 낙타 삼십과 그 새끼요 암소가 사십이요 황소가 열이요 암나귀가 이십이요 그 새끼 나귀가 열이라 (창 32:13-15).

야곱은 그날 밤에 기도하면서 두려움 가운데 하룻밤을 지냈습니다. 그리고 다음 날 자기의 재산 중에서 많은 부분을 떼어서 형 에서에게 선물로 보냈습니다. 야곱은 물질을 사용해 에서의 마음을 녹여 보려고 한 것입니다. 여전히 야곱은 세속적이고 인간적이었습니다. 암염소 200마리, 숫염소 20마리, 암양 200마리, 숫양 20마리, 낙타 30마리, 암소 40마리, 황소 10마리, 암나귀 20마리 등 선물로 보낸 짐승은 성축만 500여 마리에 이르렀습니다. 새끼들까지 합하면 더 많았습니다.

이렇게 많은 짐승을 선물로 보냈다는 것은 야곱이 그만큼 많이 불안했다는 것을 의미합니다. 그리고 형 에서와 화해하고 싶어 하는 야곱의 마음을 보여 줍니다. 서로 헤어질 수 있는 관계라면 차라리 문제 해결은 간단할 것입니다. 하지만 서로 헤어질 수 없고, 만날 수밖에 없는 관계일 때 갈등이 생깁니다. 부부 관계와 부모와 자식 관계가 그렇습니다. 야곱은 자신의 재산을 아낌없이 내놓아서라도 이 문제를 해결하고 싶어 했습니다.

그것을 각각 떼로 나누어 종들의 손에 맡기고 그의 종에게 이르되 나보다 앞서 건너가서 각 떼로 거리를 두게 하라 하고(창 32:16).

야곱은 형의 마음을 사기 위해서 가축들을 보내면서도 한꺼번에 보내지는 않았습니다. 다섯 무리로 나누어서 보내되, 거리를 두고 보냈습니다. 이유는 에서가 다섯 번에 걸쳐서 선물을 받으면 마음이 쉽게 풀릴까 해서였습니다. 또 한편으로는, 이렇게 하면 만약 에서가 공격을 해 오더라도 얼마든지 도망할 수 있다는 계산에서 짜 놓은 작전이었습니다. 야곱은 이렇게 계산적이고 용의주도한 사람이었습니다. 그는 화해를 청하고 용서받기를 원해 많은 선물을 보내면서도, 한편으로는 다른 계산을 하며 자기가 빠져나갈 방법을 마련한 것입니다.

야곱이 이렇게 주도면밀하게 작전을 세워서 형 에서에게 접근하고 있지만 야곱의 모든 행동을 보면 그가 몹시 불안하고 두려워하고 있다는 것을 알 수 있습니다. 그렇습니다. 인생이란 불안하고 두려운 것입니다. 대학을 졸업하고, 직장을 가져 성공하고, 돈을 벌어 높은 지위를 얻고, 자기가 원하는 것을 가질수록 인간의 마음은 불안합니다. 두려움이 가득 차 있는 삶 속에는 미래에 대한 염려가 존재합니다. 많은 사람이 인생에 대해 불안하고 염려하는 이유는 자기의 미래가 어떻게 될지를 모르기 때문입니다. 미래의 삶에 어떤 불행이나 두려운 일들이 닥칠지 모른다는 불안감은 사람들을 현재 속에서 이미 불행하게 만듭니다.

야곱도 형 에서가 어떤 행동을 할지 모르기 때문에 불안했습니다. 그래서 가축을 이끌고 가는 종들에게 각별한 주의를 주었습니다.

그가 또 앞선 자에게 명령하여 이르되 내 형 에서가 너를 만나 묻기를 네가 누구의 사람이며 어디로 가느냐 네 앞의 것은 누구의 것이냐 하거든 대답하기를 주의 종 야곱의 것이요 자기 주 에서에게로 보내는 예물이오며 야곱도 우리 뒤에 있나이다 하라 하고(창 32:17-18).

야곱은 종들에게 "너는 내 형 에서를 만나거든 그를 주라고 칭하고 나 야곱을 가리켜 종이라고 표현하라"라고 시켰습니다. 그렇게 깍듯이 예절을 갖추고는 "주의 종 야곱이 주 에서에게로 보내는 예물입니다"라고 말하라고 했습니다. 그리고 마지막으로 야곱이 뒤에 온다는 말을 빼놓지 말고 하라고 당부했습니다.

그 둘째와 셋째와 각 떼를 따라가는 자에게 명령하여 이르되 너희도 에서를 만나거든 곧 이같이 그에게 말하고 또 너희는 말하기를 주의 종 야곱이 우리 뒤에 있다 하라 하니 이는 야곱이 말하기를 내가 내 앞에 보내는 예물로 형의 감정을 푼 후에 대면하면 형이 혹시 나를 받아 주리라 함이었더라(창 32:19-20).

둘째, 셋째 무리를 이끄는 종들에게도 계속해서 똑같은 당부를 했습니다. 그러면서 마지막에는 "뒤에 야곱이 따라오고 있습니다"라는 말을 잊지 말라고 일렀습니다.

이렇게 거듭해서 당부하는 야곱을 보면 애처롭고 불쌍하기까지 합니다. 야곱이 얼마나 불안하고 초조했으면 그렇게 했겠습니까? 여기서 우리가 발견할 수 있는 사실은 화해와 용서의 길은 멀고도 멀다는 것입니다. 서로 원수지간이 되어서 분노를 품고 복수심을 갖게 되었을 때, 특별히 가족 사이에 이런 일이 생겼을 때 갈등을 해결하는 일은 무척이나 어렵습니다. 화해란 멀고 먼 길이요, 용서란 가도 가도 끝이 없는 길 같아 보입니다. 그러나 우리는 화해하지 않으면 살 수가 없습니다.

남북은 화해해야 합니다. 그러나 너무나 멀고 먼 길입니다. 동서의 갈등도 멀고 먼 길입니다. 그러나 이 모든 갈등을 해결해야만 합니다. 계층 간의 갈등과 빈부의 차이 등 인간관계에서 가졌던 우리의 한은 풀어져야 합니다. 그래서 예수님이 십자가에 못 박혀 돌아가신 것입니다. 화해와 용서는 이렇게 어렵습니다. 그러나 예수님이 우리를 위해 십자가에서 피 흘려 돌아가심으로 말미암아 하나님과 인간 사이에 화해와 용서가 이루어졌습니다.

"내가 내 앞에 보내는 예물로 형의 감정을 푼 후에 대면하면 형이 혹시 나를 받아 주리라"라는 이어지는 야곱의 말을 보면 그의 심정이 좀 더 잘 이해됩니다. 그렇게 주도면밀하게 대처해 놓고 나서도 야곱은 편하지가 않았습니다. 그래서 잠을 이루지 못했습니다.

하나님을 떠나서는 결코 행복을 소유할 수 없다

> 그 예물은 그에 앞서 보내고 그는 무리 가운데서 밤을 지내다가 밤
> 에 일어나 두 아내와 두 여종과 열한 아들을 인도하여 얍복 나루를
> 건널새 그들을 인도하여 시내를 건너가게 하며 그의 소유도 건너가
> 게 하고(창 32:21-23).

야곱은 예물을 먼저 보낸 후 그날 밤을 보냈습니다. 혹시 잠을
이루지 못하는 밤을 경험한 적이 있습니까? 사람은 위기와 갈등
앞에 있으면 잠을 이루지 못합니다. 야곱이 밤에 일어났다는 표현
을 통해, 그가 잠을 이루지 못해서 아예 잠자리를 거두어 버린 상
황을 알 수 있습니다.

그는 잠자리에서 일어나 한밤중에 아내들과 11명의 아들을 불
렀습니다. 그러고는 아내들과 아들들을 먼저 목적지로 떠나보냈
습니다. 야곱은 너무나 불안하고 두려우니까 자기 아내들과 자녀
들을 방패막이로 이용했습니다. 밤새도록 고민한 야곱은 물질만
가지고는 안 되겠다 판단해 가족까지 이용했습니다. 간혹 가족까
지 이용해서 사업과 정치를 하는 사람들을 봅니다. 야곱이 이런 지

경까지 가고 말았습니다. 이런 지경에 이르게 된 원인은 20년 동안 야곱의 마음속 깊이 그를 사로잡고 있던 죄책감과 불신과 염려와 불안이었습니다.

그러나 놀라운 사실은 이처럼 인간적으로 방어하고 대처하면 할수록 불안이 증폭되었다는 것입니다. 행복을 얻고자 하면 할수록 행복이 없어 보입니다. 불안을 제거해 보려고 이 방법, 저 방법 다 시도해 보면 더 불안해집니다. 돈을 가지면 불안을 없앨 수 있을 것 같아서 돈을 벌어 보지만, 돈을 벌면 벌수록 불안이 더욱더 커질 뿐입니다. 사람들은 많은 물질을 가지고 좋은 집에 살면 행복하리라고 생각합니다. 그러나 20평짜리 집에 살면 '20평짜리 불안'이 있고 40평짜리 집에 살면 '40평짜리 불안'이 있기 마련입니다. 소유가 많으면 많을수록 더 많은 불안이 뒤따릅니다.

또한 사람들은 자신의 행복을 위해서 다른 사람들을 자신의 행복의 수단으로 이용합니다. 그러나 그럴수록 점점 더 불안해질 뿐입니다. 어떤 사람은 자기가 불안하니까 항상 친구나 가족과 동행해야 안심합니다. 그러나 주변에 사람들이 많을수록 고독은 더 깊어집니다. 이런 존재가 인간입니다. 야곱은 이것을 경험했습니다. 그는 아내와 자식들까지 모두 내어 주고도 불안했습니다.

야곱은 홀로 남았더니 어떤 사람이 날이 새도록 야곱과 씨름하다가 (창 32:24).

매우 중요한 이야기가 나옵니다. '야곱이 홀로 남았다'라는 말을 통해서 많은 내용을 엿볼 수 있습니다. 이제 야곱은 재물과 아이들과 아내들까지 모두 떠나보냈습니다. 야곱은 밤에 아내들과 아이들과 재산을 거느리고 얍복강을 건넜습니다. 그러고는 얍복강 건너편에 가족들을 두고 강을 도로 건넜습니다. 그래서 홀로 남게 되었습니다.

사람을 이용하고 착취하면 외롭습니다. 야곱은 홀로 남았고, 아무도 곁에 없었습니다. 자기가 모두를 떠나보낸 것입니다. 파도처럼 밀려오는 두려움과 고통 때문에 그는 잠을 이룰 수가 없었습니다. 도와줄 수 있는 사람이 아무도 곁에 없었습니다. 그는 세상에 자기 혼자뿐이라는 사실을 깨닫고 절망을 경험했습니다. 이 절망은 그를 자포자기에 이르게 했습니다.

절망과 고독 끝에서 '나의 하나님'을 만난 야곱

자포자기와 고독의 맨 끝에 다다르면 하나님이 계십니다. 그래서 야곱은 그곳에서 하나님을 만났습니다. 야곱의 할아버지가 믿음의 조상 아브라함이고, 아버지가 이삭임에도 불구하고 야곱은 처음으로 정직하게 하나님을 만났습니다.

사람은 누구든지 인생을 살아 나가며 크고 작은 위기를 많이 겪습니다. 위기에는 두 가지 종류가 있습니다. 위기는 위기인데 자기

힘과 의지로 이겨 낼 수 있는 위기가 있습니다. 재산을 잃었다든지, 병을 얻었다든지, 계획이 실패하는 등의 위기는 견딜 수 있고 시간이 지나면 회복되는 경우가 많습니다. 그러나 또 다른 종류의 위기는 아무리 기다리고 인내해도 다시 회복될 수 없는 결정적인 위기입니다. 병이 들어도 죽을병에 걸리면 회복이 불가능합니다. 재산을 잃어 파산해 회복이 불가능한 경우도 있습니다.

그런데 인간은 절망할 때만이 진정으로 하나님을 만나게 됩니다. 적당한 위기는 하나님을 만나지 못하게 합니다. 하나님을 적당히 만나게 합니다. 그러나 결정적인 위기는 결정적으로 하나님을 만나게 합니다. 얍복 강변에서 야곱은 하나님을 만났습니다.

하나님을 만난다는 것은 두 가지로 생각할 수 있습니다. 하나는 무신론자이거나 불교나 다른 종교를 가져서 하나님을 전혀 믿지 않던 사람이 하나님을 만나서 하나님을 믿게 되는 경우입니다.

얼마 전에 감동적인 편지를 하나 받았습니다. 편지의 주인공은 1년 전에 가족 공원에 놀러 갔다가 전도를 받고 열린 예배에 참석한 사람이었습니다. 예수님을 믿지 않고 하나님을 몰랐던 그는 처음에는 지루한 마음에 빨리 교회를 떠나야겠다고 생각했답니다. 그러나 하나님의 말씀에 사로잡혀서 그다음 날부터 교회에 본격적으로 나오기 시작했고, 그다음 주부터 1년 동안 새벽기도회에 나와 은혜를 받게 되었다고 합니다. 그리고 며칠 후에는 제주도에 있는 DTS에 간다고 했습니다. 이분은 얼마 전까지는 예수님을 전혀 믿지 않던 사람입니다. 이렇게 교회를 와 본 일도 없는 사람이 하나님을 만나게 되는 일이 있습니다.

그런데 또 다르게 하나님을 만나는 사람이 있습니다. 그는 하나님을 모르는 사람이 아닙니다. 평소에 하나님을 잘 믿던 사람입니다. 교회도 잘 다니고, 봉사도 잘하고, 누가 봐도 신실한 그리스도인입니다. 그는 직분도 가졌고 부모도 예수님을 잘 믿습니다. 그가 어느 날 인생의 결정적인 위기에 부딪힙니다. 그 순간 깨닫는 것은 자기가 지금까지 믿어 왔던 하나님이 가짜라는 사실입니다. 자신이 예수님을 잘 믿는 줄 알았는데 위기와 절대 고독에 부딪혔을 때 자신의 하나님이 아무 능력이 없고 자신의 기도가 아무것도 아니라는 사실을 알게 됩니다. 그리고 화급하고 절망적인 상황에 빠진 그는 다시 하나님을 만나게 됩니다. 야곱의 경우는 후자에 속합니다.

야곱의 고백에는 '할아버지 아브라함의 하나님', '아버지 이삭의 하나님'이라는 말은 있어도 '야곱 자신의 하나님'이라는 말은 없었습니다. 자신의 하나님은 없었던 것입니다. 그에게 있어서 하나님은 할아버지와 아버지의 하나님이셨을 뿐입니다. 그런데 지금 야곱은 절체절명의 위기에 처했습니다. 그가 자녀들과 아내들을 보내고 나서 홀로 고독과 외로움에 직면했을 때의 감정은 단순히 형에서에 대한 두려움 정도의 문제가 아니었습니다. 이것은 그 이상의 문제로서, 야곱은 인생의 절대 고독과 두려움에 부딪힌 것이었습니다. 이때에 이르러서야 그는 하나님을 만나기 시작했습니다.

우리는 어떻습니까? 우리가 지금까지 믿어 온 하나님은 진정한 하나님이십니까? 혹시 헛 믿어 온 것은 아닙니까? 교회에 왔다 갔다 하면서 헌금도 하고 찬송도 했지만 진정으로 하나님을 만났습니까? 혹시 지금 우리가 믿고 있는 하나님은 우리 인생의 결정적 위기 앞에 아무 능력도 없는 하나님은 아니십니까? 야곱이 그러했습니다. 그는 그제야 처음으로 하나님을 만났습니다. 그때서야 하나님의 이름을 부르기 시작했습니다.

우리는 인생의 위기 앞에서 하나님을 간절히 찾는 모습을 예수님에게서도 봅니다. 예수님은 십자가를 져야 하는 사건을 앞두고 겟세마네 동산에서 기도하셨습니다. 예수님은 자신이 그 십자가를 꼭 져야 하는가를 물으셨습니다. 예수님의 인생에서 너무나 큰 문제였기 때문에 기도할 때 땀이 피가 되었습니다. 땀이 피가 되는 기도를 해 본 적이 있습니까? 그런 기도를 해 본 적이 없다면 진정한 하나님을 만난 적이 없을 수도 있습니다. 어쩌면 우리는 인생의 절대적인 절망과 죽음 앞에서 아무런 대답이 없는 하나님을 대면하고 있을지도 모릅니다.

예수님의 생애를 보면 독특한 표현이 많이 나옵니다. '새벽 아직도 밝기 전에', '밤이 새도록', '한적한 곳에 나가서' 등입니다. 또 마태복음 14장 23절을 보면, "무리를 보내신 후에 기도하러 따로 산에 올라가시니라 저물매 거기 혼자 계시더니"라는 말씀도 나옵니다. 즉 예수님의 생애를 통해 볼 수 있는 독특한 말들은 예수님의 기도를 보여 줍니다. 예수님이 홀로 시간을 보내신 것은 허무주의 고독이 아니라 성령 안에서의 고독입니다. 사람들을 다 떠나보내고 나서 가진 하나님과의 독대입니다. 하나님과 단둘이서 만나신 것입니다. 하나님의 실존 앞에서, 그분의 현현 앞에서 자기 존재를 다 던지신 것입니다.

이런 하나님을 만나기를 바랍니다. 하나님을 만나야 합니다. 하나님은 우리에게 능력이시고, 피난처이시고, 견고한 바위가 되시고, 우리의 구원이십니다.

야곱은 이제야 진정으로 하나님을 만나기 시작했습니다. 야곱이 홀로 있다가 새벽까지 천사와 씨름했다는 말씀을 보십시오. 기도란 씨름입니다. 기도는 감상물이 아닙니다. 기도는 써서 읽는 것이 아닙니다. 기도는 내 하소연이나 소원이 아닙니다. 야곱이 겪은 사건에 의하면 기도는 천사와 씨름하는 것입니다.

야곱은 천사에게 "당신이 내게 축복하지 아니하면 가게 하지 아니하겠나이다. 나를 회복시켜 주겠다는 약속이 없으면 당신을 놓을 수가 없습니다"라고 하며 새벽까지 붙들고 씨름했습니다. 그리고 그는 하나님을 만나 응답을 받았습니다. 바로 그 순간부터 야곱은 고독과 절망과 인생의 허무와 위기에서 탈출했습니다. 진짜 하나님을 만나십시오. 우리의 절대 고독과 위기를 견디게 하시는 능력의 하나님을 만나십시오.

21

하나님 붙들고 씨름합니다

창세기 32:25-32

엉터리 같아도 결코 포기하지 않으면 응답받는다

야곱은 형 에서와의 갈등을 해결하기 위해 예물과 가축들을 종들에게 맡긴 후 여러 떼로 나누어 에서에게 보냈습니다. 그리고 자녀들과 아내들도 모두 보냈습니다. 그는 인간적인 방법과 수단을 총동원해서 할 수 있는 일은 다해 보았습니다. 그러나 인간적인 방법과 수단을 동원하면 할수록 얻어지는 것은 아무것도 없었습니다. 야곱은 시간이 지날수록 불안이 깊어 갔고 고독해지기만 하는 자신을 발견했습니다.

> 야곱은 홀로 남았더니 어떤 사람이 날이 새도록 야곱과 씨름하다가
> (창 32:24).

야곱은 홀로 남았습니다. 그는 자신이 할 수 있는 방법은 모두 해 보았기 때문에 마지막으로 선택할 수 있는 방법은 하나님을 의지하는 것밖에 없었습니다. 야곱이 씨름을 한 대상은 하나님의 천사였습니다. 그날 밤 야곱은 하나님의 천사와 밤새워, 새벽이 될 때까지 격렬한 씨름을 했습니다.

자기가 야곱을 이기지 못함을 보고 그가 야곱의 허벅지 관절을 치매 야곱의 허벅지 관절이 그 사람과 씨름할 때에 어긋났더라(창 32:25).

하나님은 사람의 모습으로 나타나시기도 합니다. 그분이 예수 그리스도이십니다. 구약 시대에는 하나님이 천사의 모습으로 오셨습니다. 그 천사의 모습은 사람처럼 보였습니다. 하나님이 보내신 천사는 야곱과 새벽까지 씨름을 했습니다. 재미있는 사실은 천사가 사람보다 힘이 강한데도 질 것 같다는 생각을 했다는 것입니다. 그래서 천사는 어쩔 수 없이 야곱의 허벅지 관절을 쳤고, 야곱의 허벅지 관절이 어긋나고 말았습니다.

이날 야곱과 천사의 싸움을 상상해 봅니다. 밤하늘에는 별이 총총 떠 있고, 주변에는 아무도 없는 고요함이 감돕니다. 야곱은 사람의 모습으로 온 천사를 만나서 이야기를 했을 것입니다. 그리고 이야기하다가 씨름이 시작되었습니다. 아마도 야곱은 그날 밤에 사람으로 온 천사를 붙들고 격렬하게 통곡하며 자신을 도와 달라고 통사정했을 것입니다. 그러나 천사는 야곱의 부탁에 모두 응하지는 않았습니다. 그러자 야곱은 천사를 놓아 주지 않았습니다. 그래서 이 씨름은 새벽까지 계속되었습니다. 결국 천사는 야곱을 뿌리치기 위해 야곱의 허벅지 관절을 쳐서 어긋나게 했습니다. 그래도 야곱은 천사를 놓지 않았습니다.

우리는 여기서 두 가지 사실을 발견하게 됩니다.

첫째, 천사가 사람과 씨름을 했다는 놀라운 사실입니다. 천사는 하나님이 부리시는 영으로서, 목적에 따라 여러 가지 일을 합니다. 어떤 천사는 메시지를 전해 주고, 어떤 천사는 예언을 합니다. 요한계시록을 보면 어떤 천사는 심판을 집행합니다. 소돔과 고모라의 심판에도 천사가 관여했습니다. 하나님의 특별한 명을 가지고 온 천사는 야곱과 이야기를 하고 씨름을 했습니다.

하나님은 우리에게 일방적으로 행동하시지 않습니다. 우리의 기도를 들으시고, 우리가 하나님을 붙들고 의지하면 우리와 씨름도 하십니다. 하나님을 쉽게 포기하지 마십시오. 붙들어 보십시오. 하나님이 뿌리치고 가신다 할지라도 우리가 그분을 붙잡으면 우리와 씨름을 하시는 분이 하나님이십니다.

둘째, 야곱이 천사를 결코 놓지 않았다는 것입니다. 야곱은 필사적으로, 있는 힘을 다해서 천사를 붙들었습니다. 뼈가 부러질 정도의 부상을 입고도 결코 천사를 놓지 않았습니다. 야곱은 하나님이 보시기에 아주 엉터리 같은 면이 있었습니다. 그러나 이런 엉터리같이 자격 없는 사람이라도 하나님을 붙들고 통곡하며 간구하면 되는 것입니다.

그가 이르되 날이 새려 하니 나로 가게 하라 야곱이 이르되 당신이 내게 축복하지 아니하면 가게 하지 아니하겠나이다(창 32:26).

떠나려는 천사와 떠나지 못하게 하려는 야곱의 씨름은 무엇이 문제입니까? 천사에게는 문제가 없었습니다. 야곱이 엉터리라는 데 문제가 있었습니다. 야곱에게 문제가 없었다면 천사가 축복도 하지 않고 갈 리가 없었습니다.

분명한 사실 하나는 야곱 안에 하나님이 기뻐하시지 않는 죄가 있었다는 것입니다. 야곱은 스스로 이 점을 잘 알고 있었습니다. 자신이 엉터리라는 것을 잘 알고 있었다는 것입니다. 우리는 스스로가 자신이 엉터리 같은 신앙을 가지고 있다는 것을 잘 알고 있습니다. 이른 아침 제일 먼저 교회에 와서 앉아 있더라도 우리는 조금씩은 엉터리들입니다. 그래서 우리는 가끔 기도할 때 자신이 없습니다. '과연 하나님이 나의 기도를 들어주실까?'라는 의문을 갖습니다.

그런데도 야곱은 자기를 축복해 달라고 억지를 부렸습니다. 자신을 축복해 주어야만 놓아 주겠다고 했습니다. 그러면 천사는 왜 새벽이 다 되도록 이렇게까지 매달리는 야곱을 떠나려고 했을까요? 야곱 안에는 축복을 받기 전에 해결해야 할 문제가 있다는 것을 알았기 때문입니다. 더러운 그릇에는 물을 담거나 복을 줄 수 없기 때문입니다.

사실 모든 문제의 원인은 타인에게 있지 않고 자신에게 있습니다. 모든 핑계를 타인에게 돌릴 뿐입니다. 이 점을 보여 주는 상징적인 모습이 정치계의 야당과 여당에 있습니다. 그들은 서로에게 책임을 돌리며 자신들에게는 잘못이 없다고 주장합니다. 많은 부모와 자식 사이에서도 그렇게 서로를 원망합니다. 그러나 실상은 그렇지 않습니다. 원인은 자신에게 있는 것입니다.

할아버지가 아브라함이었고, 아버지가 이삭이었고, 더구나 야곱 자신도 하나님을 믿고 있었는데도 야곱이 그날 밤 그처럼 심하게 불안했던 이유는 무엇이었을까요? 왜 하나님을 붙잡고 새벽까지 씨름해야만 했을까요? 이유는 간단합니다. 야곱에게 문제가 있었고, 죄가 있었기 때문입니다.

죄 중에 가장 큰 죄는 살인죄나 강간죄가 아닙니다. 그런 죄도 크지만 그보다 더 큰 죄는 '하나님을 신뢰하지 않는 죄'입니다. 죄의 뿌리에는 교만과 불순종이 있습니다. 이것이 아담과 하와가 지은 죄의 특징입니다. 하나님께 순종하지 않고 하나님을 신뢰하지 않는 이유는 간단합니다. 교만하기 때문입니다. 교만하면 하나님을 신뢰하지 않습니다. 교만은 불순종을 낳습니다. 야곱은 하나님을 믿으면서도 매사에 하나님을 의지하기보다는 먼저 인간적인 방법을 시도했습니다.

> 오직 너희 죄악이 너희와 너희 하나님 사이를 갈라놓았고 너희 죄가 그의 얼굴을 가리어서 너희에게서 듣지 않으시게 함이니라(사 59:2).

> 나 여호와는 심장을 살피며 폐부를 시험하고 각각 그의 행위와 그의 행실대로 보응하나니(렘 17:10).

하나님 앞에서는 죄를 숨길 수가 없습니다. 우리의 죄는 하나님 앞에 벌거벗은 것처럼 드러나기 마련입니다. 죄가 있는 한 복은 계속될 수 없으며, 죄가 있는 대로, 그리고 우리가 행한 대로 심판을 받게 되어 있습니다.

인간으로서 나의 실체는 무엇인가?

허벅지 관절이 어긋나는 지경에 이르러서도 야곱이 천사를 놓지 않자, 드디어 천사가 야곱 안에 있는 문제를 해결하기 시작했습니다.

> 그 사람이 그에게 이르되 네 이름이 무엇이냐 그가 이르되 야곱이 니이다(창 32:27).

우선, 천사는 야곱에게 "네 이름이 무엇이냐?"라고 물었습니다. 이 말은 "너는 누구냐?"라는 것입니다. 우리는 누구입니까? 우리는 어떤 존재이며, 어디서 와서, 어디로 가는 존재입니까? 우리는 자기를 표현하기 위해 명함도 내놓고 이력서도 보여 줍니다. 그렇다면 우리의 이력서에 기록되어 있는 내용이 우리입니까? 병원에서 신체검사를 해서 기록된 신체의 모습이 우리입니까? 물론 그렇습니다. 그러나 정말 그것이 우리의 전부입니까?

"너의 본질이 무엇인가?", "인간으로서의 네 실체는 무엇인가?"

라는 질문을 받으면 우리는 대답할 말이 없습니다. 우리는 어떻게 보면 가면을 쓰고 사는 사람들이고, 우리의 모습은 껍데기에 불과합니다. 그래서 우리는 여러 가지로 자신을 위장합니다. 학력, 경력, 지식으로 겉을 포장합니다. 하지만 인생을 정직하게 대면하는 순간, 즉 죽음 앞에 서 있는 순간, 홀로 서 있는 순간, 하나님이 "네가 누구냐?"라고 질문하시면 우리는 할 말이 없습니다.

야곱은 "내 이름은 야곱입니다"라고 답했습니다. 창세기 25장 26절을 보면, 야곱의 이름 뜻이 설명되어 있습니다. 에서의 쌍둥이 동생으로 태어난 야곱은 태어날 때 형 에서의 발꿈치를 잡고 나왔습니다. 야곱은 무엇이든지 움켜쥐고 남의 것을 훔치는 사람이었습니다. '야곱'이라는 말에는 '발꿈치를 붙잡다', 다른 말로는 '약탈자', '사기꾼'이라는 의미가 들어 있습니다. 야곱은 이름의 뜻대로 에서의 장자권과 복을 훔쳤던 사람입니다.

우리는 야곱이라는 이름에서 그의 인생의 삐걱거리는 모습을 보게 됩니다. 야곱은 하나님의 은혜로 살려고 하지 않고 남의 것을 훔쳐서 살려고 했습니다. 자기의 노력과 방법으로 살려는 사람의 상징이 바로 야곱입니다. 그런 삶의 태도 때문에 야곱의 삶은 평온하지 않았습니다. 은혜로 살면 평온할 텐데 남의 것을 훔쳐서 살려고 하니 불안했던 것입니다.

그가 이르되 네 이름을 다시는 야곱이라 부를 것이 아니요 이스라엘이라 부를 것이니 이는 네가 하나님과 및 사람들과 겨루어 이겼음이니라(창 32:28).

천사가 이해하기 어려운 말을 했습니다. 야곱이라는 이름으로는 축복을 받을 수가 없으니, 지금까지 살아온 인생으로는 해답이 없으니 이름을 바꾸라고 한 것입니다. 우리의 이름도 바뀌기를 간절히 바랍니다. 지금까지 살아왔던 방식과 사고방식과 가치 체계로는 미래가 없습니다. 야곱이라는 이름으로는 희망이 없다는 뜻입니다. 사기꾼이라는 이름으로 어떻게 축복을 받겠습니까? 사기꾼이란 다른 것이 아닙니다. 남의 것, 남의 인생을 착취하면 사기꾼입니다. 정말 복을 받고 싶다면 약탈자, 사기꾼이라는 이름이 아니라 '승리자'라는 이름으로 바꿔야 합니다. 하나님과 싸워서도 승리한 자, 그 이름이 바로 '이스라엘'입니다.

그렇다고 공연히 작명소에 가서 이름을 바꾸지 마십시오. 어떤 사람은 이름 때문에 운이 없다고 생각해서 작명소를 통해 이름을 바꿔서 잘 살아 보겠다고 합니다. 하지만 그런 식으로 바꾸는 이름은 바꿀수록 저주가 임합니다.

하나님이 주시는 복의 이름 '이스라엘!' 드디어 역사상 처음으로 이스라엘이라는 이름이 등장했습니다. 이스라엘의 옛 이름은 야곱입니다. 복 받을 수 없는 사람, 남에게 사기 치는 사람의 이름을 하나님이 직접 바꾸어 주신 것입니다.

고린도후서 5장 17절 "그런즉 누구든지 그리스도 안에 있으면 새로운 피조물이라 이전 것은 지나갔으니 보라 새것이 되었도다" 라는 말씀과 에베소서 4장 22 - 24절 "너희는 유혹의 욕심을 따라 썩어져 가는 구습을 따르는 옛 사람을 벗어 버리고 오직 너희의 심령이 새롭게 되어 하나님을 따라 의와 진리의 거룩함으로 지으심을 받은 새사람을 입으라"라는 말씀이 떠오르는 대목입니다.

지금까지 가지고 있던 옛 사람, 야곱과 같은 인생을 벗어 버리고 새사람, 새 피조물로 살기를 간절히 바랍니다. 이제 하나님이 주시는 복된 새 이름, 새 예루살렘, 새 하늘과 새 땅을 누리기를 기도합니다. 우리가 살고 있는 더러운 땅과 바다와 하늘이 아니라 새 하늘과 새 땅이 전개될 것입니다.

> 야곱이 청하여 이르되 당신의 이름을 알려 주소서 그 사람이 이르되 어찌하여 내 이름을 묻느냐 하고 거기서 야곱에게 축복한지라 (창 32:29).

야곱은 끝까지 자기 스타일을 버리지 못했습니다. 복을 주겠다고 하는데도 이름을 가르쳐 달라고 했습니다. 다시 말하면 증거를 갖고 싶어 한 것입니다. 좋게 해석하면, 하나님의 이름은 곧 하나님의 속성이므로 하나님의 속성을 더 깊이 알고 그분께 가까이 가고 싶어 한 것입니다. "하나님, 이제 저의 축복의 근거는 하나님의 이름입니다. 하나님, 이제 제가 하나님의 이름을 걸고 제 인생을 시작하겠습니다"라는 뜻일 수도 있습니다. 그런데 하나님은 이름을 가르쳐 주시지 않고 복을 주셨습니다. 즉 자신이 축복하는 하나님이심을 이름을 가르쳐 주시는 대신 직접 보여 주신 것입니다.

절름발이로 복 받으면서 사는 편이 훨씬 낫다

여기서 우리가 야곱에게 배워야 하는 두 가지가 있습니다.

첫째, 야곱의 끈질김입니다. 자격이 있다면 그렇게까지 억지를 부릴 필요가 없습니다. 그러나 우리는 자격이 없는 사람들이며 대충 살아온 사람들이기 때문에 하나님을 끝까지 붙들어야 합니다. 우리 스스로가 굳은 믿음을 갖고 하나님을 붙잡게 되기를 바랍니다. "하나님, 하나님이 제게 복 주시지 않으면 제 허벅지 관절이 어긋날 정도가 되어도 하나님을 보내 드릴 수가 없습니다. 하나님, 제가 엉터리라는 것을 잘 압니다. 제가 지금까지 잘못 살아왔다는 것도 압니다. 그러나 저는 하나님의 복 없이는 살 수가 없습니다"라고 기도합시다. 마태복음 7장 7절 말씀을 붙잡으십시오.

구하라 그리하면 너희에게 주실 것이요 찾으라 그리하면 찾아낼 것이요 문을 두드리라 그리하면 너희에게 열릴 것이니(마 7:7).

혹시 우리 믿음이 엉터리라고 생각되더라도 이 말씀을 꼭 기억하기 바랍니다. 적극적으로 구하고, 찾고, 두드릴 때 하나님은 못 이기는 척하고 응해 주십니다. 알면서도 속아 주시는 분이 하나님이십니다. 예레미야 29장 13절 "너희가 온 마음으로 나를 구하면 나를 찾을 것이요 나를 만나리라", 역대상 16장 11절 "여호와와 그의 능력을 구할지어다 항상 그의 얼굴을 찾을지어다"라는 말씀을 기억하십시오.

여전히 작년과 비슷한 신앙생활을 하지 않기를 바랍니다. 어제와 같은 신앙생활을 하지 않기를 바랍니다. 이제 적극적이고 능동적으로 나서십시오. 누구에게 끌려다니지 말고 다른 사람을 이끄는 사람이 되기를 바랍니다. 예수님을 적당히 믿는 사람은 일주일에 한 번 주일예배에만 참석합니다. 물론 그렇게라도 나오는 것이 고맙습니다. 그러나 이제는 그 수준을 졸업하십시오. 적극적으로 전도하고, 봉사하고, 남을 돕고, 선교사도 되기를 간절히 바랍니다.

히브리서 4장 16절은 "그러므로 우리는 긍휼하심을 받고 때를 따라 돕는 은혜를 얻기 위하여 은혜의 보좌 앞에 담대히 나아갈 것이니라"라고 말합니다. 하나님이 예비해 주신 복을 스쳐 지나가지 마십시오. 하나님을 붙잡고 하나님이 주시는 복을 자기 것으로 만드십시오. 결코 관객이 되지 말고 주인공이 되십시오. 역사의 주인이 되십시오. 야곱은 구경꾼에서 역사의 주인공으로 자신의 인생을 바꾼 사람입니다.

둘째, 옛 사람이 변하여 새사람이 되는 비결은 성령님께 있다는 사실입니다. 거듭남의 비밀은 요한복음 3장에 기록된 니고데모 이야기에 나옵니다. 예수님은 니고데모에게 "사람이 거듭나지 아니하면 하나님의 나라를 볼 수 없느니라"(요 3:3)라고 말씀하셨습니다. 우리는 '물과 성령'으로 거듭납니다. 예수님은 또한 "육으로 난 것은 육이요 영으로 난 것은 영이니 내가 네게 거듭나야 하겠다 하는 말을 놀랍게 여기지 말라"(요 3:6 - 7)라고 말씀하셨습니다.

성령의 역사를 구하십시오. 먼저, 적극적으로 자기 인생을 바꾸려는 결단을 해야 합니다. 그러나 아무리 의지적으로 결단해도 모든 것이 이루어지는 것은 아닙니다. 성령이 도우셔야 합니다. 또 한편으로는 성령이 아무리 우리를 도우시려고 해도 우리의 결단이 없으면 안 됩니다. 소를 물가까지 끌고 갈 수는 있어도 물은 소가 직접 먹어야 하듯이, 우리가 적극적으로 원하고 받아들이려고 해야 합니다.

이 두 가지가 들어맞아야 합니다. 먼저 자신의 태도를 바꾸십시오. 냉소적이고 부정적인 태도를 적극적인 태도로 바꾸십시오. 누군가가 물을 떠다 주기를 기다리지 말고 직접 물을 떠다 먹으십시오. 움직이십시오.

새벽기도회에 나가는 복이 있기를 바랍니다. 새벽기도회에 나가기까지는 시간이 한참 걸리니까, 우선 주일에만 성경책을 들고 교회에 나오는 신앙생활을 피하십시오. 큐티, 일대일, 봉사 등 무엇인가를 하십시오. 성령의 능력과 기름 부으심을 사모하십시오.

> 그러므로 야곱이 그곳 이름을 브니엘이라 하였으니 그가 이르기를 내가 하나님과 대면하여 보았으나 내 생명이 보전되었다 함이더라 (창 32:30).

이제 야곱은 매우 기뻐서 '하나님의 얼굴'이라는 뜻을 가진 '브니엘'이라는 이름을 그곳에 붙였습니다. '내가 하나님의 얼굴을 보았으나 내 생명이 보존되었구나'라는 의미를 담고 있습니다.

> 그가 브니엘을 지날 때에 해가 돋았고 그의 허벅다리로 말미암아 절었더라 그 사람이 야곱의 허벅지 관절에 있는 둔부의 힘줄을 쳤으므로 이스라엘 사람들이 지금까지 허벅지 관절에 있는 둔부의 힘줄을 먹지 아니하더라(창 32:31-32).

이런 장면을 상상해 보십시오. 영화의 마지막 장면에 해가 떠오르는데 어떤 사람이 절뚝거리면서 걸어가는 모습 말입니다. 그러나 그것은 희망이었습니다. 야곱이 하나님을 만나 복을 받았기 때문입니다.

건강한 두 다리로 복을 받지 못하고 살아가는 것보다 절름발이로 복 받으면서 사는 편이 훨씬 낫습니다. 복 받지 못하고 멀쩡하게 사는 것보다 피투성이가 되어서라도 복 받으며 사는 것이 낫습니다. 하나님의 복이 함께하기를 축복합니다.

22

복 중의 복은 용서하고, 용서받는 삶입니다

창세기 33:1-20

용서하고 용서받아야 마음속에 평안이 깃든다

성령의 도우심으로 우리에게 화해와 용서의 마음이 가득하기를 바랍니다. 용서받아야 할 사람에게 용서받지 못할 때의 마음은 말로 다할 수 없이 힘들고 고통스럽습니다. 용서받지 못한 채 물질적인 보상을 해 주어도 잘못을 저지른 사람의 죄책감은 어떻게 할 수가 없습니다. 그런데 피해를 당한 사람이 "나는 너를 용서하겠다"라고 말한다면 가해자의 마음이 매우 편안해질 것입니다. 그래서 복 중의 복은 용서받는 복입니다. 그런 복이 있기를 바랍니다.

용서받는 것도 중요하지만, 용서해야 할 사람을 용서해야 평안이 깃듭니다. 어떤 사람이 자신에게 잘못을 저질렀을 때 그를 용서하지 않고, 복수의 칼을 갈고, 분한 마음을 품으면 스스로가 무척이나 괴롭습니다. 용서받지 못하는 고통만큼 용서하지 못하는 고통도 있는 것입니다. 용서하지 못하면 원한과 분노가 쌓입니다. 분노를 품고 있으면 다른 사람에게 분노와 원한의 피해가 가기 전에 먼저 자신을 해치게 됩니다. 그래서 고통스럽습니다. 용서하지 못하는 사람의 눈에는 살기와 분노가 있습니다. 그리고 그 감정이 자신을 죽여 갑니다. 잠을 이루지 못하고, 두통이 생기고, 소화가 되지 않는 등의 고통도 뒤따릅니다. 분노는 타인을 파멸시킬 뿐만 아니라 자신을 망하게 합니다.

그래서 용서받을 자에게 용서를 받고, 용서해야 할 사람을 용서하는 것은 매우 중요한 일입니다. 예수님도 용서에 대해 많이 말씀하셨습니다. 그중에 하나가 마태복음 5장 23 - 24절입니다.

> 그러므로 예물을 제단에 드리려다가 거기서 네 형제에게 원망 들을 만한 일이 있는 것이 생각나거든 예물을 제단 앞에 두고 먼저 가서 형제와 화목하고 그 후에 와서 예물을 드리라(마 5:23-24).

예배드리는 일보다 더 중요한 것은 먼저 형제와 화해하는 일이라는 뜻입니다. 우리는 용서하지 않은 상태로, 용서받지 못한 상태로 하나님께 예배드릴 때가 많습니다. 그러나 하나님은 그런 예배는 받지 않겠다고 하셨습니다. 예수님은 이렇게 말씀하셨습니다.

> 너희가 사람의 잘못을 용서하면 너희 하늘 아버지께서도 너희 잘못을 용서하시려니와 너희가 사람의 잘못을 용서하지 아니하면 너희 아버지께서도 너희 잘못을 용서하지 아니하시리라(마 6:14-15).

구원의 결과는 용서받는 일이요, 용서하는 일입니다. 먼저 우리가 하나님께 용서를 받고 나면 다른 사람을 용서하게 됩니다. 우리가 용서하지 못하는 까닭은 누군가에게 용서받지 못해서이기도 합니다. 야곱은 용서받지 못하는 고통과 갈등과 두려움으로 20년이라는 세월을 타지에서 살았습니다. 그는 집을 떠날 때 얍복 강변의한 들에서 하나님을 만났습니다. 그러나 형에게 용서받았다는 확인을 받지 못했기 때문에 고통의 세월을 보내야만 했습니다.

드디어 아버지의 집으로 돌아가게 되었을 때 그는 다시 한번 하나님을 만났습니다. 아버지의 집으로 돌아가는 여정은 공포와 두려움으로 가득했습니다. 에서가 400명을 거느리고 자기에게로 온다고 하자 야곱의 공포는 극에 달했습니다. 오죽했으면 에서에게가축 떼를 선물로 먼저 보내고, 그것도 모자라서 자식들과 아내들을 앞세웠겠습니까? 그러고도 야곱은 강을 건너지 못하고 밤을 새워 고민했습니다.

야곱이 눈을 들어 보니 에서가 사백 명의 장정을 거느리고 오고 있는지라 그의 자식들을 나누어 레아와 라헬과 두 여종에게 맡기고 여종들과 그들의 자식들은 앞에 두고 레아와 그의 자식들은 다음에 두고 라헬과 요셉은 뒤에 두고 자기는 그들 앞에서 나아가되 몸을 일곱 번 땅에 굽히며 그의 형 에서에게 가까이 가니(창 33:1-3).

이제는 더 이상 피할 수 없는 결전의 시간이 다가왔습니다. 야곱은 인생의 기로에 서 있었습니다. 그 상황 가운데서도 야곱은 특이한 행동을 보였습니다. 우리는 그가 자식들과 아내들의 서열을 세운 묘한 행동을 통해서 야곱의 면모를 알 수 있습니다. 그는 무리의 제일 앞에 여종과 그 자식들을 세우고, 그다음으로는 레아와 그 자식들을 세우고, 마지막으로 자신이 가장 사랑하는 아내 라헬과 그 아들 요셉을 세웠습니다. 위급한 상황이 닥치면 라헬이 먼저 도망갈 수 있도록 배려한 것입니다. 그리고 자신은 제일 앞에 서서 일단 무릎을 꿇고 무조건 절부터 했습니다. 야곱에게는 더 이상 할 말이 없었습니다. 그는 일곱 번 절함으로써 모든 말을 대신했습니다.

> 에서가 달려와서 그를 맞이하여 안고 목을 어긋맞추어 그와 입 맞추고 서로 우니라(창 33:4).

그렇게 두려워했던 형과의 만남이 예상외로 너무나 간단하게 끝났습니다. 전혀 생각지 못했던 일이 벌어진 것입니다. 야곱이 공포로 가득 차서 에서와 대면한 곳에는 야곱이 생각하고 있던 분노로 가득한 에서는 없었습니다. 오히려 에서는 야곱을 발견하자마자 달려와 동생의 목을 끌어안고 입을 맞추며 울음을 터뜨렸습니다. 인생의 마지막 순간이라고 생각하면서 맞닥뜨렸던 사건의 결과는 전혀 상상하지 못한 것이었습니다. 어쩌면 야곱은 에서의 반응을 보며 '이렇게 될 줄 알았더라면 고민하지 말고 아버지의 집에 돌아오는 시간을 앞당겼을 텐데'라고 생각했을지도 모릅니다.

그렇습니다. 예수님의 비유에 등장하는 탕자의 아버지도 밤마다 문을 열어 놓고 탕자가 집에 돌아오기만을 기다렸습니다. 탕자는 번민과 고민 속에서 아버지의 집으로 돌아갈지, 말지를 고민하다가 마지막으로 차마 죽지 못하는 심정으로 귀가를 결정했습니다. 그러나 그가 돌아온 집에 분노하는 아버지는 없었습니다. 오히려 거지 같은 모습의 아들을 발견한 아버지는 아들을 끌어안고 용서와 사랑의 눈물을 흘렸고, 준비한 새 옷을 입혔으며, 손에는 가락지를 끼워 주었고, 살찐 짐승을 잡아 잔치를 베풀었습니다.

이런 분이 우리 하나님이십니다. 우리는 하나님에 대한 일말의 불안을 가지고 있습니다. 하나님이 좋으면서도, 자기 인생이 하나님과 너무 멀리 떨어져 있었기 때문에 하나님을 만나면 혹시 하나님이 자신을 야단치시는 것은 아닐까 불안해합니다. 그러나 성경은 "누구든지 주의 이름을 부르는 자는 구원을 받으리라"(롬 10:13)라고 말합니다. 하나님은 누구든지 하나님께 돌아오는 자를 위해 천국 문을 여시고, 천국 잔치를 베풀어 놓고 환영하시는 줄로 믿습니다.

에서가 야곱을 껴안고 우는 장면을 통해 야곱이 집을 나가 있던 그 긴 세월 동안 에서가 어떤 생각을 하며 살았을지 추측해 봅니다. 야곱이 떠난 이후, 에서는 한동안은 분노의 세월을 살았을 것입니다. 그러나 분명한 사실은 후에 그의 마음이 바뀌었다는 것입니다. 그렇기 때문에 두 형제는 서로 부둥켜안고 울 수 있었습니다.

하나의 민족인 남한과 북한이 서로 부둥켜안고 울 수는 없을까요? 서로 용서하지 못했던 사람이 부둥켜안고 우는 장면을 볼 수는 없을까요? 진정한 용서에는 눈물이 있습니다. 진정한 화해에도 눈물이 있습니다. 진정한 구원에도 눈물이 있습니다. 그것은 진정 감동적인 일이기 때문입니다.

진정한 마음으로 다가갈 때 아름다운 화해가 이루어진다

> 에서가 눈을 들어 여인들과 자식들을 보고 묻되 너와 함께한 이들은 누구냐 야곱이 이르되 하나님이 주의 종에게 은혜로 주신 자식들이니이다(창 33:5).

예전에 야곱이 아버지의 집을 떠날 때는 무일푼에 혼자였는데, 20년의 세월이 지나고 보니 4명의 아내와 11명의 자녀와 수많은 종과 가축 떼가 그와 함께하고 있었습니다. "여인들과 자식들이 누구냐?"라는 에서의 질문에 야곱은 20년의 기막힌 질고의 세월 속에서 하나님이 주의 종에게 베푸신 은혜의 선물이라고 대답했습니다.

고통과 저주의 시간 속에서도 하나님은 은혜를 베풀어 주십니다. 감옥에 갇히고, 병들고, 억울함을 당하는 세월 동안에도 하나님은 무엇인가를 하고 계신 것입니다. 다시 말하면, 고통은 성장의 과정이었던 것입니다. 그렇게 저주스러운 삶 같았지만 야곱은 자신의 삶을 돌이켜보면서 아내들과 자식들과 재산을 주신 하나님의 은혜를 생각했습니다. 하나님은 우리를 굶어 죽거나 얼어 죽지 않게 하셨고 보호해 주셨습니다. 이 모든 것이 하나님의 은혜입니다.

그때에 여종들이 그의 자식들과 더불어 나아와 절하고 레아도 그의 자식들과 더불어 나아와 절하고 그 후에 요셉이 라헬과 더불어 나아와 절하니 에서가 또 이르되 내가 만난 바 이 모든 떼는 무슨 까닭이냐 야곱이 이르되 내 주께 은혜를 입으려 함이니이다(창 33:6-8).

에서는 두 번째 질문을 했습니다. "내가 너를 만나러 오는 여정 중에 만난 가축 떼는 무엇이냐?"라는 질문입니다. 그러자 야곱은 자신이 형 에서에게 은혜를 입기 위해서 준비한 예물이라고 대답했습니다. 사실 예물이라기보다는 뇌물이었습니다.

에서가 이르되 내 동생아 내게 있는 것이 족하니 네 소유는 네게 두라(창 33:9).

에서의 말을 살펴보면, 야곱을 용서하는 단계를 넘어서서 동생을 그리워하고, 간절히 기다리고, 사모하는 마음으로 가득 차 있는 것을 보게 됩니다. 사실상 뇌물이었던 예물을 보낸 상황이 바뀌었습니다. 우리는 여기서 진정한 용서는 물질을 초월한다는 사실을 발견할 수 있습니다. 에서는 물질에 별로 관심이 없었습니다. 그는 물질은 필요 없다고 말했습니다. 에서는 야곱이 보낸 예물 때문에 마음을 바꾼 것이 아니었습니다.

물질로 상처가 보상되었기 때문에 용서가 이루어지는 것이 아닙니다. 그러나 세상의 상황들은 화해가 물질적 보상에 있는 듯 보입니다. 용서와 화해를 이야기하고는 있지만, 사실상 사람들은 용서의 문제를 이야기하는 것이 아니라 보상의 문제를 이야기합니다. 그러나 용서의 문제는 물질로 해결되는 것이 아닙니다.

> 야곱이 이르되 그렇지 아니하니이다 내가 형님의 눈앞에서 은혜를 입었사오면 청하건대 내 손에서 이 예물을 받으소서 내가 형님의 얼굴을 뵈온즉 하나님의 얼굴을 본 것 같사오며 형님도 나를 기뻐하심이니이다(창 33:10).

이제 야곱도 물질에 연연하지 않게 되었습니다. 진심으로 선물하고 싶어진 것입니다. 예전에는 두려움 때문에 주려고 했던 물질인데, 이제는 정말 기쁘게 무엇인가를 주고 싶은 마음으로 변한 것입니다. 에서의 용서를 받고 난 야곱에게는 그 물질이 뇌물이 아니라 '감사 헌금'처럼 된 것입니다.

우리가 교회에 드리는 여러 헌금들은 억지로 하는 것이어서는 안 됩니다. 헌금을 하지 않으면 어떤 저주를 받을까 봐 두려워서 하는 것이 아니라 하나님이 주신 은혜에 감격해서 자신이 가진 것 모두를 드리고 싶은 마음으로 헌금해야 합니다. 물질이라는 것은 어떤 마음의 태도를 가지느냐에 따라서 주고받는 것에 대한 성격이 달라집니다.

용서받은 야곱에게는 형의 얼굴이 예전과는 다르게 보였습니다. 야곱은 에서의 얼굴이 마치 하나님의 얼굴처럼 느껴졌습니다. 다른 사람을 향해 "당신의 얼굴을 보니 하나님의 얼굴을 본 듯합니다"라고 축복해 보십시오. 이것이 은혜 받은 사람입니다. 무섭게 생각되던 하나님이 사랑의 하나님으로 보이기 시작합니다. 멀리 계시는 하나님이 가까이 계신 하나님으로 보이기 시작합니다. 침묵하시고 숨어 계시는 듯 보이던 하나님이 말씀하시고 자신을 드러내시는 하나님으로 보이기 시작합니다. 영혼의 겨울이 지나가고 꽃 피는 봄이 옵니다. 이것이 용서입니다. 화해를 하면 내 마음에 꽃이 피고 새가 노래합니다. 그렇게 메말랐던 대지 위에 비가 오고 새싹이 돋습니다.

하나님이 내게 은혜를 베푸셨고 내 소유도 족하오니 청하건대 내가 형님께 드리는 예물을 받으소서 하고 그에게 강권하매 받으니라(창 33:11).

무척이나 아름다운 모습입니다. 주는 것도, 받는 것도 모두 아름답습니다. 우리는 물질을 받으려고 누군가에게 압력을 가합니다. 그래서 '옆구리 찔러 절 받는 식'으로 강제로 돈을 거두기도 합니다. 그러나 하나님 나라는 그런 모습이 아닙니다. 야곱은 에서에게 "이것은 은혜의 보답입니다. 나는 내 소유에 만족합니다"라고 말했습니다.

원래 인간은 소유함에 있어서는 만족이 없는 법입니다. 물질에는 만족함이 없습니다. 우리는 돈을 원하는 만큼 벌어도 만족하지 못합니다. 원하는 모든 것을 가져도 만족하지 못합니다. 그러면 그럴수록 더 갖고 싶어집니다. 갖지 않았기 때문이 아니라 덜 가졌기 때문에, 욕심과 야망을 채우지 못했기 때문에 불평하고 원망하는 것이지, 못 먹고 못 입어서 불평하는 것이 아닙니다. 우리의 야망과 욕심이 불평을 만드는 법입니다.

일반적으로 가진 사람이 더 갖기를 원하고, 자신이 풍족하다고 말하지 못하고, 더 많이 갖고 더 많이 지배해야 한다고 생각합니다. 권력과 야망은 가질수록 더 많이 갖고 싶어집니다. 멸망과 파멸에 이르기까지 말입니다.

야곱의 태도가 변했습니다. 만족을 알게 된 것입니다. 시편 23편 1절 "여호와는 나의 목자시니 내게 부족함이 없으리로다"라는 구절을 연상시키는 부분입니다. 우리에게도 만족함이 있기를 바랍니다. 셋방살이에도 만족하고, 직장과 가정에도 만족하십시오. 죽음에 이르러서도 하나님께 "이만큼 산 것은 제게 은혜였습니다. 저는 더 이상 바랄 것이 없습니다"라고 고백하게 되기를 바랍니다.

약속의 땅에 투자하는 것, 이것이 믿음의 시작이다

> 에서가 이르되 우리가 떠나자 내가 너와 동행하리라(창 33:12).

너무나 많은 것이 변했습니다. 에서는 야곱의 앞잡이(개역한글)가 되어 돕겠다고 말했습니다. 그런데 야곱은 에서의 제안을 정중하게 거절했습니다.

> 야곱이 그에게 이르되 내 주도 아시거니와 자식들은 연약하고 내게 있는 양 떼와 소가 새끼를 데리고 있은즉 하루만 지나치게 몰면 모든 떼가 죽으리니 청하건대 내 주는 종보다 앞서 가소서 나는 앞에 가는 가축과 자식들의 걸음대로 천천히 인도하여 세일로 가서 내 주께 나아가리이다(창 33:13-14).

야곱이 화해를 요청한 것은 이득을 보기 위함이 아니었음을 알게 됩니다. 이득을 보기 위해서 화합하는 것을 '야합'이라고 합니다. 화해의 목적이 이득을 얻기 위해서라면 그것은 진정한 화해가 아닙니다. 훗날 더 큰 저주가 임할 뿐입니다. 화해와 용서는 마음으로부터 오는 것입니다.

야곱은 에서에게 두 사람 사이의 화해가 혜택을 받으려는 것이 목적이 아님을 말했습니다. 야곱은 에서의 도움 없이 자기 수준에 맞추어 나가겠다고 말했습니다. 다른 사람의 수준에 자신을 맞추지 마십시오. 다른 이의 수준을 따라가다 보면 빚을 지고 어려운 상황이 생깁니다. 자신의 수준과 형편에 따라 사는 데 만족이 있습니다. 이것을 가리켜 '지족(知足)하는 마음'이라고 합니다. "하나님이 내게 주신 은혜가 족하도다"라고 고백하는 것입니다. 하나님을 위한 야망과 비전만이 온전할 뿐입니다. 비전을 성취함으로써 자신의 인간적인 만족을 얻고, 행복을 추구하고, 물질을 얻는 것이 아닙니다.

에서는 계속해서 호의를 베풀었습니다. 그는 자신의 종 몇 사람이라도 딸려 보내서 야곱을 돕겠다고 말했습니다.

에서가 이르되 내가 내 종 몇 사람을 네게 머물게 하리라 야곱이 이르되 어찌하여 그리하리이까 나로 내 주께 은혜를 얻게 하소서 하매 이날에 에서는 세일로 돌아가고 야곱은 숙곳에 이르러 자기를 위하여 집을 짓고 그의 가축을 위하여 우릿간을 지었으므로 그 땅이름을 숙곳이라 부르더라(창 33:15-17).

야곱은 에서에게 용서받은 것도 과하게 받은 것으로 여기며 더 이상은 신세를 지지 않으려고 했습니다. 우리는 남의 신세를 지려고 하고, 심지어 남의 것을 빼앗기까지 합니다. 그러나 야곱은 그렇게 하지 않았습니다. 그는 부족하고 힘들어도 자기 나름대로 살기로 했습니다. 아름다운 모습입니다. 그는 숙곳이라는 곳에 정착했습니다. '숙곳'이라는 말에는 '쉼', '피난처'라는 뜻이 있습니다. 그는 처음으로 안식했습니다. 간단하게 집을 짓고 우릿간을 만들었습니다.

에서와 야곱은 화해를 해서 용서했고, 용서를 받으며 화해를 했습니다. 우리 모두에게도 이런 기쁜 날이 있기를 바랍니다. 먼저 용서하십시오. "네가 먼저 나에게 용서를 청하면 나도 용서하겠다"라고 말하지 말고, 먼저 용서와 화해를 베푸십시오.

> 야곱이 밧단아람에서부터 평안히 가나안 땅 세겜 성읍에 이르러 그 성읍 앞에 장막을 치고 그가 장막을 친 밭을 세겜의 아버지 하몰의 아들들의 손에서 백 크시타에 샀으며 거기에 제단을 쌓고 그 이름을 엘엘로헤이스라엘이라 불렀더라(창 33:18-20).

야곱은 숙곳에서 세겜 땅으로 가서 하몰의 아들들에게 은 100개를 주고 약간의 땅을 샀습니다. 이 사건은 야곱의 믿음이 자랐음을 보여 줍니다. 이 땅을 하나님이 자신에게 주셨다는 확신을 갖게 되어 땅을 구입한 것입니다. 약속의 땅에 투자하십시오. 이것이 믿음의 시작입니다. 하나님의 약속과 희망을 사십시오. 이것이 믿음의 시작이요, 비전입니다. "그때 가 봐야 알지"라고 말하지 마십시오. 이것은 믿음이 아닙니다. 믿음은 바라는 것들의 실상이요, 보이지 않는 것들의 증거입니다(히 11:1). 다른 곳에 투자하지 말고 믿음을 사십시오. 믿음에 당신의 시간을 투자하십시오. 놀라운 일들이 일어납니다.

야곱은 그 땅의 이름을 '엘엘로헤이스라엘'이라고 불렀습니다. '그 하나님은 이스라엘의 하나님'이라는 뜻입니다. 야곱은 자신의 하나님을 만났습니다. 우리도 우리의 하나님을 만나기를 바랍니다. 우리 아버지가 믿음이 좋다고 해도 그것은 우리 믿음이 아니라 아버지의 믿음입니다. 우리에게는 우리 자신의 믿음이 필요합니다. 자신이 만난 하나님, 눈물 흘리게 하시는 하나님, 약속을 신뢰하게 하시는 하나님, 우리 자신의 하나님을 만나기를 바랍니다.

23

아버지는 자녀를 위해
눈물로 기도해야 합니다

창세기 34:1-17

옛 사람을 버리지 못하면 곧 새로운 위기를 만난다

사람은 누구든지 살아가면서 위기를 겪습니다. 그러나 하나님과 함께 위기를 겪어 내면 위기가 오히려 복이 됩니다. 그러나 자기 힘으로 위기를 겪어 내려 하고 세상의 방법으로 이겨 내려고 하면 오히려 더욱더 힘들어집니다.

야곱은 생의 위기를 잘 극복해 냈습니다. 야곱은 위기 덕분에 하나님을 만났습니다. 하나님과의 씨름을 통해서 그는 하나님을 만났습니다. 그는 하나님과의 만남을 통해서 새 이름 '이스라엘'을 받았습니다. '이스라엘'이라는 이름을 갖기 시작하면서 야곱의 믿음은 자라기 시작했고, 20년 동안 있었던 형과의 갈등도 해결되었습니다. 우리 역시 개인적인 시련을 통해서 하나님을 만나게 되기를, 화해와 용서의 길로 가게 되기를 간절히 바랍니다.

드디어 야곱은 자유와 평강을 누리게 되었고, 참 행복을 알게 되었습니다. 그러나 여전히 문제가 하나 있었습니다. 야곱은 하나님을 만났고 형과 화해했지만, 그에게는 지난 20년 동안 가졌던 쓴 뿌리, 즉 옛 사람의 모습이 그대로 남아 있었습니다.

지금 이 순간 예수님을 믿을 수는 있지만, 그렇다고 그 사람이 하루아침에 변하지는 않습니다. 우리는 예수님을 믿을 뿐만 아니라 성격도 변화되어야 합니다. 예수님은 믿지만 자기 고집은 절대로 꺾지 못한다고 말하는 사람이 있습니다. 우리는 절대로 그런 말을 하지 않기를 바랍니다. 우리 고집을 꺾게 되기를 바랍니다. 지금까지 살아왔던 습관도 바뀌기를 바랍니다.

야곱은 에서와 화해한 후에 가나안 세겜 땅에 정착을 시도했습니다. 그래서 세겜 땅 일부를 은 100개를 주고 사는 것으로 시작해 드디어 약속의 땅을 취하기 시작했습니다. 그리고 그곳에 제단을 쌓고 '엘엘로헤이스라엘'이라는 이름을 붙였습니다.

언뜻 보면 행복한 삶이 시작된 것 같습니다. 그러나 야곱이 변하지 않았기 때문에 행복은 그리 오래가지 못했고, 곧 새로운 위기가 다가왔습니다. 지금까지는 자기의 문제로 고생했다면 이제 겪게 될 새로운 문제는 자녀들의 문제였습니다. 이즈음에 야곱에게는 11명의 아들과 하나뿐인 딸 디나가 있었습니다. 바로 그 딸 디나에게 문제가 생겼습니다.

레아가 야곱에게 낳은 딸 디나가 그 땅의 딸들을 보러 나갔더니 히위 족속 중 하몰의 아들 그 땅의 추장 세겜이 그를 보고 끌어들여 강간하여 욕되게 하고 그 마음이 깊이 야곱의 딸 디나에게 연연하며 그 소녀를 사랑하여 그의 마음을 말로 위로하고 그의 아버지 하몰에게 청하여 이르되 이 소녀를 내 아내로 얻게 하여 주소서 하였더라(창 34:1-4).

야곱에게는 4명의 아내가 있었습니다. 첫 번째 아내가 레아입니다. 레아는 6명의 아들을 낳았습니다. 그리고 라헬의 몸종 빌하에게서 2명의 아들이 태어났고, 레아의 몸종 실바에게서 2명의 아들이 태어났습니다. 그리고 라헬도 아들을 낳았습니다. 레아는 아들 6명을 낳고 마지막으로 딸 디나를 낳았습니다.

생각해 보십시오. 많은 아들 중에 딸이라고는 하나뿐이니, 서로 배다른 형제 사이였지만 디나가 얼마나 많은 사랑을 받았겠습니까? 특별히 레아에게서 태어난 6명의 아들, 즉 디나와 배가 같은 오빠들은 디나를 무척이나 사랑하고 귀여워했을 것입니다.

그런데 이 딸에게 문제가 생겼습니다. 그들이 세겜 땅에 도착하자마자 늘 가정 안에만 머물렀던 디나가 오랜만에 세상에 대한 관심을 가졌습니다. 가나안 땅의 문화를 선망했던 것입니다.

신앙을 가졌다가 세상의 문화에 빠져들어서 신앙을 버리고 세상으로 가 버리는 경우가 많습니다. 디나가 그런 경우입니다. 그녀는 다른 문화에 접촉하자 그만 그것에 흠뻑 빠져 버렸습니다. 그래서 가나안 도시 세겜 땅으로 놀러 가 친구들을 사귀었습니다. 이때 디나는 결혼 적령기였습니다. 디나가 보러 갔다는 '그 땅의 딸들'이란 분명히 우상을 숭배하는 가나안의 딸들이었습니다. 디나는 가나안의 여자들과 사귀기 시작했습니다. 디나에게는 세상의 여자들이 무척 매력적으로 보였을 것입니다.

우리 자녀들에게는 스승뿐만 아니라 친구들이 매우 중요한 영향을 끼칩니다. 어떤 친구를 만나느냐에 따라서 자녀들의 일생이 결정될 만큼 중요합니다. 아이들은 부모의 영향권에서 어느 정도 벗어나는 연령이 되면 친구들 사이에서 많은 영향을 주고받습니다. 그런데 성경을 보면, 디나는 혼자서 외출했다는 사실을 알 수 있습니다. 아버지 야곱이 이 상황을 알고 있었는지, 모르고 있었는지는 알 수가 없습니다. 아마도 디나는 다른 사람과 동행하면 마음대로 행동할 수 없기 때문에 혼자 외출했을 것입니다. 그렇다고 다 큰 딸을 집에만 가둬 놓을 수도 없었습니다. 그래서 딸 가진 부모들은 갈등하곤 합니다. 딸을 밖으로 내보내자니 불안하고, 그렇다고 붙들어 매어 놓을 수도 없기 때문입니다.

결국 디나의 외출로 비극적인 일이 발생했습니다. 그 지역의 히위 족속 왕자인 세겜이 야곱의 딸 디나를 보고 반했습니다. 성경은 이 상황을 간단하게 "그를 보고 끌어들여 강간하여"라고 표현합니다. 그러나 앞뒤 문맥을 살펴보면 디나가 강간당한 것은 혼자 길거리를 가다가 나쁜 사람에게 납치당해서 욕을 본 것이 아님을 알 수 있습니다. 이미 충분하게 사귐이 있었다는 사실을 추측할 수 있습니다. 디나는 또래의 여자 친구들을 사귀어서 그들을 통해 남자들을 사귀게 되었을 것입니다. 그러다가 어느 날 하몰의 아들 세겜이 디나를 유혹해서 자기 집으로 끌고 간 듯 보입니다. 그리고 어느 한순간 치한으로 돌변한 세겜이 디나를 강간했습니다.

디나의 문제는 곧 아버지 야곱의 문제다

세겜은 비록 강간을 했지만 디나에게 깊이 연연했다는 표현을 보게 됩니다. 디나를 향한 세겜의 사랑이 깊었던 것입니다. 그는 강간을 한 후에 디나를 위로했습니다. 그는 디나를 강간해서 단지 노리개로 취급한 것이 아니라 결혼을 결심했습니다. 세겜은 이방의 왕자답게 간단하게 여자를 자기 것으로 삼을 수 있었고, 심지어 강간도 할 수 있었습니다. 이런 방법으로 여자를 데려오는 것에 죄책감을 느끼거나 도덕적인 문제를 느끼지 않았을 것입니다.

우리는 여기서 아브라함이 자기 아들 이삭을 결혼시킬 때 중매자인 노종에게 했던 말을 기억해야 합니다. 그는 주변에 많았던 가나안 여자를 취하지 않고 먼 곳에 있는 자기 친척 중에서 며느리를 택하라고 했습니다. 그는 하나님을 섬기는 딸만을 며느리로 취해야 한다고 했습니다. 아브라함은 노종을 보내면서 만약 그런 여자를 발견할 수 없다면 그것으로 종의 책임을 다한 것이라고 했습니다.

이것은 굉장히 중요한 이야기입니다. 야곱의 문제는 중요한 하나님의 원칙을 무시하고 소홀하게 여겼다는 점에 있습니다. 딸 디나가 가나안 땅에서 가나안 여자들과 남자들을 만날 때 미리 막지 않았습니다. 미리 막았어야 했습니다. 따라서 이 불행한 사건의 본질적인 원인은 아버지에게 있었습니다. 아버지가 딸을 제대로 교육하지 않았던 것입니다.

우리 자녀들은 누구든지 사춘기를 겪으면서, 혹은 결혼 적령기에 이르러서도 방황합니다. 방황하지 않는 자녀가 있다면 오히려 비정상일지도 모릅니다. 자녀가 이렇게 철이 없어 하나님보다 세상을 더 좋아하게 되었을 때 부모는 자녀에게 상처를 주어서 내쫓는 것이 아니라 끝까지 기다리고, 용서하고, 돌봐 주어야 합니다. 그래서 믿음으로 자녀가 제 길을 가게 될 때까지 돕는 것이 부모의 역할입니다. 야곱은 부모의 역할을 소홀히 한 무책임한 아버지였습니다. 야곱은 아들들에게도 무책임했고, 딸에게도 무책임했습니다.

세겜은 아버지 하몰을 찾아가서 자신이 저지른 사건을 이야기하고 디나를 아내로 삼겠다고 말했습니다. 역설적인 이야기이지만, 야곱 같은 무책임한 아버지보다는 끝까지 책임을 지겠다는 이방 나라의 왕자 세겜이 더 훌륭해 보입니다.

> 야곱이 그 딸 디나를 그가 더럽혔다 함을 들었으나 자기의 아들들이 들에서 목축하므로 그들이 돌아오기까지 잠잠하였고 세겜의 아버지 하몰은 야곱에게 말하러 왔으며 야곱의 아들들은 들에서 이를 듣고 돌아와서 그들 모두가 근심하고 심히 노하였으니 이는 세겜이 야곱의 딸을 강간하여 이스라엘에게 부끄러운 일 곧 행하지 못할 일을 행하였음이더라(창 34:5-7).

이 사건에 대한 소문이 순식간에 퍼져 근방의 모든 사람이 알게 되었습니다. 그런데 야곱은 자신의 하나밖에 없는 딸이 강간당했다는 소식을 듣고도 자기 아들들이 들에서 돌아오기까지 잠잠했습니다. 그는 문제를 해결하지 않는 아버지였습니다.

가족을 힘들게 하는 아버지는 문제를 해결하지 않는 아버지입니다. 그것이 가정의 문제이든, 사업상의 문제이든, 가정의 영적 책임자인 자신이 그 문제를 해결하지 않고 문제만 생기면 도망가는 아버지가 있습니다. 아내에게 모든 것을 맡기고 책임을 지지 않으며 좋을 때만 나서는 사람, 바로 그런 아버지가 야곱이었습니다. 그는 겁을 집어먹고 어쩔 줄 모른 채 아들들이 돌아오기까지 기다렸습니다. 물론 야곱이 고민하지 않았다는 뜻은 아닙니다. 하지만 어찌 되었든 그는 아버지로서 자신의 책임을 다하지 못했습니다.

남편들 중에는 문제가 있을 때마다 고민은 해도 실제적인 문제는 아내에게 떠맡기고 사는 사람들이 많습니다. 돈이 없으면 친정에서 가져오라고 하고, 자녀가 문제를 일으키면 아내를 학교로 보내서 해결하고 오라는 경우도 있습니다. 그러고는 자신은 바쁘다는 핑계를 댑니다. 이처럼 자녀 교육 문제에 관심을 갖지 않고 수동적이고 무책임한 모습을 보이는 아버지들이 많습니다. 야곱의 경우, 비단 이 사건에서만 그런 모습이 드러난 것은 아닙니다.

이방인인 하몰은 그래도 아버지로서 훨씬 나은 모습을 보였습니다. 이 문제를 해결하려고 먼저 달려온 사람은 야곱이 아닌 하몰이었습니다. 그는 야곱에게 사정 이야기를 하고 청혼을 했습니다. 야곱의 아들들도 이 소식을 듣게 되었고, 근심했습니다. 먼저 분노해야 할 사람은 아버지인데, 오히려 아들들이 더 분노하기 시작했습니다. 그 분노가 지나쳐서 복수심으로 발전했습니다. 야곱이 이 복수심을 막았어야 했습니다. 그런데 그는 딸의 행동을 미리 막지 못했던 것처럼 아들들의 복수심도 막지 못했습니다. 야곱은 매우 소심하고 무책임했습니다. 그러면서도 개인적인 고집과 야망은 무척이나 많은 남자가 야곱입니다.

> 하몰이 그들에게 이르되 내 아들 세겜이 마음으로 너희 딸을 연연하여 하니 원하건대 그를 세겜에게 주어 아내로 삼게 하라 너희가 우리와 통혼하여 너희 딸을 우리에게 주며 우리 딸을 너희가 데려가고 너희가 우리와 함께 거주하되 땅이 너희 앞에 있으니 여기 머물러 매매하며 여기서 기업을 얻으라 하고 세겜도 디나의 아버지와 그의 남자 형제들에게 이르되 나로 너희에게 은혜를 입게 하라 너희가 내게 말하는 것은 내가 다 주리니 이 소녀만 내게 주어 아내가 되게 하라 아무리 큰 혼수와 예물을 청할지라도 너희가 내게 말한 대로 주리라(창 34:8-12).

하몰과 그의 아들 세겜은 야곱의 집에서 여러 가지 이야기를 했습니다. 그러나 정작 중요한 사과는 하지 않았습니다. 그들은 무척이나 당당했습니다. 이미 이렇게 된 것, 어떻게 하겠냐는 식이었습니다. 문제를 물질로 해결하려고 들었습니다. 아버지나 아들이나 마찬가지였습니다.

그들은 이 일을 계기로 서로의 딸을 데려다가 혼인하면 피차 좋은 것이 아니냐는 식으로 말했습니다. 뿐만 아니라 땅을 매매하고 한 가족이 되어서 살면 좋을 것이라는 그럴듯한 이야기를 했습니다. 그리고 자기의 저지른 잘못은 잘못이지만 물질로 보상하겠다고 했습니다. 혼인을 치르면 서로 간에 큰 이익이 생길 것이라고 주장했습니다. 이 상황에 이르러서도 야곱은 침묵을 지켰습니다.

모든 문제를 아내에게 맡기는 남편들은 회개하기를 바랍니다. 우리는 어려운 문제에서 도망가는 남자, 힘든 문제를 해결하는 영적 리더십이 없는 남자여서는 안 됩니다. 결혼 적령기에 있는 자매들은 이 점을 기억해야 합니다. 무책임하고 놀기 좋아하는 남자를 만나 결혼하면 평생 고생합니다. 야곱의 침묵은 '무책임의 침묵'이었습니다.

자녀에게 문제가 생기면 아버지가 무릎 꿇어야 한다

야곱이 당면한 문제에서 근본적인 부분은 하나님의 백성과 세상 사람은 야합할 수 없다는 것이었습니다. 우리는 세상 속에서 살고, 세상 사람들을 위해서 일합니다. 그러나 그것이 세상 사람들과 야합하는 것은 아닙니다. 우리는 세상 사람들과 타협하며 살지 않습니다. 우리는 이 세상 안에서 살지만 세상을 거부하고 사탄을 거부해야 합니다. 세속적인 문화에 야합해서는 안 됩니다. 창세기 6장 2절을 보면 노아의 홍수 전에 이런 말이 기록되어 있습니다.

하나님의 아들들이 사람의 딸들의 아름다움을 보고 자기들이 좋아하는 모든 여자를 아내로 삼는지라(창 6:2).

이것이 노아의 홍수가 난 결정적인 원인입니다. 결국 선택받은 자들도 세상의 물이 들어 버렸던 것입니다. 교회가 세상적이 되고 세상에서 하는 방법을 따라갈 때 교회는 위기를 맞게 되고 곧 신앙의 위기를 만나게 됩니다.

세상이 우리를 유혹하는 방법은 두 가지입니다. 하나는 자기들과 타협하면 좋다는 것입니다. "너 좋고, 나 좋자"라는 식입니다. 그들은 우리를 향해서 "왜 그렇게 별나게 사느냐"라고 말합니다. 그런 소리를 듣더라도 예수님을 믿는 사람은 별나게 살아야 합니다. 그것을 잃어버리면 모든 것을 잃는 것입니다. 세상이 우리를 유혹하는 또 다른 방법은 물질 만능의 유혹입니다. 돈만 벌 수 있다면 무엇이든 좋다는 논리를 가지고 우리를 유혹합니다. 이것이 바로 하몰과 그의 아들 세겜의 논리였습니다.

우리가 세상을 살아 나갈 때 조심할 것이 있습니다. 사과하지 않고, 예의를 지키지 않고, 모든 것을 물질로 해결하려는 사람을 조심하십시오. 돈은 필요합니다. 물질은 필요합니다. 그러나 그것만 가지고 해결하려 하고, 마음속에 진정한 미안함이 없고, 예의를 지키지 않는 사람은 문제가 있습니다.

> 야곱의 아들들이 세겜과 그의 아버지 하몰에게 속여 대답하였으니 이는 세겜이 그 누이 디나를 더럽혔음이라 야곱의 아들들이 그들에게 말하되 우리는 그리하지 못하겠노라 할례 받지 아니한 사람에게 우리 누이를 줄 수 없노니 이는 우리의 수치가 됨이니라 그런즉 이같이 하면 너희에게 허락하리라 만일 너희 중 남자가 다 할례를 받고 우리같이 되면 우리 딸을 너희에게 주며 너희 딸을 우리가 데려오며 너희와 함께 거주하여 한 민족이 되려니와 너희가 만일 우리 말을 듣지 아니하고 할례를 받지 아니하면 우리는 곧 우리 딸을 데리고 가리라(창 34:13-17).

딸이 당한 비극에 대해서 야곱은 끝까지 침묵을 지켰습니다. 오히려 디나의 오빠들이 분노했습니다. 야곱의 아들들은 뻔뻔한 하몰과 세겜을 속이기로 결정하고 음모를 꾸몄습니다. 그렇게 해서 더 큰 비극이 일어났습니다.

이 비극의 원인은 아버지의 침묵과 도피 때문에 빚어진 것입니다. 야곱은 자기의 생명을 걸고 남자와 가장으로서 상황 가운데 뛰어들었어야 했는데, 늘 상황을 살펴보며 눈치만 보았습니다. 그는 떳떳하지 못했습니다. 자녀에게 문제가 생기면 아버지가 상황에 뛰어들어서 무릎 꿇고 기도해야 합니다. 그러면 하나님이 어떤 식으로든 도와주십니다. 그런데 아내에게 미루고 자녀에게 책임을 전가하면 오히려 더 큰 어려움이 벌어집니다.

야곱의 아들들은 하몰보다 힘이 없었습니다. 그래서 음모를 꾸몄습니다. 그런데 그 음모라는 것이 하나님의 이름을 빙자한 것, 즉 종교적인 것을 이용한 사기였습니다. 그들은 할례를 핑곗거리로 내세웠습니다. 하몰 일족이 할례를 받지 않았기에 동생을 줄 수 없다며 할례를 받으라고 했습니다.

우리가 여기서 배워야 하는 교훈은 아버지가 책임을 져야 한다는 것입니다. 아버지에게는 영적 책임이 있습니다. 아버지는 가정과 자녀 교육에 책임이 있습니다. 자녀 교육을 아내에게만 맡기지 마십시오. 아내와 함께 문제를 풀어 가십시오. 아버지는 자녀를 위해서 눈물로 기도해야 합니다. 돈 벌고, 유명해지고, 성공하는 것보다 더 중요한 것은 내게 맡겨진 자녀를 잘 양육하는 것입니다.

또 다른 교훈은 세상을 좋아하면 소돔과 고모라로 가게 된다는 것입니다. 그리고 세상의 유혹에 빠지면 어려운 일을 겪게 된다는 것입니다. 그러므로 조금 촌스러운 것 같아도 교회에 머무는 것이 좋습니다. 하나님과 같이 있는 것보다 더 안전한 것은 없습니다. 우리 자신이 찾는 신랑보다 하나님이 찾아 주시는 신랑이 훨씬 낫습니다. 그러려면 기다리고, 믿고, 신뢰해야 합니다.

마지막 교훈은 그리스도인은 세상 속에서 살지만 세상과 야합해서는 안 된다는 것입니다. 예수님은 "한 사람이 두 주인을 섬기지 못할 것이니 혹 이를 미워하고 저를 사랑하거나 혹 이를 중히여기고 저를 경히 여김이라 너희가 하나님과 재물을 겸하여 섬기지 못하느니라"(마 6:24)라고 말씀하셨습니다.

우리는 세상 사람들과 함께 살지만 "가이사의 것은 가이사에게, 하나님의 것은 하나님께 바치라"(막 12:17)와 같은 원칙을 가져야합니다. 유대인들이 수천 년 동안 모진 어려움 속에서도 견딜 수있었던 힘이 여기 있습니다. 그들은 심지어 음식조차도 타협하지않았습니다. 그들은 안식일 절기를 타협하지 않았습니다. 현대 사회에서 보면 말도 안 되는 관습으로 보입니다. 그러나 그들은 오히려 항공사가 기내식으로 그들에게 적합한 음식을 만들도록 했습니다. 그들은 세상 사람들이 자기들을 따라오게 했습니다. 그들은 타협하지 않았습니다.

그러나 우리는 세상과 너무 쉽게 타협합니다. 안식일과 십일조를 타협합니다. 외롭고, 고독하고, 힘들어도 신앙의 순결을 끝까지지키는 것이 복의 근원입니다. 그렇다고 우리가 물질을 거부하는것은 아닙니다. 물질이 하나님을 섬기게 하면 됩니다. 우리가 세상을 거부해야 한다는 뜻이 아닙니다. 우리는 세상 속으로 뛰어들고세상의 한복판에서 사는 사람들입니다. 그러나 우리는 세상에 빠지는 사람들이 아니라 세상의 거친 파도를 헤치고 하나님의 나라를 이 땅에 세우는 사람들입니다.

24

하나님의 이름으로
죄지었음을 고백합니다

창세기 34:18-31

가장 악질이고 파괴력이 강한 죄는 종교적인 죄다

우리가 용서와 화해의 기도를 드릴 때 흔히 사용하는 말이 있습니다. "하나님, 알고 지은 죄도 용서해 주시고, 모르고 지은 죄도 용서해 주옵소서." 그러나 우리가 지은 죄 중에서 모르고 지은 죄는 거의 없습니다. 마치 모르고 지은 죄인 것처럼 변명할 뿐입니다. 우리의 죄에는 단지 들켜 버린 죄가 있고, 들키지 않은 죄가 있습니다. 사람들은 죄를 짓고서도 들키지 않으면 죄를 지은 것이 아니라고 자신을 합리화합니다. 양심에 조금 거리낌을 느끼지만 쉽게 무시해 버립니다. 증거가 있고 들킨 것만을 죄라고 생각하기 때문에 굉장히 뻔뻔해질 때가 많습니다.

일반적으로 사람들은 '어떻게 죄를 짓지 않을 수 있는가'에는 관심이 없고, '어떻게 죄를 들키지 않느냐'에 더 관심을 갖습니다. 우리의 문화와 법도 마찬가지입니다. 대부분의 죄는 알고 짓는 것이고, 들킨 죄보다 들키지 않은 죄가 훨씬 더 많습니다. 그러나 죄를 지은 사람은 스스로는 합리화시킬 수 있고, 사람의 눈은 속일 수 있어도 하나님의 눈은 속일 수 없습니다.

죄는 바이러스와 비슷합니다. 바이러스가 우리 몸을 병들게 하듯이, 죄도 인간의 영혼을 좀먹습니다. 그리고 암세포처럼 인간의 영혼을 파멸시킵니다. 죄는 세월이 지나간다고 해서 없어지거나, 잊히거나, 그 영향력이 약화되지 않습니다. 그래서 시편 기자는 죄를 고백하지 않고 계속 가지고 있는 고통에 대해서 이렇게 묘사했습니다.

> 내가 입을 열지 아니할 때에 종일 신음하므로 내 뼈가 쇠하였도다 (시 32:3).

죄가 우리 안에 있으면 살이 아플 뿐만 아니라 뼛속까지 아픕니다. 이어지는 4절에서는 이렇게 고백했습니다.

> 주의 손이 주야로 나를 누르시오니 내 진액이 빠져서 여름 가뭄에 마름같이 되었나이다(시 32:4).

죄를 가지고 있으면 이토록 영적으로 깊은 고통을 겪는 것입니다. 그래서 많은 사람이 양심의 가책을 받지 않으려고 자꾸만 자기 생각을 마비시키려고 합니다. 술, 음식, 화려한 옷, 쾌락 등을 통해서 순간순간 자신을 마비시킵니다. 사람들은 자신을 정직하게 보는 것을 두려워합니다. 적당히 넘어가지 않고 정직하게 자기 내면을 들여다보기란 무섭고 고통스러운 일입니다. 시편 32편 기자는 1절에서 어떤 사람이 행복한 사람인가를 말해 줍니다. 사람에게는 허물이 없을 수가 없습니다. 그러나 그는 "허물의 사함을 받고 자신의 죄가 가려진 자는 복이 있도다"라고 말했습니다.

여러 가지 죄 중에 특이한 죄가 하나 있습니다. 보통의 죄는 사람이 주체가 되어서 사람에게 짓는 죄입니다. 그런데 하나님의 이름으로 짓는 죄가 있습니다. 이것을 가리켜 우리는 '종교적인 죄'라고 합니다. 가장 악질이고, 무섭고, 파괴력이 강한 것이 종교적인 죄, 즉 예수님을 믿으면서 예수님의 이름으로 짓는 죄입니다.

예수님은 바리새인과 서기관들이 짓는 죄를 가리키며 이러한 죄에 대해 언급하셨습니다. 그들은 하나님과 성전과 율법을 독점하려고 한 사람들이었습니다. 자기들이야말로 하나님을 제일 잘 믿고, 성경에 정통하고, 하나님을 가장 잘 섬긴다고 하는 성직자 그룹이었습니다. 예수님은 세리나 창녀가 죄를 지었을 때는 심하게 분노하시지 않았습니다. 그런데 이들 바리새인과 서기관 무리가 지은 죄에 대해서는 '화 있을진저'라는 특별한 말을 사용해 분노하셨습니다.

야곱에게는 많은 아들이 있었는데, 본문 말씀에 등장하는 아들들의 죄가 바로 이런 것이었습니다. 그들은 동생 디나가 가나안 땅에 놀러 갔다가 하몰의 아들, 왕자 세겜에게 강간을 당했다는 수치스러운 소식을 들었습니다. 그들은 몹시 분노해 복수하려는 마음을 품었습니다.

사랑하는 여동생이 수치를 당했다는 말을 듣고 분노하고 복수심을 갖는 것은 누구에게라도 있을 수 있는 일입니다. 만약에 우리 가정의 일이었다면 우리라고 멀뚱멀뚱 쳐다보고만 있었겠습니까? 이런 감정을 가졌다는 것 자체가 잘못이라는 이야기가 아닙니다. 분노하고 복수심에 불탈 수 있습니다. 그런데 문제는 야곱의 아들들은 복수극을 저지르면서 하나님의 이름으로, 하나님의 말씀을 이용해서 행했다는 데 있습니다. 이것이 그리스도인이, 교회가 자칫 범하기 쉬운 실수입니다.

창세기 34장 13절은 "야곱의 아들들이 세겜과 그의 아버지 하몰에게 속여 대답하였으니"라고 말합니다. 야곱의 딸 디나가 강간을 당했을 때 가해자인 하몰의 아들 세겜과 그 아버지 하몰이 야곱의 집에 찾아와서 청혼을 했습니다. 그러나 야곱의 아들들의 생각은 세겜이나 하몰과 달랐습니다. 그들은 사랑하는 여동생이 강간을 당했다는 사실만으로도 수치스럽고 분노가 치밀었습니다. 그런데 그 동생을 아내로 달라는 말을 듣자 걷잡을 수 없는 분노에 사로잡혔습니다. 그래서 그들은 속임수를 써서라도 복수하기로 결정했습니다.

그 속임수는 일단 결혼을 승낙하는 것으로 시작되었습니다. 그러면서 그들은 조건을 하나 덧붙였습니다. 결혼을 하고 싶다면 세겜과 하몰 일족이 할례를 받아야 한다는 것이었습니다. 이것이 정말로 결혼을 성사시키기 위한 순수한 조건이었다면 좋았을 것입니다. 창세기 17장 10-14절에는 하나님이 아브라함에게 최초로 할례를 명하신 장면이 나옵니다. 할례는 남자 성기의 양피를 떼어내는 것입니다. 이것은 하나님과 아브라함 사이의 언약이었습니다. 야곱의 아들들은 하나님의 말씀을 복수에 이용하기로 한 것입니다. 우리는 성경 말씀을 들어서 자신의 이익을 취하는 데 사용해서는 안 됩니다.

> 야곱의 아들들이 그들에게 말하되 우리는 그리하지 못하겠노라 할례 받지 아니한 사람에게 우리 누이를 줄 수 없노니 이는 우리의 수치가 됨이니라(창 34:14).

내가 아니라 하나님이 친히 갚아 주신다

하몰과 그의 아들 세겜은 야곱의 아들들의 제안을 순수하게 받아들였습니다.

> 그들의 말을 하몰과 그의 아들 세겜이 좋게 여기므로 이 소년이 그 일 행하기를 지체하지 아니하였으니 그가 야곱의 딸을 사랑함이며 그는 그의 아버지 집에서 가장 존귀하였더라(창 34:18-19).

야곱의 딸 디나를 사랑했던 세겜은 그녀를 강간하는 실수를 저질렀습니다. 하지만 그래도 이 남자에게는 괜찮은 면이 보입니다.

그는 책임을 지려고 했습니다. 요즘 책임을 지지 않는 남자가 무척 많은 것에 비하면 그래도 괜찮은 남자입니다. 그리고 방법은 나빴지만 그는 디나를 사랑했음을 알 수 있습니다. 그렇기 때문에 야곱의 아들들이 제안한 할례라는 제도도 적극적으로 받아들였습니다. 그는 디나를 너무나 사랑했습니다. 그래서 종교적 굴레를 넘어섰습니다. 사랑은 국경을 넘고 종교의 벽을 넘어선다는 식의 표현입니다.

그리고 여기서 세겜이 자기 집에서 굉장히 존귀함을 받는 아들이라는 표현을 보게 됩니다. 그래서 세겜의 아버지 하몰은 그의 말이라면 다 받아들였습니다.

하몰과 그의 아들 세겜이 그들의 성읍 문에 이르러 그들의 성읍 사람들에게 말하여 이르되 이 사람들은 우리와 친목하고 이 땅은 넓어 그들을 용납할 만하니 그들이 여기서 거주하며 매매하게 하고 우리가 그들의 딸들을 아내로 데려오고 우리 딸들도 그들에게 주자 (창 34:20-21).

이제 그들은 자기 성의 백성을 설득하기 시작했습니다. 여기서도 세겜이 디나를 얼마나 사랑했는지를 엿볼 수 있습니다. 사랑 그 자체는 아름다운 것입니다. 이 청년은 야곱의 아들들의 고약한 제안을 순수하게 받아들였습니다.

그러나 우리 중의 모든 남자가 그들이 할례를 받음같이 할례를 받
아야 그 사람들이 우리와 함께 거주하여 한 민족 되기를 허락할 것
이라 그러면 그들의 가축과 재산과 그들의 모든 짐승이 우리의 소
유가 되지 않겠느냐 다만 그들의 말대로 하자 그러면 그들이 우리
와 함께 거주하리라(창 34:22-23).

그들은 설득을 하면서 그럴듯한 이유를 덧붙였습니다. 그들에
게는 나름대로의 계산이 있었습니다. 할례만 받으면 야곱 일족의
재산이 모두 자기들의 것이 될 것이라고 생각했습니다. 세겜은 디
나에게 완전히 반해 있었습니다. 그래서 어렵게, 어렵게 자기 성안
의 모든 남자를 설득시켜서 할례를 받게 했습니다.

성문으로 출입하는 모든 자가 하몰과 그의 아들 세겜의 말을 듣고
성문으로 출입하는 그 모든 남자가 할례를 받으니라(창 34:24).

결국 모두가 할례를 받았습니다. 그리고 잔인한 복수극이 시작
되었습니다. 할례는 외과적인 수술입니다. 수술을 받고 나서 사흘
간은 고통스럽습니다. 걷지도 못하고 꼼짝도 못합니다. 바로 그때
를 이용해서 야곱의 아들들 가운데 시므온과 레위가 칼을 들고 나
타나 방어 능력이 없는 사람들을 찾아가서 몰살했습니다.

제삼일에 아직 그들이 아파할 때에 야곱의 두 아들 디나의 오라버니 시므온과 레위가 각기 칼을 가지고 가서 몰래 그 성읍을 기습하여 그 모든 남자를 죽이고 칼로 하몰과 그의 아들 세겜을 죽이고 디나를 세겜의 집에서 데려오고(창 34:25-26).

자기 여동생이 강간을 당한 것에 대한 복수극이 엄청난 대살인극으로 이어졌습니다. 이것이 복수의 본질입니다. 복수라는 것은 당한 것에 비해 가볍게 가해지는 법이 없습니다. 자기가 당한 것보다 더 강도 높게 앙갚음하게 되어 있습니다. 그래서 예수님이 원수를 갚지 말라고 하신 것입니다. 이것은 우리를 위한 말씀입니다. 원수를 갚는 것은 하나님께 있으니, 하나님이 원수를 갚아 주십니다. 악인이 죽을 때는 선인에 의해서 죽지 않습니다. 악인은 악인에 의해서 죽습니다. 하나님은 선인의 손에 피를 묻히시지 않습니다.

우리의 입이 누군가를 향한 원망으로 더러워지지 않기를 바랍니다. 우리 손에 피가 흐르지 않기를 바랍니다. 우리가 할 수 있는 일은 중보 기도입니다. 기도는 무력하게 보입니다. 그러나 기도하며 나아갈 때 하나님이 역사하십니다. 악인이 악인을 죽이게 하는 방법으로 하나님은 역사를 만들어 가십니다.

소련을 무너뜨리기 위해서 서방 국가가 원자탄을 가지고 싸웠다면 얼마나 많은 희생이 뒤따랐겠습니까? 그러나 소련은 스스로 붕괴했기 때문에 쉽게 무너졌습니다. 북한을 붕괴시키는 방법은 남한과 미국의 군사력 증강이 아닙니다. 그들은 내부에서 붕괴하게 됩니다. 이것이 하나님의 방법입니다. 원수는 원수들끼리 싸워서 무너집니다. 이것이 성경적입니다.

우리 자신이 복수한다고 가정해 봅시다. 억울하게 당해서 화가 나 복수를 한다고 칩시다. 그렇다면 복수를 할 때 당한 만큼만 할까요? 아닙니다. 하는 김에 본때를 보여 주기 위해서 당한 것에 더 얹어서 갚습니다. 그러면 복수를 당한 사람은 자기가 가한 것보다 더한 일을 당했기 때문에 재복수할 때 더 많은 가해를 합니다. 이런 식으로 복수를 가하는 정도는 갈수록 눈덩이처럼 커집니다. 절대로 해결은 없습니다. 이것이 복수입니다. 그래서 예수님은 우리에게 "용서하라. 악으로 악을 갚지 말고 선으로 악을 갚아라"라고 말씀하셨습니다.

하나님은 "정말로 네가 나를 신뢰한다면 심판이 내게 있다는 사실을 알아라"라고 말씀하십니다. 그러나 사람들은 자신이 심판하려고 듭니다. 역사의 주인공이 자기라고 착각합니다. 역사의 주인공은 민중이라고 생각합니다. 그래서 "우리가 심판하자!"라고 말합니다. 그렇지 않습니다. 심판은 하나님이 하십니다.

야곱의 아들들은 여동생이 강간을 당한 것에 대해 살인으로 갚았습니다. 강간이나 살인이나 다 죄이며 종류만 다를 뿐입니다. 복수가 여기서 끝나면 그런대로 괜찮을지 모릅니다. 그러나 복수극은 언제나 거기서 끝나지 않습니다. 기왕에 저지른 김에 하나를 더 저지르게 되는 것이 복수극입니다.

> 야곱의 여러 아들이 그 시체 있는 성읍으로 가서 노략하였으니 이
> 는 그들이 그들의 누이를 더럽힌 까닭이라 그들이 양과 소와 나귀
> 와 그 성읍에 있는 것과 들에 있는 것과 그들의 모든 재물을 빼앗으
> 며 그들의 자녀와 그들의 아내들을 사로잡고 집 속의 물건을 다 노
> 략한지라(창 34:27-29).

여동생을 욕보인 자를 죽인 것에서 복수가 끝나지 않았습니다.
그 후에 야곱의 다른 아들들이 가세해서 그 성에 들어가 물건을 노
략질하고 자녀들과 부녀자들까지 잡아들였습니다. 이것이 복수극
의 결과입니다. 아무리 봐주어도 이들이 잘했다고 말하기 곤란합
니다. 성경 속 인물들을 보면 위대한 믿음의 인물들이니 칭찬만 하
고 싶지만 그럴 수가 없습니다. 성경은 놀랍게도 다윗이든 누구든
그들의 잘못을 솔직하게 기록하고 있습니다.

레위기 19장 17-18절은 "너는 네 형제를 마음으로 미워하지
말며 네 이웃을 반드시 견책하라 그러면 네가 그에 대하여 죄를 담
당하지 아니하리라 원수를 갚지 말며 동포를 원망하지 말며 네 이
웃 사랑하기를 네 자신과 같이 사랑하라 나는 여호와이니라"라고
말합니다. 또한 로마서 12장 17절에는 이렇게 기록되어 있습니다.

아무에게도 악을 악으로 갚지 말고 모든 사람 앞에서 선한 일을 도모하라(롬 12:17).

야곱은 죽기 전에 시므온과 레위를 축복할 때 그들을 가리켜 '폭력의 도구'라고 표현했습니다. 물론 디나가 강간을 당한 상황은 심히 잘못된 것이었지만, 그로 인해 가해진 그들의 복수는 비교할 수 없이 잔인해 정도를 벗어난 것이었습니다.

무능력한 아버지, 흔들리는 가정

이런 사건이 있은 후에 지금까지 침묵을 지켜 왔던 야곱이 등장했습니다.

야곱이 시므온과 레위에게 이르되 너희가 내게 화를 끼쳐 나로 하여금 이 땅의 주민 곧 가나안 족속과 브리스 족속에게 악취를 내게 하였도다 나는 수가 적은즉 그들이 모여 나를 치고 나를 죽이리니 그러면 나와 내 집이 멸망하리라 그들이 이르되 그가 우리 누이를 창녀같이 대우함이 옳으니이까(창 34:30-31).

야곱이 시므온과 레위에게 한 말을 잘 보면 원망과 푸념 같아 보입니다. 그 내용은 이렇습니다. "너희가 그렇게 행동함으로써 나에게 화가 미쳤구나. 이 땅 사람들이 화가 나서 힘을 합쳐 우리를 죽이려고 할 텐데, 이제 나는 망하게 되었다." 야곱의 관심은 늘 자신이었습니다. 딸이 강간을 당하든, 아들들이 몹쓸 짓을 하든, 이런 문제에 대해서는 언급이 없었습니다.

야곱의 관심은 오직 자신이 죽게 되었다는 데 있었습니다. 이런 사람 야곱이 믿음의 조상입니다. 그래도 하나님은 그를 버리시지 않았고 포기하시지 않고 믿음의 조상으로 삼아 주셨습니다. 여기에 하나님의 놀라운 은혜가 있습니다.

그러나 우리가 생각해야 할 것은 야곱은 이런 일이 일어났을 때 아무런 행동도 하지 않았다는 점입니다. 아버지가 적극적으로 나서서 책임을 지고 좋은 방법으로 문제를 해결했어야 함에도 불구하고 야곱은 자기 자녀들을 비난만 했습니다. 그러니까 야곱의 자녀들이 "그렇다면 그들이 우리 누이를 창녀같이 대한 것이 옳습니까?"라고 항의했습니다. 야곱에게는 할 말이 없었습니다.

우리는 이 이야기를 통해서 여러 가지를 배울 수 있습니다. 먼저, 딸을 잘 돌봐야 한다는 점입니다. 그래서 이상한 남자한테 수치를 당하는 일이 없도록 해야 합니다. 이것이 아버지가 해야 할 역할입니다. 다음으로는, 아들들을 잘 교육시켜야 한다는 것입니다. 그렇지 않으면 하나님의 말씀과 종교적인 행사를 빙자해서 얼마든지 나쁜 짓을 할 수 있습니다. 이것이 인간입니다.

나쁜 짓을 하고 거짓말할 때 나쁜 짓이요, 거짓말이라고 밝히는 사람을 보았습니까? 누구나 자기 말은 절대로 거짓이 아니며, 자신의 행위는 영웅적이고 애국자적인 행동이라고 말합니다. 다들 신앙적이라고 자기를 합리화합니다. 그래서 우리는 아들들을 잘 교육시켜야 합니다.

또 하나 배울 것은 인간은 종교적으로 사기 치는 존재라는 것입니다. 교회에서 싸우는 경우를 자세히 보면 성경을 가지고 싸웁니다. 모두가 하나님의 음성을 들었다며 싸웁니다. 그런데 결과는 서로 싸우고, 미워하고, 복수하는 것입니다.

원수 갚는 것은 하나님께 있습니다. 우리가 할 일은 선으로 악을 이기는 것입니다. 그리고 맡겨진 자녀들을 잘 교육하고, 사랑하는 아내가 방황하지 않도록 남편이 자기의 위치를 확실하게 지키는 것입니다. 모든 아내가 남편의 사랑을 확신하면 방황하지 않는다는 사실을 기억하십시오.

25

야곱이 변했으니
우리도 변할 줄 믿습니다

창세기 35:1-8

겉은 변했지만 속이 변하지 않으면 계속 불안하다

사람은 누구든지 변화받기를 간절히 원합니다. 그러나 어떤 것이 진짜 변화이며, 어디까지 변해야 하는지 몰라서 방황합니다. 어떤 이들은 자기 스스로는 변했다고 말하지만 전혀 변하지 않은 사람이 있습니다. 그런데 어떤 사람은 스스로는 변한 것이 없다고 하는데 주변 사람들이 변했다고 말하곤 합니다. 변화는 단순히 생각이 변했다고 모두 이루어지는 것이 아닙니다. 또 외적인 태도가 변했다고 변한 것은 아닙니다. 껍데기가 변하는 것이 아니라 중심이 변해야 하고, 그로 인한 열매가 있어야 합니다.

야곱은 그동안 하나님을 믿었고, 하나님의 은혜를 입었고, 하나님의 도우심을 많이 받았습니다. 그러나 야곱을 가만히 보면 변한 것 같은데 변하지 않았다는 것을 알 수 있습니다. 야곱은 아버지의 집에 있을 때 아버지와 형 에서를 속여 장자권과 축복권을 빼앗는 바람에 그곳을 떠나서 20년 동안 타향살이를 했습니다.

타향살이가 얼마나 서글픈지 압니까? 야곱은 자기가 살던 곳을 떠나 외삼촌 집에서 살게 되었습니다. 야곱은 20년 동안 아내들과 자식들을 얻었습니다. 하나님은 야곱을 사랑하셔서 어려울 때마다 도와주시고 위기의 순간마다 건져 주셨습니다. 그리고 하나님의 약속대로 20년 만에 고향으로 돌아올 수 있도록 해 주셨습니다. 야곱이 두려워했던 존재는 형 에서입니다. 그러나 하나님은 에서와 화해할 수 있게 하셨습니다.

야곱의 소박한 꿈은 가족과 함께 사는 것이었습니다. 그래서 세겜 땅에서 거처를 정하고 살게 되었습니다. 이제 야곱은 행복해진 듯 보이고 축복도 받은 듯합니다. 그러나 야곱의 마음은 계속 불안했습니다. 그리고 계속해서 방황했습니다.

어떤 사람들은 직장을 갖고 결혼을 해도 방황합니다. 그 이유는 겉은 변했지만 속이 변하지 않았기 때문입니다. 야곱은 분명히 하나님을 만났습니다. 하나님의 음성도 들었고 하나님의 보호도 받았습니다. 그럼에도 불안했습니다. 여전히 세속적이었습니다. 이러한 야곱에게 생각지도 못한 불상사가 생기고 말았습니다.

그 사건이 창세기 34장에 기록되어 있는데, 하나뿐인 딸 디나가 강간을 당한 일입니다. 이는 무척이나 고통스러운 일이었습니다. 행복이 산산조각 나 버렸습니다. 그러나 이 일을 당한 야곱은 아버지로서, 남자로서 속수무책이었습니다. 아직 진정으로 변화하지 않은 그는 자신감도 없었고 이 문제를 제대로 감당해 내지도 못했습니다.

야곱과 마찬가지로 아직도 진정으로 거듭나지 못했던 야곱의 아들들은 분노를 이기지 못하고 복수를 했습니다. 그런데 복수하는 방법이 비겁했습니다. 그들은 할례를 이용해서, 종교적인 이유를 들먹이며 하나님의 이름을 빙자해 사람들을 살해했습니다. 세겜이 디나를 강간한 사건도 옳지 못한 일이었지만, 그로 인한 복수극은 더욱더 잔인했습니다. 세겜과 하몰만 죽인 것이 아니라 그들의 모든 가족을 죽이고, 약탈하고, 불을 질러 버렸습니다. 일이 굉장히 큰 국면으로 치달았습니다.

야곱이 오랜만에 얻은 행복이 산산조각 나는 순간이었습니다. 야곱은 자기 딸이 강간을 당한 일에 관심을 기울이기보다 자신이 어렵게 찾은 행복이 망가질 것 같은 두려움에 사로잡혔습니다. 창세기 34장 30절에서 야곱의 두려움을 볼 수 있습니다.

> 야곱이 시므온과 레위에게 이르되 너희가 내게 화를 끼쳐 나로 하여금 이 땅의 주민 곧 가나안 족속과 브리스 족속에게 악취를 내게 하였도다 나는 수가 적은즉 그들이 모여 나를 치고 나를 죽이리니 그러면 나와 내 집이 멸망하리라(창 34:30).

야곱의 아들들은 이 말을 듣고 아버지에게 화를 냈습니다. 수치당한 자기 누이의 일을 어떻게 처리해야 하냐고 따지며 물었습니다.

야곱은 문제를 일으키고 하나님은 해결하신다

이제 두려움과 절망에 빠져 있는 야곱에게 하나님이 개입하셨습니다. 하나님은 늘 야곱이 위기에 빠질 때마다 개입하셨습니다. 야곱은 문제를 일으켰고, 하나님은 문제를 해결하셨습니다. 인간은 문제를 만들고, 하나님은 문제를 해결하십니다.

하나님이 야곱에게 이르시되 일어나 벧엘로 올라가서 거기 거주하며 네가 네 형 에서의 낯을 피하여 도망하던 때에 네게 나타났던 하나님께 거기서 제단을 쌓으라 하신지라(창 35:1).

하나님은 불안하고, 초조하고, 두려움에 사로잡혀 있는 야곱에게 나타나 말씀하셨습니다. 이때의 하나님 말씀을 보십시오. 하나님은 결코 야곱을 야단치시지 않았다는 사실을 발견할 수 있습니다. 성경 어떤 부분에서는 하나님이 그토록 많이 야단치시지만, 어떤 경우에는 야단맞을 만한 충분한 잘못을 저질렀는데도 그렇게 하시지 않는 모습을 봅니다. 우리가 하나님께 야단맞지 않기를 간절히 바랍니다. 하나님께 야단맞는 것은 두려운 일입니다.

야곱의 경우는 그가 너무나 엉터리여서 그런지 하나님이 그를 야단치시지 않고 사랑하시기만 했습니다. 야곱에게 나타나신 하나님은 "네가 형 에서에게 쫓겨나서 들에서 방황하며 돌베개를 베고 잘 때 내가 네게 나타나지 않았느냐? 너에게 소망이 없던 젊은 시절에 나타나서 약속하지 않았느냐? 그것을 기억하라"라고 말씀하셨습니다.

왜 이 순간에 하나님이 야곱에게 나타나셨을까요? 야곱은 잘한 것이 하나도 없었습니다. 선한 면도 없었고 하나님을 믿는 모습이 우리와 비슷했습니다. 간신히 믿을 뿐이었습니다. 급한 상황에 처하면 하나님을 믿는 모습을 보였습니다. 그런데도 왜 하나님은 야곱을 무조건 사랑하셨을까요? 굳이 하나님이 야곱을 사랑하신 이유를 찾아본다면 이렇게 말할 수 있겠습니다. "이유 없다."

사랑하면 가슴앓이를 합니다. 상대방이 예쁘고 잘나서만이 아닙니다. 못되고 못난 자식이라도 부모는 그 자식 때문에 가슴앓이를 합니다. 하나님도 그러십니다. 그분은 우리를 사랑하기로 결정하셨습니다. 우리에게 그만한 가치가 있고 의미가 있어서가 아닙니다. 그분은 그냥 우리에게 속아 주기로 결정하셨고 우리를 사랑하기로 마음먹으셨습니다. 그 사랑은 사랑을 해도 너무할 정도입니다. 자신의 아들, 독생자 예수 그리스도를 죽기까지 내어 주신 사랑입니다.

나 하나 없다고 한들 하나님께는 아무런 변화도 없을 것입니다. 하나님께 '나'라는 존재는 별로 중요하지 않을 듯합니다. 그러나 하나님은 그러한 나를 천하보다 귀하게 여기십니다. 조건 없는 사랑, 끝없는 사랑, 영원한 사랑, 바로 그 하나님의 사랑 때문에 우리는 다시 살아납니다.

우리는 누군가에게 무엇을 줄 때면 야단을 치고 할 말을 전부 한 후에 겨우 줍니다. 그러나 하나님은 야곱에게 나타나셔서 거두절

미하고 그냥 주셨습니다. 묻지도 않으셨습니다. 이것이 사랑입니다. 조건 있는 사랑은 상처를 주고, 조건 없는 사랑은 치유를 줍니다. 자녀들에게도 조건 없는 사랑을 베풀기 바랍니다. 아내와 남편에게 조건을 걸지 마십시오. 그러면 치유가 일어납니다.

하나님이 야곱에게 하신 말씀을 살펴보겠습니다. 첫 번째 말씀은 "일어나라"입니다. 두 번째 말씀은 "벧엘로 올라가라"입니다. 세 번째는 "거기 거하라"입니다. 축복의 동사 세 가지가 여기 쓰였습니다. '일어나라', '올라가라', '거하라'입니다.

창세기 28장을 보면, 야곱은 형 에서를 피해 들에서 방황할 때 인생에서 가장 어두운 순간을 맞이했습니다. 절망 그 자체의 상황이었습니다. 그런 상황에서 그는 꿈에 사닥다리를 보고, 천사를 보고, 하나님을 만났습니다. 야곱은 그곳에서 처음으로 하나님을 만났습니다. 우리 모두에게는 내가 믿는 하나님이 있고, 내가 만난 하나님이 있습니다. 우리는 다 하나님을 믿을 것입니다. 그러나 누군가가 "하나님을 만났습니까?"라고 묻는다면 대답이 달라질 것입니다.

하나님을 만나셨습니까? 하나님의 음성을 들으셨습니까? 야곱은 그동안 조부와 아버지를 통해서 하나님을 믿었습니다. 그러나 야곱은 인생의 가장 어두운 순간에 하나님을 처음 만났던 것입니다. 하나님은 야곱과의 첫 만남에서 이렇게 말씀하셨습니다.

또 본즉 여호와께서 그 위에 서서 이르시되 나는 여호와니 너의 조부 아브라함의 하나님이요 이삭의 하나님이라 네가 누워 있는 땅을 내가 너와 네 자손에게 주리니 네 자손이 땅의 티끌같이 되어 네가 서쪽과 동쪽과 북쪽과 남쪽으로 퍼져 나갈지며 땅의 모든 족속이 너와 네 자손으로 말미암아 복을 받으리라 내가 너와 함께 있어 네가 어디로 가든지 너를 지키며 너를 이끌어 이 땅으로 돌아오게 할지라 내가 네게 허락한 것을 다 이루기까지 너를 떠나지 아니하리라 하신지라(창 28:13-15).

야곱은 할아버지의 하나님, 아버지의 하나님이라는 말씀을 들었을 때 안도했고 좋았을 것입니다. 그런데 바로 그 하나님이 자신이 누운 땅을 자신과 자신의 자녀와 후손에게 주고, 번창하게 할 것이며 그들로 인해서 세상 만민이 복을 얻게 할 것이라고 말씀하셨습니다. 게다가 자신을 떠나지 않고 약속한 모든 것을 이루기까지 보호하고 지켜 줄 것이라는 말씀까지 하셨습니다.

빈털터리에다 갈 곳도 없는 자신에게 하나님이 이런 말씀을 해 주셨을 때 야곱은 엄청난 충격을 받았을 것입니다. 그 감동을 가지고 자리에서 일어난 야곱은 돌베개를 세우고 기름을 붓고 하나님께 서원을 했습니다.

야곱이 서원하여 이르되 하나님이 나와 함께 계셔서 내가 가는 이

길에서 나를 지키시고 먹을 떡과 입을 옷을 주시어 내가 평안히 아버지 집으로 돌아가게 하시오면 여호와께서 나의 하나님이 되실 것이요 내가 기둥으로 세운 이 돌이 하나님의 집이 될 것이요 하나님께서 내게 주신 모든 것에서 십분의 일을 내가 반드시 하나님께 드리겠나이다 하였더라(창 28:20-22).

야곱은 하나님께 세 가지 약속을 했습니다. 첫 번째는 "하나님이 평생 나의 하나님이 되실 것입니다", 두 번째는 "이곳을 하나님의 집으로 삼겠습니다", 세 번째는 "현재는 빈손이지만 앞으로 하나님이 주시는 모든 것에서 십분의 일을 십일조로 드리겠습니다"라는 약속입니다. 여기서 십일조의 비밀이 나옵니다. 자신이 벌었다고 생각하면 십일조를 드리지 못합니다. 그러나 하나님이 주셨다고 생각하면 십일조를 드릴 수 있습니다. 이것이 벧엘의 서원이요, 약속입니다.

하나님의 약속을 붙잡으십시오. 하나님은 분명히 우리가 예수님을 믿었을 때 약속을 주셨습니다. 만약 지금 자신이 비참하다면 하나님의 약속을 기억하십시오. 하나님의 약속을 잊고 믿지 않으면 현실의 비참함을 체험하게 됩니다. 미래가 없는 사람, 하나님의 약속을 잃어버린 사람은 인간적인 불행 속에서 살 수밖에 없습니다. 오직 욕망 덩어리인 자기 자신밖에 없는 것입니다.

야곱은 약속의 땅에 돌아왔는데 하나님을 기억하지 않았습니다. 그러고는 현실 속에서 부딪힌 갈등과 고민과 두려움에 빠져서 절망했습니다. 그래서 하나님은 야곱에게 일어나라고 말씀하셨습니다. '일어나라'라는 말은 지금 겪고 있는 현실적인 어려움에 빠져 있지 말고 벗어나라는 것입니다. 현실의 어려움에 빠져 있으면 하나님을 보지 못하고 오직 절망할 뿐입니다. 지금 겪고 있는 모든 고민과 절망에서 벗어나 떠나십시오.

하나님의 두 번째 말씀 '벧엘로 올라가라'라는 말의 뜻은 '벧엘을 기억하라'라는 의미입니다. 그것은 약속의 하나님, 복을 주시는 하나님을 붙잡으라는 것입니다.

세 번째 말씀은 더 중요합니다. 벧엘로 올라가면 다시 내려오지 말라고 하셨습니다. 우리의 고민은 모든 고통을 버리고 나서 그것을 다시 주워 드는 데 있습니다. 교회에 올 때는 모든 고통을 버리고 왔다가 나갈 때 다시 가져가는 것입니다. 우리 모두 땅의 사람이 아니라 하늘의 사람이 되기를 간절히 바랍니다. 우리는 비록 땅에 살지만 믿음과 희망을 붙들고 하나님이 주신 비전과 복을 붙들고 전진해야 합니다. 그래서 하늘에서 살아야 합니다. 과거와 현실의 적들을 무시하십시오. 우리가 싸워야 할 대상은 그들이 아닙니다. 우리가 가야 할 곳은 저 높은 곳입니다.

그리고 하나님은 또 다른 말을 덧붙이셨습니다. "네가 네 형에서의 낯을 피하여 도망하던 때에 네게 나타났던 하나님께 거기서 제단을 쌓으라." 즉 예배하라는 의미입니다. 감사의 절정은 예배입니다. 예배를 드릴 때 귀신이 떠나가고 복이 임합니다.

그러므로 형제들아 내가 하나님의 모든 자비하심으로 너희를 권하
노니 너희 몸을 하나님이 기뻐하시는 거룩한 산 제물로 드리라 이
는 너희가 드릴 영적 예배니라(롬 12:1).

우리의 삶이 예배가 되고, 쉬지 않고 기도하고 찬양하기를 바랍니
다. 예배드리는 자를 막을 자가 없습니다. "이 모든 것이 하나님의
은혜입니다. 영광을 받으시옵소서"라고 고백하십시오. 예배를 드리
면 얼굴 표정이 달라지고 거듭난 새로운 피조물의 삶이 시작됩니다.

하나님의 약속을 회복하면 기적이 일어난다

야곱이 이에 자기 집안사람과 자기와 함께한 모든 자에게 이르되
너희 중에 있는 이방 신상들을 버리고 자신을 정결하게 하고 너희
들의 의복을 바꾸어 입으라 우리가 일어나 벧엘로 올라가자 내 환
난 날에 내게 응답하시며 내가 가는 길에서 나와 함께하신 하나님
께 내가 거기서 제단을 쌓으려 하노라 하매(창 35:2-3).

1절과 2절 사이에 많은 부분이 생략되어 있습니다. 하나님의 말
씀을 들은 순간 야곱의 눈이 뜨였습니다. 그의 영안이 열리고 깜깜
하기만 했던 미래가 열렸습니다. '그렇다, 벧엘에서 하나님이 약속

하셨는데 왜 이러고 있는가?' 아마도 야곱은 이렇게 생각했을 것입니다.

우리가 절망하는 이유는 하나님의 약속과 믿음을 잊어버렸기 때문입니다. 하나님의 약속을 회복하면 기적이 일어납니다. 하나님의 약속은 유효합니다. 야곱은 그 약속을 잊었을지라도 하나님은 잊지 않으셨습니다. 그렇게 야곱이 하나님의 약속을 회상하기 시작하면서 성령의 능력이 터지기 시작했습니다. 갑자기 미래가 보이고 캄캄한 절망이 변해 축복이 되었습니다. 야곱은 소리 지르기 시작했습니다. 야곱은 찬양하기 시작했습니다.

대부분의 사람들의 눈에는 빛이 없습니다. 그러나 성령 받은 사람의 눈은 빛납니다. 병들어 죽게 되어도, 감옥에 들어간다 해도, 모든 것을 잃어도 그들의 눈은 빛납니다. 이것이 야곱의 변화입니다. 여기서부터 야곱은 진짜로 변하기 시작했습니다. 지금까지는 상황에 끌려다녔다면, 이제부터는 마음속에서 기쁨과 환희가 샘솟기 시작했습니다. 순식간에 모든 염려와 불안이 사라지고 야곱의 눈앞에 새로운 비전과 새로운 세계가 전개되기 시작했습니다.

이것은 마치 교회를 오래 다니며 예배를 드리던 사람이 어느 날 십자가를 발견한 후 변한 것과 마찬가지입니다. 교회에 출입만 하던 사람이 성령을 받아 변한 것과 똑같습니다. 우리 모두에게 이런 변화가 일어나기를 바랍니다.

저는 성경에는 나오지 않은 장면을 상상해 봅니다. 아마도 야곱은 하나님의 말씀을 들은 순간부터 춤을 추고, 눈동자가 빛나고, 말투도 바뀌었을 것입니다. 그리고 가족을 모은 후에 "이방신을 버리고, 정결하게 하고, 의복을 바꾸라"라고 선언했습니다. 아마도 야곱은 이 말을 소리 높여 외쳤을 것입니다. 우리도 하나님의 말씀을 전할 때 두려움이 없기를 바랍니다. 기도하고 찬송할 때 목소리가 커지기를 원합니다. 우리에게는 이미 승리가 있기 때문입니다.

야곱은 비겁한 아버지였고, 마땅히 자신이 져야 할 책임도 제대로 지지 못한 채 아들들에게 책임을 전가한 아버지였습니다. 그랬던 그가 변했습니다. "우리 가족은 살아났다. 나는 벧엘을 기억하게 되었다. 우리 자신을 정결하게 하자"라고 말했을 것입니다. 그리고 야곱은 벧엘로 가자고 선포했습니다. 우리도 "나와 우리 가족은 변했다"라고 선포하기를 바랍니다. 그리고 야곱은 "환난 날에 내게 응답하시며 나와 함께하신 하나님께 단을 쌓아 예배하겠다"라고 말했습니다. 야곱은 드디어 변화되었습니다.

그들이 자기 손에 있는 모든 이방 신상들과 자기 귀에 있는 귀고리들을 야곱에게 주는지라 야곱이 그것들을 세겜 근처 상수리나무 아래에 묻고(창 35:4).

여기서 우리가 발견할 수 있는 것은 야곱의 선포에 가족들이 순종했다는 것입니다. 라헬이 아버지에게서 훔쳐 왔던 드라빔도 우상의 하나였습니다. 야곱은 자기 집에 있던 우상 숭배의 흔적을 모두 버렸습니다. 야곱은 우상 숭배의 물건들을 나무 아래 묻었습니다. 우리도 과거와 포기해야 할 것들을 포기하고 묻어 버려야 합니다.

그들이 떠났으나 하나님이 그 사면 고을들로 크게 두려워하게 하셨으므로 야곱의 아들들을 추격하는 자가 없었더라 야곱과 그와 함께한 모든 사람이 가나안 땅 루스 곧 벧엘에 이르고 그가 거기서 제단을 쌓고 그곳을 엘벧엘이라 불렀으니 이는 그의 형의 낯을 피할 때에 하나님이 거기서 그에게 나타나셨음이더라 리브가의 유모 드보라가 죽으매 그를 벧엘 아래에 있는 상수리나무 밑에 장사하고 그 나무 이름을 알론바굿이라 불렀더라(창 35:5-8).

하나님은 야곱이 벧엘에 올라갈 때 주변의 부족들이 야곱 일가를 해치지 못하게 하셨습니다. 야곱이 믿음을 가지고 선포하자 가족들이 그를 따랐습니다. 이것이 리더십입니다. 그리고 야곱이 두려워했던 원수들은 그를 공격할 수 없게 되었습니다. 하나님이 다 막아 주셨기 때문입니다.

일어나서 벧엘로 올라가십시오. 그리고 "나와 내 집은 여호와만 섬기겠노라", "나는 하나님께 예배를 드리겠노라"라고 선포하십시오. 그럴 때 모든 원수가 떠나가며 우리를 괴롭히던 장애물이 제거될 줄 믿습니다. 야곱은 변했습니다. 우리도 변할 줄 믿습니다.

26

나는 하나님의 사람,
이스라엘입니다

창세기 35:9-15

믿음의 절정은 순종으로 표현된다

야곱의 삶은 완전히 변했습니다. 변화는 결단과 행동을 낳습니다. 변화된 사람은 더 이상 의심하거나, 주저하거나, 갈등하지 않습니다. 이것이 변화된 사람의 특징입니다. 우리는 많은 시간을 고민하고, 의심하고, 갈등하는 데 사용합니다. 결정하기까지 너무나 힘들어합니다. 갈등하거나 고민하지 않게 되기를 바랍니다. 그것이 변화입니다.

야곱은 절망의 끝에서 "일어나서 벧엘로 올라가 거기서 단을 쌓고 나를 예배하라"라는 하나님의 음성을 들었습니다. 이 말씀은 야곱에게 복음이었습니다. 왜냐하면 이 말씀을 듣자 곧 야곱의 영안이 열렸고 수많은 갈등이 끝났기 때문입니다. 창세기 35장 6 - 7절을 보면 야곱이 어떻게 변했는지를 볼 수 있습니다.

야곱과 그와 함께한 모든 사람이 가나안 땅 루스 곧 벧엘에 이르고 그가 거기서 제단을 쌓고 그곳을 엘벧엘이라 불렀으니 이는 그의 형의 낯을 피할 때에 하나님이 거기서 그에게 나타나셨음이더라(창 35:6-7).

하나님의 음성을 들은 야곱은 즉시 순종했습니다. 그래서 가족을 모아 놓고 벧엘로 가기로 결정했습니다. 저는 이 말씀을 읽고 '순종보다 더한 믿음은 없다'는 생각이 들었습니다. 믿음의 절정은 순종으로 표현됩니다. 그래서 성경 말씀은 "순종이 제사보다 낫다"라고 말합니다(삼상 15:22). 믿음을 갖고 변화된 사람은 순종하기 시작합니다. 반면에 마음속에 불신이 싹트면 갈등이 시작됩니다. 우리의 마음에 교만이 자리 잡고 있을 때 불안해지기 시작합니다.

야곱은 가족을 이끌고 벧엘로 올라가 그곳에서 하나님을 만났습니다. 야곱은 벧엘을 가리켜 '엘벧엘'이라고 불렀습니다. 즉 '벧엘의 하나님'이라는 뜻입니다. 야곱의 놀라운 변화가 엿보이는 말입니다.

여기서 우리는 또 다른 사실을 묵상합니다. 사람은 누구나 완전하지 않다는 것입니다. 사람은 100년을 살아도 완벽해지지 않습니다. 허물도 있고 실수도 합니다. 하나님을 만난 사람은 어떻습니까? 마찬가지로 허물과 실수가 있습니다. 그렇다면 하나님을 만난 사람과 하나님을 만나지 않은 사람의 차이는 무엇입니까? 그 차이는 이렇습니다. 하나님을 만나지 않은 사람은 과거를 잊지 못하고 과거에 연연하며 삽니다. 그러나 하나님을 믿는 사람은 과거와 단절합니다. 하나님을 믿는 이들이 완벽하고 허물이 없다는 뜻은 아닙니다. 자신의 과거에 허물이 있고 기억하고 싶지 않은 점이 있다 하더라도 그들은 미래를 향해 갑니다.

지금까지 우리를 좌지우지해 왔던 과거와 단절하십시오. 과거는 과거가 되게 하십시오. 그 과거가 우리의 미래를 만드는 것이 아니라 하나님이 우리의 미래를 만드십니다. 우리가 어쩔 수 없는 분명한 사실이 하나 있습니다. 그것은 우리는 과거를 바꾸지 못한다는 것입니다. 우리가 아무리 애쓰고 노력해도 과거를 바꾸지는 못합니다. 그러나 우리가 하나님의 얼굴을 구하고 그분의 도우심을 구하면 미래는 바뀌게 됩니다.

과거와 단절한 것이 야곱의 복이었습니다. 야곱은 하나님의 음성을 듣는 순간 과거와 공포와 불안에서 탈출했습니다. "일어나라." 이 말씀처럼 현실에서 일어나 탈출하기 바랍니다.

그러자 야곱의 마음에 여유가 생기기 시작했습니다. 믿음이 없으면 쫓기듯 조급해집니다. 그러나 믿음은 마음에 여유를 가져다줍니다. 그렇게 야곱이 믿음을 갖게 되면서 그에게 일어난 변화는 놀랍기만 합니다.

> 리브가의 유모 드보라가 죽으매 그를 벧엘 아래에 있는 상수리나무 밑에 장사하고 그 나무 이름을 알론바굿이라 불렀더라(창 35:8).

야곱이 매우 사랑했던 어머니 리브가에게는 유모가 있었습니다. 그녀의 이름이 드보라입니다. 성경에는 다른 설명 없이 갑자기 이 이야기가 돌출하듯 등장합니다.

리브가의 유모가 죽었다는 이야기를 통해 야곱의 어머니 리브가가 이미 죽었다는 것을 추측해 볼 수 있습니다. 어머니의 유모로서 야곱을 돌보았던 드보라는 달리 갈 곳 없는 나이 많은 노인이었을 것입니다. 이 드보라의 말년을 야곱이 행복하게 거두어 주었던 것 같습니다. 그리고 죽은 후에는 정성스럽게 장사지내 주었습니다. 그리고 드보라를 장사지낸 곳의 상수리나무 이름을 '알론바굿'이라고 불렀습니다. 이 말은 '굉장히 상심했다'라는 뜻입니다. 야곱이 드보라의 죽음을 굉장히 슬퍼했음을 보여 줍니다.

이 장면을 통해 야곱이 성숙해졌음을 느끼게 됩니다. 왜냐하면 자신의 어머니를 돌보는 것은 그래도 쉽지만 그 어머니의 유모를 돌보는 일은 그다지 쉽지 않을 것이기 때문입니다. 성숙이란 무엇입니까? 하찮은 사람을 돌보는 것입니다. 가치 없는 사람, 자신이 무시해도 되는 사람까지 돌볼 수 있는 사람이 성숙한 사람입니다. 미숙한 사람은 자기에게 필요한 사람만 돌봅니다. 유명한 사람만 골라서 사귀는 사람, 자기에게 이익이 되는 사람만 만나는 사람은 미숙한 사람입니다.

자신이 무시해도 되는 사람까지 사랑하고, 죽음의 순간을 지켜 주고, 장사지내 주는 사람이 성숙한 사람입니다. 야곱은 이렇게 성숙한 사람으로 변하고 있었습니다. 그가 한때 얼마나 이기적이고 손해 보기를 싫어했는지 우리는 다 알지 않습니까?

주위에 있는 돌보지 않아도 되는 사람을 돌봐 주고, 무시해도 되는 사람에게까지도 사랑을 전하기 바랍니다. 돌보지 않아도 되고 무시해도 되는 사람이 어떤 사람일까요? 우리가 부리는 아랫사람들입니다. 쉽게 해고도 시킬 수 있고 무시할 수도 있습니다. 그러나 끝까지 그들을 돌보는 마음이 성숙하고 믿음이 있는 마음입니다.

야곱은 드디어 하나님의 복을 받기 시작했습니다. 지금까지의 복이 그림의 떡이었다면 이 무렵부터는 복이 실제로 이루어졌습니다.

거듭남은 과거와의 단절을 의미한다

야곱이 밧단아람에서 돌아오매 하나님이 다시 야곱에게 나타나사 그에게 복을 주시고 하나님이 그에게 이르시되 네 이름이 야곱이지마는 네 이름을 다시는 야곱이라 부르지 않겠고 이스라엘이 네 이름이 되리라 하시고 그가 그의 이름을 이스라엘이라 부르시고(창 35:9-10).

하나님은 야곱에게 한 사건을 회상시키셨습니다. 그것은 몇 년 전 야곱이 위기에 빠졌을 때 하나님이 야곱에게 약속하신 일이었습니다. 창세기 32장에 기록되어 있는 사건입니다.

야곱은 고향으로 돌아오는 길에 형 에서에 대한 두려움으로 가득 차 있었습니다. 사람을 두려워하는 것은 지옥과도 같습니다. 급기야 이 두려움은 그에게 절망을 안겨 주었습니다. 그래서 형 에서에게 뇌물을 보냈습니다. 그렇게 하고도 불안했습니다. 그래서 종들과 가족들을 앞서 보냈습니다. 그러면서 자신은 가지 못했습니다. 야곱이 에서를 얼마나 많이 두려워했는지를 보여 주는 대목입니다. 가족을 모두 보낸 후에 그는 얍복 강가에서 절망에 빠져 있었습니다. 그때 하나님이 야곱을 찾아오셨습니다.

우리가 절망에 빠져 있을 때 하나님은 찾아오십니다. 그 순간 하나님을 발견하지 못하는 이유는 우리가 절망의 노예가 되어 있기 때문입니다. 그렇지만 눈을 들고 자세히 살펴보면 그 절망 속에서 하나님이 역사하고 계신다는 사실을 알게 될 것입니다.

야곱은 절망 속에서 천사를 만났고, 천사를 붙잡았습니다. 새벽이 될 때까지 놓아 주지 않았습니다. 야곱은 축복을 해 주기 전까지는 놓아 줄 수 없다고 했습니다. 그러자 천사는 야곱의 이름을 묻고는 이름을 바꾸어 주었습니다. 그때 새로 준 이름이 '이스라엘'입니다. 그때서야 야곱은 천사를 놓아 주었습니다.

야곱이라는 이름은 부모가 지어 주었습니다. 그의 어린 시절 친구들이 그 이름을 불렀을 것입니다. 그리고 결혼 후에는 아내가 불러 준 이름입니다. 그런데 그 자녀들까지 '속이는 자'라는 의미가 담긴 자신의 이름을 불렀을 때 야곱의 느낌은 어떠했을까요? 야곱이라는 이름을 가지고서는 좌절과 인생의 어려움을 막을 수 없었습니다. 그래서 천사가 새 이름을 주겠다고 말했습니다. 이것을 성경은 '거듭남'이라고 합니다. 또 다른 말로 '구원'이라고 합니다.

참된 구원은 과거와의 연속이 아니라는 사실을 알게 됩니다. 참된 구원은 과거와의 단절에 있습니다. 우리의 문제는 예수님을 믿어도 과거와 단절하지 않고, 옛 사람을 끊지 않고, 있던 그 상태에서 계속 무엇인가를 잘해 보려고 하는 데 있습니다.

하지만 과거와 단절하지 않으면 미래로 갈 수가 없습니다. 나쁜 포도주가 좋은 포도주가 된 것이 아니라 물이 변하여 포도주가 된 것입니다. 이런 점에서 참된 구원은 우리 신앙의 발전이 아니라 변화입니다.

거듭나기를 바랍니다. 이름을 바꾸십시오. 하나님은 야곱에게 야곱이라는 이름을 쓰지 말고 새 이름 '이스라엘'을 쓰라고 하셨습니다. '이스라엘'의 이름 뜻은 '하나님을 이겼다'입니다. 그러나 오해하지 마십시오. 이것은 말 그대로 하나님을 이겼다는 것이 아니라 하나님께 인정받았다는 뜻입니다. 하나님이 야곱의 존재를, 야곱의 믿음을 인정하신 것입니다.

저는 하나님이 우리를 인정하셨다고 믿습니다. 세상에서 제일 불행한 사람은 인정받지 못한 사람입니다. 남편한테 인정받지 못한 아내, 아내에게 인정받지 못한 남편은 불행합니다. 아무리 똑똑하고 잘났다고 해도 부모에게 인정받지 못한 자녀는 불행합니다. 자녀를 인정하고, 배우자를 인정하고 세워 주기를 바랍니다. 그러면 치유가 일어날 것입니다.

창세기 35장 10절 끝부분을 보면 야곱의 이름을 불러 주신 분이 하나님이시라는 사실이 기록되어 있습니다. 야곱이 자신의 이름을 스스로 '이스라엘'이라고 부른 것이 아닙니다. 우리 주변을 보면 자신의 이름을 부끄럽게 여겨서 바꾸는 사람이 있습니다. 그 이름을 가지고 살면 팔자가 사납다면서 작명소에 가서 바꾸는 사람도 있습니다. 그러나 그렇게 이름을 바꾸어도 별로 나아지는 바가 없습니다. 자신이 스스로 이름을 바꾸었기 때문입니다. 이름을 고쳐 주시는 분은 하나님이셔야 합니다. 그리고 하나님이 바뀐 이름을 불러 주셔야 복이 있습니다. 하나님이 '아브람'을 '아브라함'으로, '사래'를 '사라'로, '시몬'을 '베드로'로 바꾸어 주셨을 때 그들에게 복이 임했습니다.

하나님이 우리의 이름을 바꾸어 주셨다는 사실을 알고 있습니까? 죄인이 변하여 의인이 되었습니다. 하나님이 악마의 자녀였던 우리를 하나님의 자녀라고 불러 주십니다. "너는 땅의 상속을 받는 사람이 아니라 하늘의 상속을 받는 사람이다"라고 말씀해 주십니다. 구원은 하나님이 이름을 바꾸어 주시고 그 이름을 불러 주시는 것입니다. 이름을 바꾸어 주신 하나님, 새 이름을 불러 주신 하나님을 찬양하십시오.

전능하신 하나님이 어떤 경우에도 우리와 함께하신다

하나님이 그에게 이르시되 나는 전능한 하나님이라 생육하며 번성
하라 한 백성과 백성들의 총회가 네게서 나오고 왕들이 네 허리에
서 나오리라 내가 아브라함과 이삭에게 준 땅을 네게 주고 내가 네
후손에게도 그 땅을 주리라 하시고 하나님이 그와 말씀하시던 곳에
서 그를 떠나 올라가시는지라(창 35:11-13).

하나님은 하나님 자신을 세 가지로 설명하셨습니다.

첫째, "나는 전능한 하나님이다"입니다. 약속은 능력 있는 자가
할 때 지켜질 수 있습니다. 능력이 없는 사람은 약속을 지키고 싶
어도 지키지 못하게 됩니다. 안심하십시오. 우리에게 약속하신 하
나님은 전능하신 하나님이기 때문에 그 약속을 반드시 지켜 주십
니다. '전능하다'라는 말은 불가능이 없고, 부족함이 없으며, 그 능
력이 영원하다는 의미입니다. 하나님의 능력은 처음에는 있다가
나중에는 사라지는 것이 아닙니다. 하나님은 처음이자 끝이십니
다. 하나님은 어제나 오늘이나 앞으로나 영원토록 동일하십니다.
하나님은 실수가 없으시고 후회도 없으십니다.

둘째, "나는 생육하고 번성하라고 복 주는 하나님이다"입니다.
하나님은 우리에게 복을 주기 원하십니다. 생육하고 번성하는 것
은 복의 원형입니다. 하나님은 그리스도를 믿는 모든 이에게 풍성

함을 약속하셨습니다. 하나님은 우리에게 후히 주시고 꾸짖지 않으시는 분임을 믿습니다.

셋째, "나의 약속을 받은 자가 복 받을 그릇이 못 된다 할지라도 그를 변화시켜서 약속을 지키는 하나님이다"입니다. 11-12절에서 하나님은 이렇게 말씀하셨습니다.

> 한 백성과 백성들의 총회가 네게서 나오고 왕들이 네 허리에서 나오리라 내가 아브라함과 이삭에게 준 땅을 네게 주고 내가 네 후손에게도 그 땅을 주리라 하시고(창 35:11-12).

이 말은 하나님은 약속을 반드시 지키신다는 의미입니다. 하나님은 아브라함에게 큰 민족을 이루도록 하겠다고 말씀하셨습니다. 그 축복을 이삭이 이어받았습니다. 그리고 야곱에게로 이어져야 하는데, 야곱은 복을 받을 만한 그릇이 못 되었습니다. 그러나 하나님은 그를 포기하시지 않았습니다. 20년 동안 그를 고생시켜서라도 기어코 그를 복 받을 만한 그릇으로 바꾸셨습니다. 왜 그러셨을까요? 하나님은 약속을 지키시는 분이기 때문입니다.

하나님은 우리에게 복을 주기로 작정하셨습니다. 우리가 복 받을 만한 그릇이 못 된다면 하나님은 우리를 고치셔서라도 복을 주십니다. 이것이 언약입니다. 하나님은 우리를 버리시지 않습니다. 우리가 변덕이 많고, 어리석고, 늙고, 병들었다고 해도 결코 포기하시지 않습니다. 하나님은 우리에게 하신 신실한 약속을 지키십니다.

결국 야곱은 하나님께 무릎을 꿇었습니다. 그래서 그는 이스라엘이 되었고, 하나님의 복이 계속되었습니다. 하나님은 좋으신 하나님입니다. 넘어지면 일으켜 세워 주시고, 상처 나면 싸매 주시고, 복을 주시는 하나님을 찬양합니다.

하나님이 그와 말씀하시던 곳에서 그를 떠나 올라가시는지라 (창 35:13).

하나님은 야곱이 위기에 처했을 때 찾아오셨습니다. 그리고 말씀을 마치시고는 가셨습니다. 여기서 우리는 하나님의 속성을 발견합니다. 하나님은 말씀하시는 하나님, 침묵하시는 하나님입니다. 또한 오시는 하나님, 떠나시는 하나님, 드러내시는 하나님, 숨으시는 하나님입니다. 하나님이 우리에게 오셔서 말씀하실 때 우리는 기쁩니다. 그러나 그분이 떠나셨다고 생각하면 슬퍼집니다. 하나님이 침묵하실 때는 괴롭습니다.

'하나님은 어디 계시는가? 왜 나의 기도를 들어주시지 않는가?' 라고 생각하면 괴롭습니다. 그러나 하나님의 속성을 알면 이 문제가 풀립니다. 하나님은 오시고 또 가시는 분입니다. 하지만 하나님이 계신 것이나 떠나신 것이나 같은 것입니다. 하나님이 말씀하시거나 침묵하시거나 그것은 같은 것입니다. 이는 동전의 양면과 같습니다. 야곱은 하나님이 오셨을 때 믿음을 얻고 기쁨을 얻었습니다. 그리고 하나님이 떠나셨어도 그에게는 기쁨이 있었습니다. 왜냐하면 그에게는 이제 믿음이 있기 때문입니다.

우리에게도 이런 복이 있기를 바랍니다. 하나님이 보이지 않고, 하나님의 음성이 들리지 않고, 하나님이 계시지 않는 것처럼 보일지라도 하나님은 우리와 날마다 동행하시는 임마누엘 하나님이시라는 사실을 믿으십시오. 하나님은 여기 계시고, 우리와 함께 계십니다. 우리가 병들고, 죽어 가는 것 같고, 모든 것이 끝난 것 같아도 하나님은 우리와 함께 계십니다. 야곱은 이 사실을 깨닫기 시작했습니다.

> 야곱이 하나님이 자기와 말씀하시던 곳에 기둥 곧 돌 기둥을 세우고 그 위에 전제물을 붓고 또 그 위에 기름을 붓고(창 35:14).

하나님이 떠나셨을 때 야곱은 예배를 드렸습니다. 예배를 드릴 때 하나님의 임재는 계속됩니다. 하나님이 보이지 않아도 하나님이 함께하심을 느끼고, 그분의 복과 위로가 계속됩니다. 이것이 성령의 역사입니다. 야곱은 이 사실을 발견하고는 제단을 쌓고, 기름을 붓고, 예배를 드리기 시작했습니다.

예수님은 "세상에서는 너희가 환난을 당하나 담대하라 내가 세상을 이기었노라"(요 16:33), "내가 세상 끝 날까지 너희와 항상 함께 있으리라"(마 28:20), "내가 너희를 고아와 같이 버려두지 아니하고 너희에게로 오리라"(요 14:18)라고 말씀하셨습니다. 하나님은 우리와 늘 함께하십니다. 우리 가정에서 예배가, 찬양이 그치지 않고 계속되기를 바랍니다. 그것을 통해서 하나님의 임재는 계속될 것입니다.

하나님이 자기와 말씀하시던 곳의 이름을 벧엘이라 불렀더라 (창 35:15).

이것이 '벧엘'입니다. 벧엘의 하나님, 약속의 하나님, 생육하고 번성하라고 하신 하나님, 그 하나님이 바로 우리의 하나님이십니다. 그분은 예수 그리스도로 오셨고, 십자가에 못 박혀 돌아가셨고, 부활하셨습니다. 그리고 성령으로 다시 우리와 함께하십니다. 할렐루야! 우리 마음속에 찬양이 불처럼 일어나기를 원합니다. 모든 염려와 근심과 걱정을 박차고 일어나십시오. 약속의 하나님을 바라보십시오. 그분을 신뢰하십시오.